中央民族大学国际教育学院主办
Sponsored and Edited by College of International Education, Minzu University of China

中国知网(CNKI)全文收录
Collected by CNKI

Chinese Language Globalization Studies

汉语国际传播研究

第1辑

主编 吴应辉
Chief Editor: Wu Yinghui

商务印书馆
2011年·北京

《汉语国际传播研究》编辑委员会

顾　问	陆俭明	赵金铭	李宇明	崔希亮		
主　编	吴应辉					
副主编	刘玉屏	央　青				
编　委	（按姓名汉语拼音排序）					
	白建华	曹秀玲	陈作宏	冯凌宇	冯胜利	古川裕
	郭　熙	何文潮	江傲霜	靳洪刚	李朝辉	李　泉
	李晓琪	刘　骏	刘乐宁	娄开阳	孟长勇	孟柱亿
	陶红印	田　艳	王觉非	王建勤	翁燕珩	吴丽君
	吴英成	吴勇毅	姚道中	印京华	俞志强	袁博平
	曾立英	张　博	张和生	张晓慧	张西平	张　英
	赵永红	周洪波	周小兵	周质平	朱永平	

贺词　寄语　题字

北京大学　陆俭明教授贺词

　　汉语正越来越受到各国友人，特别是年轻人的青睐，汉语与世界已息息相关。为使汉语能稳步、健康地走向世界，必须以科研引航，积极开展汉语作为第二语言/外语教学研究。《汉语国际传播研究》的出版正是适应了这样的需求。愿她在各方面的支持下成为汉语国际传播研究的一流学刊。谨以此贺《汉语国际传播研究》诞生。

教育部语信司　李宇明司长寄语

　　汉语国际传播，是中华民族的大业，也是时代赐予的良机。
　　充分汲取历史上汉语向周边扩散的经验，仔细分析拉丁语、阿拉伯语、西班牙语、葡萄牙语、法语、德语、俄语等向外传播的典型案例，用心参考当今各国向外推介母语的做法，科学认识语言传播规律，根据国情、世情制定富有成效的中华语言国际传播战略。
　　让汉语带着橄榄枝，飞得更高，飞得更远，飞得更顺。

北京语言大学　崔希亮校长题字

卷 首 语

　　伴随着2011年新春的脚步,《汉语国际传播研究》出版了。其实,酝酿这份学刊的创办始于2007年,四年来这一愿望日渐强烈,思路日益清晰。到了今天,可谓天时、地利、人和皆齐,万事俱备,东风劲吹。于是我们下决心把这一理想变成现实。

　　创办《汉语国际传播研究》是顺应时代潮流之举。我们正好赶上了汉语国际传播千载难逢的重大机遇,中国国力的增强引发了全球"汉语热",汉语的魅力正在快速提升。或作为职业生涯的敲门砖,或作为开启中华文化之门的钥匙,或出于对中国21世纪必然崛起的判断……越来越多的人正在加入汉语学习者的队伍,汉语热正在从部分国家和地区蔓延到全球范围。抓住这次机遇,汉语的国际化之路会更加便捷通畅。有关领导机构准确地把握了这一时代脉搏,适时启动了汉语国际推广工作,推动对外汉语教学向汉语国际推广转变,短短数年,成绩斐然。为顺应汉语国际传播的时代潮流,我们决定创办《汉语国际传播研究》。

　　理论源于实践,并对实践具有指导意义。真正有价值的理论成果往往超前于实践,并引领实践。这正是我们创办这份学刊的初衷。我们将开设"汉语国际传播方略"、"汉语国际传播国别问题研究"、"汉语国际传播体制、机制与科学发展研究"、"汉语国际传播与经济社会发展研究"、"汉语国际传播典型个案研究"、"汉语国际传播标准研究"、"汉语国际传播项目研究"、"汉语国际传播中的文化问题研究"、"现代教育技术与汉语国际传播研究"、"汉语国际传播史研究"、"国际汉语教学理论与实践"、"汉语教学的本土化问题研究"和"国际汉语师资研究"等栏目。希望这些基于汉语传播实践的理论探讨能够为汉语国际推广事业尽一份力量。我们衷心希望作者能奉献经过扎实研究,具有真知灼见的好文章。我们不仅欢迎典型个案、具体问题的研究成果,而且更倾向于发表站得高、看得远、国际化、方略性的宏观和中观文章。《汉语国际传播研究》尤其重视前沿性、创新性、思想性强的佳作,以繁荣汉语国际传播学术研究为己任,以推动汉语国际传播事业快速健康发展为宗旨。我们希望以文会友,汇聚天下有识之士,共创汉语国际传播的美好未来。

　　《汉语国际传播研究》的创办得到了国内外汉语教学界多位著名专家的大力支持,陆俭明、赵金铭、李宇明、崔希亮等数十位专家欣然应允担任顾问和编委,陆俭明教授题写贺词,李宇明教授题写寄语,崔希亮先生挥毫题字,我谨代表中央民族大学国际教育学院和《汉语国际传播研究》编委会致以深深的谢意。

　　谨以此学刊献给汉语国际传播事业的管理者、研究者、一线教师和汉语教师志愿者,献给我们共同为之奋斗的事业——汉语国际传播。

吴应辉
2011年1月1日

目　　录

汉语国际传播方略与孔子学院研究

国家硬实力是语言国际传播的决定性因素
　　——联合国五种工作语言的国际化历程对汉语国际传播的启示…………… 吴应辉　1
美国的中文教学状况：机会与挑战 ………………………………………〔美国〕王觉非　15
走向世界的汉语所面临的若干战略问题思考 ………………………………… 张西平　26
海外孔子学院战略人力资源管理初探 ………………………………………… 谷　陵　35

汉语国际传播国别问题研究

超越美国的 AP 中文 ………………………………………………………〔美国〕姚道中　44
北美密集型汉语教学模式比较和反思 ………………………………………… 吴　峰　51
泰国学生汉语语法学习难点探讨——以《国际汉语教学通用课程大纲》为参照
　　……………………………………………………………………………〔泰国〕潘素英　58
缅甸汉语教学情况调查及汉语教材本土化思考 …………………………〔缅甸〕黄金英　69
缅甸华文学校国语课教学状况分析——以曼德勒华文学校为例 ………〔缅甸〕邹丽冰　77
韩国中小学汉语教学法研究现状综述 ……………………………………〔韩国〕张　敬　84
浅谈缅甸学生汉语语音和语法学习难点与偏误 …………………………〔缅甸〕李瑞文　92

汉语国际传播中的文化问题研究

汉语国际教育的跨文化实质及其理论实践意义 …………………………〔美国〕姬建国　98
非目的语环境中文化自然传播的方法 ………………………………………… 李朝辉　105

国际汉语师资研究

菲律宾华语教学现状与教师培训需求分析 …………………………………… 林秀琴　114
来华泰国中小学汉语师资培训情况调查 …………………………………〔泰国〕黄德永　123
案例教学法在汉语国际教育硕士培养中的应用 ……………………………… 央　青　132

课程与测试

英美大学 TESOL 专业研究生课程设置考察与思考 ………………………… 李晓琪　141

对韩国大学中文专业商贸方向课程设置的几点思考……………………〔韩国〕宋珉映 155
马来西亚汉语水平考试（HSK）调查与分析 ……………………〔马来西亚〕叶婷婷 163
泰国高校汉语教育专业课程设置研究……………………………………〔泰国〕冯忠芳 172
马来西亚华文课程大纲与华文教材的编写………………………〔马来西亚〕叶俊杰 179
泰国政府职员及社会人士汉语培训课程探索
　　——以清迈大学孔子学院教育局官员汉语培训项目为例……………………陈俊羽 189
泰国师生对 HSK、BCT 和 YCT 考试的态度调查 ……………………〔泰国〕龙伟华 195

国际汉语教学理论与实践

论国际汉语教学的十大基本原则……………………………………………………孟　国 203
交际任务在初级口语词汇教学中的应用……………………………………………陈作宏 210
美国中小学外语教学中交际教学法理论与实践及对国际汉语教学的启示………张志娟 220
留学生汉语词语表达偏误的类型及教学策略………………………………………曾立英 233
中级阶段留学生书面语篇表达偏误考察……………………………………………张　璟 242

现代教育技术与汉语国际传播

电脑网络工具能否替代人工操练——电脑辅助下个别自助式练习收效初探
　………………………………………………………………………………〔美国〕张　霓 254
网络资源在海外汉语教学中的应用……………………………………………………许　丹 264

通讯与书评

中央民族大学率先建设"国际汉语教学"学科……………………………………吴应辉 269
清风扑面，快乐随行——评《汉语阅读课本——中国那些事儿》………………陆　瑜 271
《汉语国际传播研究》稿约…………………………………………………………………… 272

Contents

Strategy of Chinese Globalization and Research on Confucius Institute

A Country's Hard Power is the Decisive Factor in the Globalization
  Process of its Language—Inspiration for Chinese Globalization
  from the Globalization Processes of Five UN Working Languages
  .... Wu Yinghui   1
The Situation of Chinese Language Instruction in the United States:
  Opportunity and Challenge .... (U.S.A)Wang Juefei   15
Some Thoughts on Strategies of Promoting Chinese in the World
  .... Zhang Xiping   26
A Preliminary Study on Strategic Management of Human Resources
  in Confucius Institutes Abroad .... Gu Ling   35

Chinese Globalization across Countries

AP Chinese Surpassing the United States .... (U.S.A)Tao-Chung Yao   44
Intensive Chinese Teaching Models in North America: Comparison
  and Reflection .... Wu Feng   51
Discussions of the Difficulties in Learning Chinese Grammar among
  Thai Students—Using the "International Curriculum for Chi-
  nese Language Education" as the Reference ...... (Thailand)Anujapad Wipawee   58
An Investigation into the Situation of Chinese Language Teaching
  in Myanmar and a Reflection on the Localization of Teaching
  Materials .... (Myanmar)Zin Yu Myint   69
An Analysis on Mandarin Teaching at Myanmar Chinese Schools
  —A Case Study of the Mandalay Chinese Language School
  .... (Myanmar)Wai Wai Thi   77
An Overview of South Korea Primary School Chinese Language
  Teaching Methods Research .... (R.O.Korea)Jang Kyoung Song   84
Myanmar Students' Phonetic and Grammatical Difficulties and

Errors in Chinese Learning ……………… (Myanmar)Khin Swe Swe Win 92

Cultural Issues in Chinese Globalization

Teaching Chinese as an International Language: The Transcultural
    Nature and its Implications ………………………… (U.S.A)Ji Jianguo 98
On Methods of Natural Spreading of Culture in Non-target Language
    Environment ………………………………………………… Li Zhaohui 105

Teacher Training in Teaching Chinese as a Second Language

An Analysis of the Current Situation of Chinese Language Education
    in Philippines and Needs of Teacher Training ……………… Lin Xiuqin 114
Experiences of Being Trained in China: A Case Study of Chinese-
    language Teachers from Thai Elementary and Secondary
    Schools …………………………… (Thailand)Prateep Wongverayut 123
Case Methods in MTCSOL Training ………………………… Yangqing 132

Curriculum and Testing

Reflection on the TESOL Curriculum in British and American
    Universities ……………………………………………………… Li Xiaoqi 141
Reflections on the Curriculum of Business-oriented Chinese Major at
    College-level in South Korea ……………… (R.O.Korea)Song Min Young 155
A Survey and Analysis of Chinese Proficiency Test (HSK) in Malaysia
    ……………………………………………… (Malaysia)Ye Tingting 163
On Curriculum of Chinese Teaching Major at College-level in
    Thailand ……………………………… (Thailand)Kiattisak Saefong 172
On Chinese Course Guideline and Compilation of Chinese Textbooks
    in Malaysia ……………………………… (Malaysia)Yeap Chun Keat 179
The Exploration of the Chinese Training Curriculum for Govern-
    mental Officials and Professionals—The Confucius Institute at
    Chiang Mai University as the Example ………………… Chen Junyu 189
An Investigational Report on Thai Teachers' and Students'
    Attitudes towards the HSK, BCT and YCT Exams
    ……………………… (Thailand)Hathaikarn Mangkornpaiboon 195

Contents

Theories and Practices in Teaching Chinese as a Second Language

On Ten Basic Principles of Teaching Chinese Language Overseas .... Meng Guo 203
The Application of Communicative Tasks in Teaching Vocabulary of
　　Spoken Chinese at the Elementary Level .... Chen Zuohong 210
Implications for International Chinese Teaching from CLA Practice
　　and Theory in Teaching Foreign Languages in American K-12
　　Education .... Zhang Zhijuan 220
Error Types of Chinese Vocabulary Learning and Their Pedagogical
　　Implications .... Zeng Liying 233
An Investigation of Discourse Errors in Written Chinese by L2
　　Learners at the Intermediate Level .... Zhang Jing 242

Modern Educational Technology and Chinese Globalization

Effectiveness of Computer Assisted Language Learning—Can the
　　Computer Substitute for the Traditional Drillmaster? .... (U.S.A)Phyllis Zhang 254
Network Resources in Teaching Chinese Overseas .... Xu Dan 264

Brief Academic News

A New Discipline International Chinese Teaching has been Proposed
　　and Developed in Minzu University of China .... Wu Yinghui 269
Book Review of *What You Don't Know About China*—a Chinese
　　Reading Textbook .... Lu Yu 271
Call for Papers 272

国家硬实力是语言国际传播的决定性因素*
——联合国五种工作语言的国际化历程对汉语国际传播的启示

吴应辉

内容提要：本文对汉语以外的联合国五种工作语言——英语、法语、西班牙语、俄语和阿拉伯语的国际传播历程进行了研究，最后得出结论，硬实力是一个国家语言国际传播的决定性因素。文章也对硬实力在不同历史时期的不同内涵、武力"殖民殖语"的刚性传播、现代柔性传播、语言传播态度和措施对语言国际传播的影响等问题进行了理论探讨，提出汉语国际推广的最终目标是，将来有一天中国不再需要向世界"推广"汉语，而是世界向汉语主动走来。

关 键 词：硬实力；语言国际传播；决定因素

A Country's Hard Power is the Decisive Factor in the Globalization Process of its Language
—Inspiration for Chinese Globalization from the Globalization Processes of Five UN Working Languages

Wu Yinghui

Abstract: This paper reached a conclusion that "a country's hard power is the decisive factor in the globalization of her language" through research on the globalization processes of English, French, Spanish, Russian and Arabic, namely, five working languages of UN besides Chinese. It also made theoretic discussion of different connotations of hard power in different historical periods; rigid spreading of colonial languages by military power; soft spreading in modern times; the influence of attitudes and measures on language spreading. Finally the point is put forward that the ultimate aim of the globalization of Chinese language is that "China does not need to promote Chinese to the world in future, instead the

---

* 本研究获 2009 年"新世纪优秀人才支持计划"资助(Supported by Program for New Century Excellent Talents in University,"NCET")。教技函[2010]14 号。同时获"中央高校基本科研业务费专项资金"资助(Supported by the Special Research Funds for Central Universities),项目编号:0910KYXJ0110。

world learn Chinese language voluntarily".

Key words：Hard power；Language spreading；Decisive factor

古人说得好，"他山之石可以攻玉"。在汉语加快走向世界的今天，研究已经成为国际语言的几种主要语言的国际传播历程，探索语言传播规律，对汉语国际传播具有借鉴意义。李宇明指出"语言的强弱与语言所属社团的强弱盛衰呈正相关。"①那么是不是意味着，一个国家的崛起就意味着该国语言的强势，就意味着该国的语言传播是一种必然？带着这个命题，本文对除汉语以外的联合国五种工作语言英语、法语、西班牙语、俄语和阿拉伯语的国际传播历程进行了研究，最后得出结论，硬实力是一个国家语言国际传播的决定性因素。此外，本文还对硬实力在不同的历史时期的不同内涵、武力"殖民殖语"的"刚性传播"、现代柔性传播以及语言传播态度和措施对语言国际传播的影响等问题进行了理论探讨。

上篇：国家硬实力是语言国际传播的决定因素

一、英语成为事实上的国际通用语靠的是硬实力

（一）大英帝国的硬实力使英语走向世界

目前，全世界使用英语的人口已超过20亿，其中以英语为母语者4亿多，以英语作为第二语言者约16亿。在全球224个国家和地区中，以英语为母语或官方语言的国家达44个②。此外，还有几十个国家和地区把英语作为重要交流语言使用，其他绝大多数国家几乎都把英

---

① 李宇明(2004)强国的语言和语言强国，《光明日报》，7月28日。
② 以英语为母语或官方语言的国家是：英国 United Kingdom，爱尔兰（爱尔兰盖尔语）Ireland(with Irish Gaelic)，美国 United States，加拿大（法语）Canada(with French)，澳大利亚 Australia、新西兰（毛利语）New Zealand(with Maori)，巴哈马 Bahamas，巴巴多斯 Barbados，圭亚那 Guyana，牙买加 Jamaica，特立尼达和多巴哥 Trinidad and Tobago，圣基茨和尼维斯 Saint Kitts and Nevis 共12个英语作为母语的国家和如下英语作为官方语言的国家（有的国家有英语与其他语言同为官方语言）：安提瓜和巴布达 Antigua and Barbuda，巴哈马 Bahamas，伯利兹 Belize，博茨瓦纳 Botswana，喀麦隆（英语与法语）Cameroon(with French)，多米尼加 Dominica，斐济 Fiji，冈比亚 Gambia，加纳 Ghana，格林纳达 Grenada，印度（印地语）India(with Hindi)，肯尼亚（斯瓦希里语）Kenya(with Swahili)，莱索托（塞索托语）Lesotho(with Sesotho)，利比里亚 Liberia，马拉维（奇切瓦语）Malawi(with Chichewa)，毛里求斯 Mauritius，密克罗尼西亚 Micronesia，纳米比亚 Namibia，尼日利亚 Nigeria，巴基斯坦（英语与乌尔都语）Pakistan(with Urdu)，巴布亚新几内亚（英语与莫图土语）Papua New Guinea(with Motu)，菲律宾（英语与他加禄语）Philippines(with Tagalog)，圣卢西亚 Saint Lucia，圣文森特和格林纳丁斯 Saint Vincent and the Grenadines，塞拉利昂 Sierra Leone，新加坡（英语、马来语和汉语）Singapore(with Malay and Chinese)，所罗门 Solomon Islands，南非（英语、南非荷兰语）South Africa(with Afrikaans)，坦桑尼亚（英语与斯瓦希里语）Tanzania(with Swahili)，乌干达 Uganda，瓦努阿图 Vanuatu，赞比亚 Zambia 和津巴布韦 Zimbabwe。

语作为首选外语学习。英语作为联合国的六种工作语言之一,其使用频率远远高于其他几种语言。"全世界计算机信息有 80% 以英语作储存媒介;70% 以上的邮件是用英文写或用英文写地址的;科技出版物 70% 以上用英语发表……;广播节目中,有 60% 是用英语播放的;欧洲几乎近一半的商业交易通过英语完成;绝大部分的国际会议是以英语为第一通用语言召开。"①

英语使用国家之多,人口之众,国际经济文化交流对其依赖性之强,是其他任何语言都无法相比的,英语实际上已经成为超级国际语言,甚至语霸,你想不用它都难。那么,一个原本国土面积只有 244 820 平方公里(世界国家和地区第 79 名)的小国,其语言为何得以在全世界广为传播而且成为超级国际语言呢?

坚船利炮在英语国际传播的第一阶段起到了重要作用。殖民时期,英国通过海外扩张,殖民殖语,使英语传遍世界,落地生根。从 17 世纪初英国向北美移民②开始到 20 世纪初的三百多年中,英国依靠强大的经济和海军实力不断向海外扩张殖民,在世界各地建立殖民地,使自己从一个小小的岛国变成一个名副其实的"日不落帝国"。

英国的海外殖民过程也是英语的"殖语"过程,通过对历史上曾经沦为英国殖民地的国家与官方语言和通用语言相关性的统计研究发现,英国海外殖民扩张对英语国际传播产生了直接且深远的影响。③

研究发现,在曾经沦为英国殖民地的国家或地区中,殖民时间长则三百多年,短则数十年。在 59 个国家或地区中,有 44 个把英语定为官方语言或官方语言之一,约占 74.58%,其余的 15 个国家虽然没有将英语列为官方语言,但在社会生活中英语已经成为通用语言或通用语言之一,这部分国家约占 25.43%。没有一个殖民地国家不使用英语,也就是说,凡是曾经成为英国殖民地的国家,英语即使不是官方语言,也已成为通用语言。可以说,英国海外扩张殖民,对英语的国际传播起到了至关重要的作用。我们可以大胆地做一个假设,如果没有英国的海外扩张殖民,英语不可能像今天这样被全世界广泛使用,英国的"殖民"也起到了"殖语"的作用。

(二)以美国为主的各英语国家的综合实力铸就英语的国际语言霸主地位

语言国际传播靠什么?靠国家的实力。也就是说,一个国家只有具备足够的实力,其语言才能走出国门,走向世界。语言国际传播的广度和深度是由一个国家国力的强弱决定的。这种观点可以总结为"实力决定论"。再往深一步说,语言国际传播靠的主要是国家的硬实力。尽管国家软实力也在一定程度上促进语言国际传播,但硬实力是决定性因素,一个国家如果没

---

① 盘群(2008)英语的国际化研究,山东大学硕士论文。
② 1607 年,英国弗吉尼亚公司成功输送 100 多人到北美弗吉尼亚的詹姆斯敦定居,建立了英国在北美的第一个定居点,此后,英国向北美的移民浪潮便开始了。
③ 成勇(2008)英语国际化历程初探,山东大学硕士论文。

有足够的硬实力作支撑,其语言要走出国门,走向世界是不可能的。过去300多年中,英语之所以能够传遍世界,靠的就是大英帝国当年雄厚的经济实力和强大的海军。可以说,英国在英语国际传播第一阶段起到了决定性作用。

然而,两次世界大战之后,全球范围的反殖民浪潮一浪高过一浪,许多英国殖民地纷纷独立,建立了自己的主权国家。一些国家的民族主义情绪还十分严重,严重威胁到了英语在一些国家和地区的继续存在。然而,另一种实力巩固并推动了英语国际传播向着更广更深的方向发展,这就是美国、加拿大、澳大利亚等原英国殖民地上建立起来的国家和原宗主国英国共同形成的英语国家群在经济、军事、文化、科技等领域的强大综合实力。

第二次世界大战后,尽管英国的实力受到了很大的削弱,但美国、加拿大、澳大利亚等英语国家的综合实力迅速上升,加上英国这一老牌资本主义强国余威尚在,使英语对世界各国的吸引力迅速增强。经过约半个世纪的发展,以英国、美国、加拿大、澳大利亚四国为主的英语国家以强大的综合实力铸就了英语的国际语言霸主地位。过去30年中美、英、加、澳四国GDP在世界各国GDP中的排名充分展示了英语国家的经济实力:

表1:美、英、加、澳四国过去近50年GDP排名

年度 \ 国别GDP情况	美国 排名	美国 总量（亿美元）	英国 排名	英国 总量（亿美元）	加拿大 排名	加拿大 总量（亿美元）	澳大利亚 排名	澳大利亚 总量（亿美元）
1970	1	10 255	5	1 236	7	851	8	429
1980	1	27 956	5	5 367	8	2 689		
1990	1	58 033	6	9 946	7	5 827		
2000	1	98 247	4	14 409	9	7 242		
2008	1	14 330 000	6	2 787 000	11	1 564 000	14	1 069 000

从上述统计表很容易看出,在过去40年中,美国成了世界上经济实力遥遥领先于其他国家的超级经济强国,英国也稳居前六位,加拿大除2008年以外,均位于前10位,澳大利亚基本上处于10至20位之间。

军事方面,美国的军事实力是世界公认遥遥领先于其他国家的,其军事基地遍布世界各地,其航空母舰遍布世界各大洋,其高科技军事装备武装了各兵种。总之,美国是名副其实的军事超级大国。除美国之外,英国也具有较强的军事实力。

科技方面,美国、英国、加拿大的许多科技成果处于世界领先水平,以诺贝尔奖(1901—2010年)物理、化学、生物学和医学、经济学获奖者人数为观察点,美、英、加、澳四国获诺贝尔奖的人数达385人,占全部获奖人数611人的63.01%。

综上所述,在过去半个多世纪中,以美国、英国、加拿大、澳大利亚为主的英语国家凭借其

经济、军事、科技等方面的硬实力不仅巩固了英语原有的地位,而且极大地提升了英语的国际影响力。各英语国家的实力铸就了英语的超级国际语言地位,使英语成为事实上的国际通用语。

二、法语国际地位的兴衰与其硬实力的消长呈正相关关系

法语是世界重要语言之一。目前,"以法语作为母语或第二语言的人口总计1.8亿,约占世界总人口的3.2%,在被调查的语言中排第9位。另外,将法语作为外语学习的人口约有8 250万。"[①] 17到19世纪是法国国际地位和海外殖民的高潮时期,同时也是法语影响力的鼎盛时期。当时法文是国际条约使用的唯一文字,法语几乎是整个欧洲上流社会最时髦的交流语言。法国的海外殖民扩张还使法语随着海外殖民从法国传到了世界40多个国家或地区。目前以法语作为官方语言的国家有27个[②],通用法语的国家和地区有14个[③]。此外,法语还是联合国(UN)及下属国际组织,欧盟(EU)及下属机构,国际奥委会(IOC),法语国家国际组织(FIO),世贸组织(WTO),国际红十字会(IRC),北约组织(NATO),国际足联(FIFA)等国际组织的官方语言。

法语之所以能在当今世界40几个国家作为官方语言或通用语使用,其实现途径与英语走过的道路别无二致,也主要是依靠历史上的殖民殖语途径实现的。从19世纪末以来,相对于美国、英国、加拿大、澳大利亚等英语国家的崛起,法国国力有所下降,这一状况逐渐反映到法语国际传播中,法语的国际影响力呈下降趋势。"甚至在法语的传统领地,比如联合国,法语的地位也有所动摇。从1992年到1998年,联合国代表大会上用法语发言的国家数从31个降到25个。"[④] 由于法国实力的下降,导致法语使用领域逐渐缩小,从一个侧面反证了国家硬实力是语言国际传播的决定性因素。

---

① 引自张西平、柳若梅(2008)《世界主要国家语言推广政策概览》"法国"部分(戴冬梅著),北京:外语教学与研究出版社,第98页。

② 以法语为官方语言的国家,欧洲:法国、瑞士(法语、德语、英语)、比利时(法语和弗拉芒语)、卢森堡、摩纳哥;非洲:科特迪瓦、乍得、卢旺达、中非、多哥、布蓬(法语、英语)、几内亚、马里、布基纳法索、刚果(金)、喀麦隆、刚果(布)、贝宁、尼日尔、布隆迪、塞内加尔、吉布提、马达加斯加、科摩罗、塞舌尔;北美:加拿大(魁北克)、海地、瓦努阿图。

③ 通用法语的国家和地区是:突尼斯、摩洛哥、阿尔及利亚、毛里塔尼亚、毛里求斯、安道尔、留尼汪、马提尼克、瓜德罗普、法属圭亚那、法属波利尼西亚、新喀里多尼亚、瓦利斯和富图纳、圣皮埃尔和密克隆。

④ 转引自张西平、柳若梅(2008)《世界主要国家语言推广政策概览》"法国"部分(戴冬梅著),北京:外语教学与研究出版社,第99页。原文引自:伊夫·塔维尔涅 YVES TAVERNIERE:《(法国)国民议会财政经济委员会关于法语国家与地区推广法语的手段和机构的情况报告》,法国国民议会网站 www.assemblee-nationale.fr/rap-info/i2592.asp

三、西班牙语的国际传播靠的是海上实力

西班牙语是重要的国际语言。全世界有近4亿人讲西班牙语,人数仅次于汉语、印地语和英语,居第四位。西班牙语也是联合国六种工作语言之一。全世界有22个国家把西班牙语作为官方语言或通用语言使用。这些国家是欧洲的西班牙、非洲的赤道几内亚和拉丁美洲的20个国家:阿根廷、墨西哥、玻利维亚、智利、委内瑞拉、哥伦比亚、哥斯达黎加、古巴、厄瓜多尔、乌拉圭、萨尔瓦多、危地马拉、洪都拉斯、尼加拉瓜、巴拿马、巴拉圭、秘鲁、多米尼加、伯利兹、特立尼达和多巴哥。此外,在亚洲的菲律宾、欧洲的安道尔、美国的新墨西哥州、德克萨斯、亚利桑那、加利福尼亚等地区,西班牙语也是重要的通行语言。

西班牙语之所以能传播到如此多的地区和国家,成为国际语言,主要也是凭借历史上西班牙的国家硬实力。15、16世纪,西班牙成为当时的海上强国,主要在欧洲、美洲、非洲、亚洲建立了许多殖民地。几百年的殖民统治使西班牙语成为重要的国际语言。

17世纪以后,西班牙的硬实力相对于其他国家逐渐下降,西班牙语的国际传播也基本停留在原有基础上,甚至个别地区还有所萎缩,如原墨西哥北部的部分地区成为美国领土,原来单一的西班牙语区变成了英语、西班牙语双语区。进入21世纪后,随着墨西哥、巴西等拉丁美洲国家实力的快速增长,世界范围内学习西班牙语的人数也出现了逐渐增加的趋势。这一情况也从一个侧面反映了国家硬实力对语言国际传播的决定性作用。

四、阿拉伯语的广泛传播靠的也是硬实力

阿拉伯语是西亚、北非22个国家的官方语言,也是重要的国际语言之一。这些国家包括:叙利亚、约旦、伊拉克、沙特阿拉伯、黎巴嫩、埃及、也门、阿尔及利亚、巴林、科威特、科摩罗、利比亚、摩洛哥、卡塔尔、苏丹、突尼斯、阿拉伯联合酋长国、阿曼、索马里、毛里塔尼亚、吉布提、巴勒斯坦。以阿拉伯语为母语的人口达两亿多,阿拉伯语还是联合国的工作语言之一。

阿拉伯语从一种国家语言转变成一种区域化的国际语言,也是基于国家硬实力基础之上不断向外传播发展而成的。公元7世纪穆罕默德(570—632年)统一阿拉伯半岛后,建立了统一的阿拉伯帝国(中国史书称为"大食")。四大哈里发[①]时期(632—661年)和倭马亚王

[①] 指632年穆罕默德逝世后,他的最初四个继任者:阿布·伯克尔(632—634年在位)、欧麦尔·伊本·哈塔卜(634—644年在位)、奥斯曼·伊本·阿凡(644—656年在位)和阿里·伊本·阿比·塔利卜(656—661年在位)。

朝[①](661—750年)时期,阿拉伯统治者先后发动了两次大规模的战争。阿拉伯人以疾风扫落叶之势,并吞西亚,席卷埃及,横扫北非,囊括西班牙,进兵药杀水[②],饮马印度河,建立了一个横跨欧、亚、非三洲的大帝国。"[③]为巩固对所征服地区的统治,"第二任哈里发欧麦尔就提出了'信教、纳人丁税、战斗'的政策,即欢迎皈依伊斯兰教,信教者可享受与阿拉伯穆斯林同等待遇;要保留原信仰的一神教者,就得纳税;既不信教,又不纳税者,只能与其战斗……。这项政策为历代哈里发沿用,对推行阿拉伯化、传播伊斯兰教和巩固阿拉伯人的统治起到了积极和重要的作用。""大批阿拉伯移民定居在被征服土地上,与当地人杂居、通婚,日渐融合,对巩固阿拉伯的统治与传播伊斯兰教和阿拉伯语有利,对发展阿拉伯伊斯兰文化发挥了积极的作用。"[④]

伴随着对外扩张和阿拉伯帝国的强盛,包括阿拉伯语在内的阿拉伯—伊斯兰文化随着有组织、持续不断的阿拉伯军事移民和民间整体迁徙迅速传播到了被征服地区,阿拉伯语落地生根,逐渐成为这些地区的共同语。今天阿拉伯语使用国家的分布格局基本上是那个时期形成的。需要特别指出的是,阿拉伯—伊斯兰文化在阿拉伯语向外传播过程中发挥了重要作用,但这种作用也是以阿拉伯帝国形成前后相当长一个时期里强大的硬实力作为支撑的。

五、俄语在欧亚多国广泛传播靠的也是硬实力

俄语是世界重要的国际语言之一,也是联合国六种工作语言之一。全世界约有2.4亿人讲俄语,主要集中在以俄罗斯为主的独联体地区。除俄罗斯以外,还有前苏联的14个加盟共和国也都讲俄语。这些国家虽然都独立了,但仍然把俄语作为官方语言之一或作为通用语言使用。这些国家是白俄罗斯、乌克兰、哈萨克、乌兹别克、吉尔吉斯、塔吉克、土库曼、阿塞拜疆、亚美尼亚、格鲁吉亚、摩尔多瓦、立陶宛、拉脱维亚、爱沙尼亚。此外,20世纪,在波兰、保加利亚、捷克、斯洛伐克、匈牙利、罗马尼亚和阿尔巴尼亚等华沙条约组织成员国,俄语在学校被广为教授,许多人都能使用俄语进行交流。在芬兰等波罗的海沿岸国家,绝大多数人都能使用俄语交流。在一些亚洲国家如老挝、越南、柬埔寨和蒙古,俄语仍然作为学校重要的外语进行教学。在以色列,至少有75万前苏联犹太移民使用俄语(1999年人口调查)。在美国的纽约、洛杉矶、旧金山、迈阿密、芝加哥、克利夫兰和加拿大多伦多等地,都有规模较大的俄语社区。单

[①] 倭马亚王朝(或译为伍麦叶王朝、奥美亚王朝),阿拉伯帝国的第一个世袭王朝。在伊斯兰教最初的四位哈里发(即所谓"纯洁的哈里发"或"正统哈里发")的执政结束之后,由阿拉伯帝国的叙利亚总督穆阿维叶(即后来的哈里发穆阿维叶一世)建立。
[②] 古地名,即今流经中亚的吉尔吉斯斯坦、塔吉克斯坦、乌兹别克斯坦和哈萨克斯坦,最后注入咸海的锡尔河。
[③] 郭应德(1997)《阿拉伯史纲》"绪论",北京:经济日报出版社第2版,第3页。
[④] 国少华(2003)阿拉伯语传播原因探析,《阿拉伯世界》第2期,第56页。

在纽约、洛杉矶俄语人口估计达50万人。根据美国2000年人口调查,美国有1.5%人口说俄语,即大约420万人。在德国、英国、西班牙、法国、意大利、比利时、希腊、巴西和土耳其讲俄语的社区共有300万人。

俄语国际传播主要有以下两个特点:

第一,苏联以前时期,俄语的传播靠的主要是军事硬实力。纵观俄罗斯历史,从1547年伊凡四世自封为"沙皇",其国号称俄国开始到苏联解体,俄罗斯经伊凡四世、彼得大帝、叶卡特琳娜二世、亚历山大一世等历代统治者的对外扩张,使俄罗斯成为地跨欧、亚、北美(原阿拉斯加)的世界上领土面积最大的国家。

第二,社会主义时代的苏联,主要凭借其强大的军事和经济实力把俄语推向了中亚地区。苏联凭着硬实力把俄罗斯以外的14个欧亚地区的苏维埃社会主义共和国组织在一起,组成苏维埃社会主义共和国联盟(1922—1991年12月)。在苏联近70年的历史中,俄语在各加盟共和国得到了快速传播。主要凭借苏联在各加盟共和国和东欧社会主义阵营各国的强大影响,使俄语成为上述加盟共和国的重要通用语言。苏联解体后,这些国家或仍然将俄语作为官方语言或官方语言之一,或虽取消了俄语官方语言地位,但俄语已经成为这些国家的通用语言之一。

综上所述,英、法、西、俄、阿五种联合国工作语言从一国语言发展成重要的国际语言,主要是通过对外扩张、武力征服、殖民殖语等途径实现的,而这些途径都以强大的国家硬实力作为支撑。可以得出结论:上述五种主要语言的国际化格局都是历史上通过这些国家硬实力形成的,硬实力是语言国际传播的决定因素。至今没有一种弱国的语言发展成重要的国际语言,这一事实也从反面证实了以上结论。

下篇:几点思考

上述研究表明,对外扩张、武力征服、殖民殖语奠定了英、法、西、俄、阿等语言的国际语言地位。这是历史,但这并不意味着未来的新兴国际语言都必须通过这些途径才能实现国际传播。毕竟武力解决问题的时代过去了,语言国际传播的途径和方式也应该顺应当今世界的潮流,融入和平与发展的主流。然而,"国家硬实力是语言国际传播的决定性因素"这一论断依然适用。在政治多极化、经济全球化、文化多元化的国际背景下,语言国际传播的新途径、政策和行动对语言传播的影响等问题值得深入探讨。

一、硬实力在不同的历史时期有不同的内涵

硬实力和软实力是描述一个国家综合实力的两个概念。硬实力主要指经济、军事、科技实

力,而软实力则主要指经济、军事、科技以外的其他实力,主要包括文化、价值观、意识形态、政治制度、外交、国际信誉、国家领导及国民形象等方面的影响力。两者之间有明显的区别。硬实力是国家实力中有形的物质要素,一般可以量化和测量。如经济总量、科技创新发明数量和贡献率,军队装备、核武器数量等,均可以量化;软实力是在国家实力中无形的、能够影响他国意愿的精神力,一般很难量化和测量。[1]

在世界中古史阶段(公元5—6世纪至公元1500年),人类通过大范围的战争和民族迁徙,进行着国家间不断的分化组合,军事力量是这段历史中最重要的硬实力。进入世界近代史阶段(1500年的地理大发现至1900年帝国主义的形成)之后,西方通过殖民征服,逐步把世界联结为一个整体,到19世纪末,终于形成了世界资本主义经济体系,世界各地均被纳入该体系之中。这一阶段,经济和军事力量成为最重要的硬实力。进入世界现代史阶段(1900年以来),帝国主义和世界市场与世界经济一体化最终形成,经济、军事和科技等成了最重要的硬实力。

二、武力"殖民殖语"的"刚性传播"时代已经成为历史,硬实力支撑下的"现代柔性传播"正在成为主流

上文讨论的英语、法语、西班牙语、俄语、阿拉伯语的对外传播无一例外地都走过了武力扩张、"殖民殖语"之路。这种依靠武力进行的语言传播属于"刚性传播",与今日世界"和平与发展"的主题格格不入,以经济文化交流支撑的"现代柔性传播"已经成为当前并应该成为未来语言国际传播的理想途径。其实,殖民体系解体后,上述各语言所属国家都在不同程度地通过"现代柔性传播"模式对外传播本国的语言。如法语国际传播方面,法国国家领导人高度重视,政府认真实施、民间广泛参与,大力促进有利于法语国际传播相关规则的制定,对法语国际传播的组织落实措施,在法国及世界各地设立法语联盟等。又如英语国际传播方面,以英美为首的主要英语国家通常以提供资金及设备援助、基金、捐赠、师资、教材、技术等具体形式开展语言文化国际传播。一些官方机构、半官方机构及民间基金会在推动英语走向世界、提高英语的国际影响力方面发挥了积极作用。英国文化协会(British Council)成功地使英语教学成为一个产业;托福和雅思等英语水平考试成就了相关培训和考试产业链;和平队(Peace Corps)等组织向世界各地输送了大批英语教师;福特基金会、洛克菲勒基金会等为推动英语走向世界做出了不小贡献;英国广播公司(BBC)和美国之音(VOA)为全球想学标准英语的人提供了"空中免费教师";英国和美国出版公司推出了大批优秀英语教材,不仅获取了丰厚的利润,也为英语国际传播做出了重要贡献。总之,第二次世界大战以来,法语、英语通过这种模式较好地实

---

[1] 武铁传(2009)论软实力与硬实力的辩证关系及意义,《理论导刊》第5期。

现了对外传播。

现代柔性传播模式对法语、英语国际传播所起到的积极作用,对于其他语言的国际传播都有许多值得借鉴的地方。但通过这种传播模式开展英语和法语的国际传播对英语、法语今天的国际地位所产生的影响仍然是十分有限的。英语和法语今天的国际地位是靠英语国家和法国的硬实力铸就的。

三、语言传播态度和措施可以影响语言传播进程

虽然硬实力是一个国家语言是否能够长期可持续对外传播的决定性因素,但我们也要充分认识到,语言传播态度和措施对语言国际传播也能起到一定的辅助性作用。我们一方面要坚定信心,只要中国的硬实力不断提升,世界各国都会学习汉语,汉语在21世纪肯定会成为一种十分流行的国际语言;另一方面,我们也要充分认识到,语言传播态度和措施对语言国际传播的进程会产生加速或延缓的作用。积极的语言传播态度和扎实的落实措施可以加快传播速度,提高传播质量;反之则会延缓传播速度,影响传播质量。国家汉办近年来非常积极的国际推广态度和有力的落实措施大大加快了汉语走向世界的步伐。但越是快速前进的时候越需要强调稳健。中国的汉语国际推广要掌握好"度",既要抢抓机遇,又要着眼长远,务求长期可持续发展。一定要建立在别国需求的基础之上,应该在理念和实践两个层面都努力实现从"推广"向"服务"的转变。应该借鉴其他语言传播的现代模式,积极鼓励民间机构参与,开辟多元化、多渠道的汉语国际传播之路。

四、软实力也可以推动语言的国际传播,且可以转化成硬实力

我们必须始终保持清醒的头脑,汉语走向世界最终还是主要靠中国的硬实力。把中国建设成为实力强大的国家是最好的汉语国际推广之路。但同时我们也应该看到,软实力虽不是语言国际传播的决定性因素,但它与硬实力一起形成国家的综合实力,对语言国际传播也会起到积极推动作用。此外,软实力在一定条件下也会推动经济、军事、科技等领域的发展,从而促进硬实力的增长。从这个意义上说,软实力在一定条件下可以转化成硬实力。因此,在强调硬实力建设的同时,我们也要重视软实力建设,促进软实力与硬实力的有机结合和良性互动,最终形成强大的国家综合实力。

五、汉语走向世界是必然趋势

汉语能否传遍世界已经成为一个争议越来越少的问题。笔者认为,汉语走向世界是必然趋势,如果说有问题,也只是时间早晚的问题。中国社会科学院2010年12月26日发布的2011年《世界经济黄皮书》指出,中国超越英、法、德成为IMF第三大股东,2010年中国GDP超过日本,成为世界第二大经济体。中国的科技实力快速进步,"中国研制成功世界上最快的超级计算机'天河一号',其速度比原本位居世界首位的美国'美洲虎号'快47%,被认为是走向科技大国的重要表现。"中国军事实力也在明显增强。总之,中国的硬实力正在快速增强。中国日益增长的硬实力以及与之相应的软实力,再加上其他讲汉语的国家和地区的综合实力,必将促成汉语的国际传播。

汉语国际推广的最终目标是:随着中国影响力的不断提升,将来总有一天中国不再需要向世界"推广"汉语,而是世界向汉语主动走来!我们期待着这一天的早日到来。

参考文献:

成　勇(2008)英语国际化历程初探,山东大学硕士论文。
国少华(2003)阿拉伯语传播原因探析,《阿拉伯世界》第2期。
郭应德(1997)《阿拉伯史纲》,北京:经济日报出版社。
李宇明(2004)强国的语言和语言强国,《光明日报》,7月28日。
盘　群(2008)英语的国际化研究,山东大学硕士论文。
武铁传(2009)论软实力与硬实力的辩证关系及意义,《理论导刊》第5期。
张西平、柳若梅主编(2008)《世界主要国家语言推广政策概览》,北京:外语教学与研究出版社。

作者简介:

吴应辉,男,1964年生,中央民族大学国际教育学院教授、院长、博士生导师,入选教育部新世纪优秀人才支持计划(2009年)。主要致力于汉语国际传播研究,主持国家社科基金课题、教育部新世纪优秀人才支持计划研究项目、中央高校基本科研业务费专项资金等多项课题,发表多篇汉语国际传播研究论文。

附录:历史上曾为英国殖民地的国家与官方语言和通用语言对照表[①]

编号	美洲国家	英国殖民时间	官方语言[②]	通用语言
1	美国	1776—1820	英语	英语

[①] 此表为作者根据李树藩主编《最新各国概况》(长春出版社2007年1月版)和王成家主编《最新各国概况》(世界知识出版社2002年7月版)有关国家历史部分有关内容整理而成。

[②] 官方语言的界定主要遵循两个原则:一是国家法律规定的,二是即使没有法律规定,但已作为一个国家政府通用语言使用的。

(续表)

2	加拿大	1763—1926	英语和法语	
3	圣基茨和尼维斯	1623—1983	英语	英语
4	巴巴多斯	1624—1966	英语	
5	圣文森特和格林纳丁斯	1627—1979	英语	
6	安提瓜和巴布达	1667—1981	英语	英语
7	伯利兹	1638—1981	英语	西班牙语和克里奥尔语
8	巴哈马	1717—1973	英语	
9	牙买加	1670—1962	英语	
10	格林纳达	1783—1974	英语	
11	多米尼克	1763—1978	英语	
12	特立尼达和多巴哥	1814—1962	英语	英语
13	圭亚那	1814—1966	英语	
	非洲国家	英国殖民时间	官方语言	通用语言
14	加纳	1844—1957	英语	
15	肯尼亚	1920—1963	斯瓦希里语和英语	
16	尼日利亚	1861—1960	英语	
17	冈比亚	1873—1964	英语	
18	南非	1806—1961	英语和南非荷兰语等11种语言	英语和南非荷兰语
19	赞比亚	1911—1964	英语	
20	塞拉利昂	1896—1961	英语	英语、克里奥尔语
21	毛里求斯	1814—1968	英语	英语、法语、克里奥尔语
22	塞舌尔	1609—1756 1794—1976	克里奥尔语	英语和法语
23	索马里	1887—1960	索马里语和阿拉伯语	英语和意大利语
24	莱索托	1868—1966	英语	塞苏陀语
25	博茨瓦纳	1885—1966	英语	茨瓦纳语和英语
26	津巴布韦	1890—1979	英语	绍纳语和恩德贝莱语
27	乌干达	1890—1967	英语、斯瓦希里语	
28	苏丹	1877—1956	阿拉伯语	英语
29	马拉维	1891—1964	英语和奇契瓦语	

(续表)

30	埃及	1882—1922	阿拉伯语	英语和法语(社会上层)
31	喀麦隆	1919—1961	法语和英语	
32	斯威士兰	1890—1968	英语	斯瓦蒂语
33	坦桑尼亚	1920—1961	斯瓦希里语和英语	
34	利比亚	1940—1951	阿拉伯语	英语和意大利语
	亚洲国家	**英国殖民时间**	**官方语言**	**通用语言**
35	印度	1757—1950	印地语和英语	
36	巴基斯坦	1757—1947	乌尔都语、英语	
37	孟加拉国	18世纪后半叶，英属印度一个省	孟加拉语	英语
38	尼泊尔	1846—1923	尼泊尔语	多种语言在不同地区使用
39	缅甸	1885—1948	缅语	英语,北部汉语
40	新加坡	1824—1963	马来语、英语、华语、泰米尔语	英语
41	马来西亚	1786—1957	马来语	英语和华语
42	文莱	1888—1984	马来语	华语和英语
43	马尔代夫	1887—1934	迪维希语	英语
44	斯里兰卡	1795—1948	僧伽罗语	英语
45	中国香港	1842—1997	英语(1997年7月1日前)、汉语	
46	巴林	1870—1971	阿拉伯语	英语
47	塞浦路斯	1925—1960		希腊语、土耳其语、英语
48	巴勒斯坦	1922—1947		阿拉伯语、希伯来语
49	约旦	1921—1946	阿拉伯语	英语
50	阿拉伯联合酋长国	1820—1971	阿拉伯语	英语
51	科威特	1899—1961	阿拉伯语	英语、印地语、乌尔都语、波斯语
	大洋洲国家	**英国殖民时间**	**官方语言**	**通用语言**
52	澳大利亚	1788—1931	英语	
53	瓦努阿图	1906—1980	英语、法语	比斯拉马语
54	斐济	1874—1970	英语、印地语、斐济语	英语

(续表)

55	所罗门群岛	1893—1978	英语	
56	新西兰	1840—1947	英语	
57	汤加	1900—1970	英语	英语、汤加语
58	瑙鲁	1798年起断断续续为英国殖民地，1968年独立	瑙鲁语和英语	
	欧洲国家	**英国殖民时间**	**官方语言**	**通用语言**
59	马耳他	1814—1964	马耳他语和英语	

施光亨、王绍新主编《汉语教与学词典》由商务印书馆出版

ISBN978-7-100-06861-1　32开精装双色印刷　98元

该词典适合汉语教师以及中级和中级以上汉语水平的外国学习者使用。涵盖汉语水平考试大纲和教学大纲中的常用词和次常用词，共收字3 100余个，词语3 200余条。对成词条目和义项都标注了词性，对组成合成词的语素也进行了标注。义必有例，例多为句。例句能够体现词语的语义范围、语法功能和语用特点。并设"提示"1 900余条，明确有关释义和例句所体现的使用特点；"比较"740余组，对外国人不易区别的近义词语进行了辨析。

美国的中文教学状况:机会与挑战

〔美国〕王觉非

内容提要:近年来,美国的中文教学逐渐引起人们的关注。美国联邦政府、非政府组织、外语教育专业组织等,都在采取措施推进中文教学。中国国家汉办等也提供了大量支持。美国中文教学现在面临的挑战,包括教师供应不足、教材不适用、教学标准不统一、中学教学内容同高等院校连接不够紧密等。在美国推广中文教学的过程中,应当整合美中两国的资源,充分考虑美国地方分权的教育管理模式及其特点。同时,应当注意教学人员和教育决策人员之间的沟通与交流,实事求是地开展正面宣传。

关 键 词:美国中文教学;美国外语教学;中国国家汉办;美国教育

The Situation of Chinese Language Instruction in the United States: Opportunity and Challenge

(U.S.A) Wang Juefei

Abstract: Instruction of the Chinese language in the United States has drawn attention in recent years. The Federal Government, non-governmental organizations and professional organizations of foreign languages are making efforts to promote Chinese language instruction. The Chinese Hanban has lent substantial support. Challenges in Chinese language instruction in the U.S. include insufficient supplies of teachers, inadequate textbooks, ununified standard of teaching, and lack of close connections between the content of teaching in high schools and that in college. To promote the Chinese language in the U.S., attention needs to be paid to the integration of resources of the U.S. and of China, and the characteristics of the decentralized system of education in the U.S. and its impacts on promoting Chinese in the country should be fully considered. Attention should also be paid to communication between instructional personnel and policy makers regarding Chinese language instruction, and publicity for Chinese language instruction should be based on facts.

Key words: Chinese language instruction in the U.S.; Foreign language education in the

U. S.；Hanban；American education

　　中文国际传播涉及世界各国,美国的中文教学状况总是引起人们的普遍关注。美国在全球的经济活动和国际政治方面所发挥的作用,美国与中国的关系,以及中国同美国各个阶层千丝万缕的联系,是人们关心美国中文教学状况的主要原因。

　　本文根据我在美国参加同中文教学有关的政策性活动、参与发起中小学中文教学项目、监管弗里曼基金会提供经费的高等院校中文教师培训计划的过程中,观察到的一些情况和考虑到的一些问题撰写而成。虽然文章涉及高等院校开设中文和培训中文师资的一些情况,但是以美国中小学的状况为主。文章将论及美国当前中文教学的基本情况,在美国推广中文教学需要解决的问题,和在美国推广中文教学的策略。美国的教育体制复杂,中文教学工作发展不平衡,文章论及的问题难免挂一漏万,恳请读者谅解。

一、美国中文教学的基本状况

　　讨论美国的中文教学,不能不提及美国外语教学的一般状况,因为中文在美国被看作是外语。

　　从外语教育的发展历程来看,美国经历了从不乏外语人才到外语人才短缺的过程。美国是一个移民国家。第一代移民一般能够熟练掌握母语,所以美国在历史上并不缺少外语人才。然而,随着时代的变迁,出现了会外语的人不少,外语人才不多的情况。

　　为了应对外语人才短缺带来的挑战,美国政府在第二次世界大战期间,第一次委托一个社会组织设计不常用的外语语种培训项目,满足当时战争的需要。20世纪50年代末期以后,美国高等院校和高中学习外语的人数出现了一次急剧增长,背景是苏联早于美国10个月,在1957年发射了第一颗人造地球卫星。美国朝野震动,遍查军事科技落后于苏联的原因,发现需要加强在教育领域同苏联的竞争。于是在1958年通过了《国防教育法》,拨出大笔款项,支持科学、数学和外语教育。20世纪80年代,美国掀起新一轮教育改革的浪潮,外语教育再一次提上议事日程。

　　但是,经过多年努力,外语教育一直差强,突出表现是效果不佳。特别是在2001年开始实施"不让一个孩子掉队"的法律以后,全国中小学根据法律的要求,把教学重点放在了英语、科学和数学教育上面,外语教育再一次被放到了次要地位。

　　从外语语种来看,美国学校(包括高等院校)开设的外语以欧洲语言和西班牙语为主。美国有大量的西班牙语国家的移民,选修西班牙语的学生数量在学校开设的所有外语当中排行第一。根据学生选修外语课程的数量来排队,其他大语种包括法语和德语。德语在这几个语种当中排在第三,选修德语的学生占美国高中生总数的大约5%。

近年来,中文开始得到人们关注。2005年前后,美国一些有识之士曾经有过一种设想,如果学习中文的学生也像德文一样,占高中生总数的5%,全国需要多少名合格的中文教师?那些中文教师从哪里来?这从一个侧面反映了美国中文教学的一种状况,即中文教学的一个目标,应当是增加学生人数,譬如,如果有5%的学生选修中文,中文在美国学校当中即可称为一个大语种了。

然而,美国中文教学现在的状况,离那个数字还差得很远。美国高等院校学习中文的学生在过去几年以两位数字增加,学中文的学生也仅占高校所有学习外语的学生的4%。[①] 因此,中文教学的空间广大而辽阔。为了促进中文教学在美国的发展,美国有一批机构和组织通过多种途径,积极推进中文教学。这些机构和组织以及它们采用的策略和方法如下:

(一)美国联邦政府

美国联邦政府早在20世纪80年代就把中文列为重要语言之一。笔者当时在佛蒙特州参加了向联邦政府申请经费在州内五所中小学开设中文课的工作,那时联邦政府已经把中文作为同国防有关的重要语言,设立了专门经费和特别项目。

近年来,联邦政府又再次确认,中文同阿拉伯文、日文、韩文、俄文、波斯文等一起,列为重要语言,在经费支持上作倾斜,并且设立了一批新的项目。

语言旗舰项目(Language Flagship Program)。这是一个全国性项目。项目的宗旨是改变小学、中学和大学外语教学相互分离、缺乏内在关联的状况,把幼儿园至16年级(大学毕业)作为外语教学的整体,通盘考虑语言教学在内容和方法上的连续性。有些地方甚至把研究生阶段的外语教学也包括进项目。项目采用的办法,是联邦政府、州政府、高等院校、中小学和企业密切合作。现有的九个语言旗舰中心,设立在亚利桑那、印第安纳、俄亥俄、加州旧金山、密西西比、俄勒冈、罗德岛、肯塔基等地的州立大学,以及一所私立院校,即犹他州的杨百翰大学。

星谈项目(Star Talk)。联邦政府提供经费的全国性项目。主要是在暑期开展短期培训,包括为中文教师开设的培训项目和为中小学生设立的中文和中国文化启蒙项目。主办活动的组织主要是高等院校,也可以是中学和其他组织。活动的方式灵活多样。这个项目的经费在过去几年当中连年增加。

外语支持项目(Foreign Language Assistance Program,简称FLAP)。项目由联邦政府提供经费,高校与地方学区开展外语教育方面的合作,每一个项目的额度是20万到30万美元,每年向30个组织发放经费。

联邦项目的特点是针对性强,经费数额比较大,一般不需要配套资金。获得经费需要通过竞争,经费申请报告要达到联邦的各种要求。一旦联邦经费停止,项目也就销声匿迹了。同时

---

① Asia Society(2010) *Meeting the Challenge: Preparing Chinese Language Teachers for American Schools*. Asia Society,New York.

应当指出,这些项目不一定是为中文专门设立的。中文是作为重要语言之一,同其他重要语言分享这些项目和经费。

(二)美国大学理事会

美国大学理事会是一个非政府组织。它的主要功能,是组织和主持连接高中和高等院校两级教育的各种考试。例如,美国高校录取新生时,要参考 SAT(学术性向测验)的成绩,SAT 就是由美国大学理事会主持的考试。

大学理事会主持的另外一类考试,是大学先修课程考试,即 Advanced Placement,简称 AP。美国高中开设的各个学科都设立 AP 考试,例如物理、化学、数学、英语等等。通过 AP 考试的学生,在进入大学以后可以有两项优先权利。第一是在选择主修专业的时候,通过 AP 考试的学生有优先权。例如,通过物理 AP 考试的学生,可以优先主修物理专业。第二是在入学以后,可以免修相关课程。例如,通过物理 AP 考试的学生,可以在入学以后,经学校同意,免修一定的物理课程。学生为了通过 AP 考试,必须在高中阶段学习同 AP 考试有关的课程。AP 课程的难度,要高于同一学科的其他课程。

大学理事会在 2005 年决定设立中文 AP 考试,并在 2007 年第一次正式开设中文 AP 考试。这项 AP 考试可以帮助学生在进入大学以后选学中文作主修专业或免修一定的中文课程,同时,它对在中小学推广中文教学具有两项重要意义。第一,AP 考试在一定程度上为中小学中文教学提供了参考性标准。如果一所学校设立中文 AP 课程,说明这所学校具备设置多年、多层次中文课程的能力。第二,学生通过中文 AP 考试,必须具备多年学习中文的经历,这就使得中文教育从高中阶段向初中和小学延伸具备了可能性。

大学理事会在中文教师培训、中文课程规范化等方面,也做了很多工作。

(三)美国亚洲协会

美国亚洲协会是一个非政府组织,为美国政府、企业和各种社会组织在亚洲开展活动,处理同亚洲各国的政治、经济、文化和教育的关系,发挥智囊团的作用。亚洲协会同全国州长协会、教育厅长联合会、美国经济发展委员会等全国性组织合作,从 2001 年开始在全国推进国际教育运动。运动的目的,是提请公众和教育界注意亚洲发生的巨大变化,重视中国在经济方面的飞速发展,在中小学加强国际教育,特别是加强亚洲文化教育。这个运动提出的政策主张之一,是把学习中文作为了解中国和中国文化的一个必要组成部分。笔者参与了国际教育运动的主要活动,体会到国际教育运动在一定程度上为今天中文教学在美国的发展作了舆论和管理人员两方面的准备。

2004 年以来,亚洲协会直接同中国国家汉办合作,积极促进在美国开设中文 AP 考试,对美国开展中文教学涉及的各类政策和实践问题做了深入研究,并发表了一系列有关中国教育和中文教学的报告。例如,在 2005 年发表的关于中国教育的报告、在 2006 年发表的关于提高美国中小学中文教学能力的报告、在2010年发表的关于美国中文师资培训的报告,等等。

2009年,亚洲协会同中国国家汉办合作,计划在三年之内,在美国全国设立100个孔子课堂。目前,60所美国学校和同样数量的中方伙伴学校已经遴选完毕,进入实质性操作阶段。其他40个孔子课堂将在2011年落实。亚洲协会同大学理事会已经成为中国国家汉办在美国的主要合作伙伴,是在美国推动中文教学的主流组织。

(四)美国外语教育专业组织

这些专业组织包括美国外语教师协会、美国中小学中文教师联合会等。在美国从事中文教学的人员一般是这些组织的成员。这些组织在中文教师职业培训、制定中文教学标准、开展中文课程与教材的研究等工作上,提供了专业性支持。

(五)美国中文学校

多年来,在美国各地居住的中国人,为了自己子女的中文教育,自发组织了为数众多的周末中文学校。最近几年,中文学校的对象已经从中国人的子女扩大到领养中国儿童的美国家长,在有些地方更扩大到社区内的其他美国人士。一般而言,中文学校是一种社会组织,而不是正规学校,所以在大部分中文学校不能获得正式学历,但是中文学校在推进中文教学和中国文化方面的作用应当得到承认。

(六)美国私人基金会

各种私人基金会在中文教学方面也起到了一定作用,例如,笔者任职的弗里曼基金会,除了对一批中小学直接提供经费开设中文课程以外,在2007年设立了中文教师培训试点项目,支持纽约大学、Rutgers大学、George Mason大学和Rice大学等高等院校培训中文师资,将学生学业与就业资格结合起来,使毕业生能够直接在中小学就业,从事中文教学工作。

(七)中国国家汉办(以下简称汉办)

汉办最近五年来不断加大在美国推广中文教学的力度,确定了同美方合作的主要伙伴如亚洲协会和大学理事会等等,搭建了包括联邦有关机构、非政府组织、高等院校的合作网络,通过孔子学院、孔子课堂、志愿者教师、邀请美方人士访华、向美方学生提供奖学金等方式,推进中文教学和中国文化宣传。

1.孔子学院。从六年以前第一所孔子学院在威廉玛丽学院挂牌以来,截止到2010年7月,美国已经注册的孔子学院为70所。孔子学院一般设在高等院校和全国性组织当中,由汉办提供一定活动经费,由中方合作伙伴高校提供中方院长、一定数量的教学人员和视听材料,美方配备美方主任和工作人员、提供活动场地、设计和组织活动。活动内容主要是面向社区成员开设中文和中国文化课程。孔子学院当前进入了提高工作质量、改进活动效果的阶段,汉办已经采取措施,大批轮训孔子学院人员。

2.孔子课堂。其操作方式与孔子学院大同小异,但是主要差别在于两点:第一,孔子课堂设在美国中小学,中方伙伴机构也是中小学;第二,孔子课堂主要在中小学开设中文课程和中国文化课程。本文前面提到,第一批孔子课堂已经进入操作阶段。孔子课堂设在中小学,可以开设正规中文课程,帮助学生系统学习中文。有些设立孔子课堂的美国学校,已经在考虑正式开设中文课程。相对于其他方式,孔子课堂的活动内容比较容易纳入美国中小学课程体系,比较容易在美国教育体制当中形成自下而上开设中文课程的趋势。因此,孔子课堂在推广中文教学方面,可能发挥其他类似机构不能发挥的作用,应当引起充分重视。

3.汉办志愿者教师。在三年以前进入美国,主要在迫切要求开设中文课的中小学从事教学工作,由汉办提供经费和教学材料。到2010年7月为止,已经有400多名志愿者教师参加了这个项目,在一定程度上解决了美国中文教师供应不足的燃眉之急。

4.中文师资的在职培训。汉办开展的另一项工作。美国中小学当前的中文教师队伍,在数量和质量上都亟待提高。从数量来讲,合格教师在全国范围内供不应求。从质量来讲,教师质量参差不齐。在美国教中文的教师大部分是中国人。他们当中持有教师证书的人,有些原来从事其他学科教学,改行以后从事中文教学工作;有些原来不是教师,在取得外语教师资格以后才开始教中文。很多中文教师对于语言本身的掌握(语法、词法、语境等语言现象)、对中文教学方法的了解、对教材的评估、对教学标准的理解和掌握,不一定尽如人意。汉办为提高教师水平,通过美国大学理事会和中国定点高校,开设了大量在职教师培训项目,对提高教师教学水平起了重要作用。

5.组织美方人士访华、为美国学生提供奖学金。汉办在美国开展工作的组成部分。2009年,中国国务委员刘延东访问美国时宣布,中国政府通过国家汉办设立三个800的项目,即每年邀请800名美国校长和其他行政管理人员访华、为800名美国学生在中国组织夏令营、为800名大学生和研究生提供在中国学习中文的奖学金。

除汉办以外,中国其他政府机构也在各自的工作范围内,推进美国的中文教学。其中包括:全国侨务办公室通过侨务系统开展的工作,国家留学基金委向美方学生提供的相关奖学金等等。

综上所述,美国联邦政府、社会组织、高校和私人基金会等,都在做推广中文教学的工作。中国国家汉办等机构也在推进美国的中文教学。

从美国中小学学习中文的学生数量和开设中文课程的学校数量来看,两者呈现缓慢但是稳定的增长。根据2000年的一项统计,美国当年7—12年级的学生大约有24 000在学习中文。根据2010年美国外语教学理事会发表的问卷调查统计数字,在2007—2008学年,美国学习中文的中小学生总数为59 860人。这些数据表明,学习中文的中小学生数量,在七年之间增长了大约150%。2004年,全国开设中文课程的中小学数量是263所。2008年,亚洲协会和大学理事会综合各方面数据以后确认,当年有779所中小学开设了中文课程,其中公立学校

444所,私立学校335所。换句话说,开设中文课程的中小学在四年当中大约增加了200%。[①]

美国教育理事会在2010年对开设小语种外语教学的1962所高中做了问卷调查,发现"中文教学在幼儿园至十二年级的教学体系当中相当普遍"。[②] 但是,因为这项问卷调查包括学生在课余学习中文和通过网络学习中文的数据,调查结果同上面提到的美国外语教学理事会的数据不具可比性。

应当指出,美国有些中小学在中文引起普遍关注以前,就已经开始开设中文课,例如,旧金山的美国国际中文学校(Chinese American International School),在几十年中形成了从小学到高中用中文讲授各个学科课程的一整套体系。还应当指出,近年来涌现出一批开设中文的新学区,例如,芝加哥市在全市公立中小学推广中文课程,魄力之大,为全国之先。

上述事实表明,美国中小学中文教学的进展速度已经在加快,但是,从美国全国来讲,开设中文课程的学校数量仍然有限。一个简单的事实是,在全美国一万多个学区、几十万所学校当中,开设中文课程的学校仅有779所。两相比较,相差悬殊。中文教学要走的道路依然漫长。

二、美国中文教学面临的挑战

美国中文教学的推广工作,主要面临两个方面的挑战:第一个方面是教育体制本身提出的挑战;第二个方面是中文教学在教师、教材、课程标准和内容衔接方面需要做出的改进。教育体制的特点在一定程度上决定了教师、教材、课程和内容方面的状况。

美国开展中文教学的一项挑战,是由教育体制决定的。在中国体制下,教育是政府的事业,教育目的、教育政策、教育经费、教学标准、教学内容、课程设置、教科书设计、教育专业人员从业标准等等,历来由政府的教育主管部门制定。1985年以来,中国逐步形成了基础教育由中央、省、县三级管理的模式;2001年以后开展的全国课程改革,在课程设置上实行国家、省和校本三级课程,教科书实行多家出版、学校选择的途径。然而,各级政府在教育事业上仍然发挥着其他机构无法取代的领导和主导作用。

在美国地方分权的体制下,教育是公众的事业。美国宪法第十修正案规定,在宪法中没有明确由联邦实行的权力,属于各州和各州的人民。教育就正好属于这样的权力。因此,美国教育的管理权力主要由州一级和地方一级施行,联邦政府的作用微乎其微。

中美两种体制,没有孰优孰劣之分,只是不同而已。但是,在美国推广中文教学,就不能不

[①] Asia Society(2010) *Meeting the Challenge: Preparing Chinese Language Teachers for American Schools*. Asia Society, New York.

[②] 同上。

考虑地方分权体制之下的复杂情况：中文教学作为教育问题，主要由各州负责，而美国有50个州，各州内部教育发展一般呈现不平衡的局面。因此，在全国推广中文教学，必然涉及种种政治、经济、文化等因素，绝对不是政府做决定就能实施的事情，因为这本不是政府的权限所在；也绝对不可能一蹴而就，因为任何一所学校开设中文，必然涉及资金、人员、课时等问题，各种利益集团必然在现行体制下反复交锋。一般而言，一所公立学校如果在没有外来资金支持的条件下，完全使用纳税人提供的学校经费开设中文课，从开始酝酿到学校董事会批准，再到学校行政分配资金、聘任教师，起码需要一年的时间，多的则需要几年时间。在此期间，如果极力推动此事的人稍有松懈，整个事情就会前功尽弃。因此，讨论在美国推广中文教学，切忌按照中国教育体制下形成的思维模式行事，而只能依据地方分权体制的现实，因地制宜地设计策略和方法。

从中文教学本身来讲，美国全国面临的挑战主要有"四不"：教师供应不足、教材不适用、教学标准不统一、教学内容同高等院校中文课程连接不紧密。

教师供应不足是美国中文教学的一个瓶颈。在公立学校从事中文教学的教师，必须具备由州一级政府颁发的教师资格证书。美国很多州的法律规定，没有教师资格证书的人，不能单独在课堂任教。换句话说，如果一个没有教师资格的人在中小学讲中文，从理论上讲，在课堂里必须有一名具备教师资格的人同时在场。在学校的实践当中，做到这点难而又难，因为学校既不能违背法律，又很难请一名有教师资格证书的人长期陪伴尚未取得教师资格证书的中文老师上课。

在美国取得教师资格一般通过三种途径。第一种是在本科阶段，在经过认证的院校主修教育专业，毕业的同时获得教师证书。第二种是在已经取得其他学科学士文凭的前提下，或者脱产全职学习一年，或者用业余时间学习两三年，或者用两三个暑假专门学习，完成教育科学和教学法等方面的课程，并完成教育实习，经审定后获得教师证书。第三种是在从事教学工作的同时，按照州政府的有关规定，经同行评议获得证书。三种途径花费的时间、精力和财力，都非同小可。当前在美国获取中文教师证书或者获取外语教师证书以便从事中文教学工作的人，一般采用第二种和第三种途径获得证书。

为协助美国解决中文师资短缺的问题，汉办近年来连续向美国提供志愿者教师。但是，志愿者教师的合同大多为一年，有的为两年。一两年的时间，对于任何人在任何学校白手起家开设中文课程，实在是太短的时间。经过人们的呼吁，也根据几年的实践取得的经验，三年合同的汉办志愿者教师逐渐增多。但是，即使是三年合同，对一所学校建立中文教学体系，也依然太短，保持教师队伍的稳定性和保障教学工作的连续性成为迫在眉睫的问题。

与此同时，已经获得教师资格证书的部分人员，存在另外一种现象。他们原来的专业不是中文，他们取得的证书是一般外语教学证书，不是中文教学证书。所以，他们在中文的学科知识方面准备不足，需要通过在职培训提高中文专业水平。

关于教学材料，五年以前的问题是教材短缺，现在的情况是教材选择很多，但是适应美国课堂教学现状的不多。在这方面需要考虑几个问题:第一,教材设计应充分考虑中小学生的心理特点,体现美国学校重视激发学生学习兴趣、强调通过活动开展教学、在做中学的教学原则,选择美国孩子喜闻乐见的学习内容,设计能够激发他们学习动机的教学方法。第二,在传统的学拼音、认汉字途径以外,开创听说先行、读写译兼顾的教学方法,适应现代社会节奏快的特点,争取用比较短的时间,让学生掌握基本交流技能。第三,各种教材之间应当具有兼容性,使教师能够针对学生具体状况,在多于一套的教材之间,选择最适用的内容。第四,教材的内容,除了以中国文化为背景以外,应密切结合美国学生的生活现实,使他们听的、说的、写的中文能够反映他们自己的生活现实。如果教材出版工作能够在教材设计和编写过程中考虑上述因素,将极大地便利中文教师的工作,在美国中小学进一步推进中文教学。汉办已经决定大力加强教材设计和使用方面的培训,此举正当其时。

教学标准的不统一,反映在不同学校之间开设的中文课程缺乏参照性和可比性。因为中文教学在美国全国范围内处于起步阶段,一所学校一般只有一名教师,中小学很难掌握教学标准。美国教育标准由州一级制定,但是50个州中的绝大部分尚未制定中文教学标准。现在权威性比较高的,是汉办制定的汉语课程国际标准。这一套标准详细规定了各年级中文教学的指标,强调知识之间的连贯与衔接,专业性很强。但是,这套标准制定以后,宣传力度不够,在纸面的标准和现实的教学之间缺少连接的桥梁。美国的外语专业组织和中国培训对外汉语教师的机构,可以利用各种会议和培训机会,加强这方面的工作。

中学教学内容同高校不衔接的问题,同教学标准不统一密切相关。由于各州各校之间没有可以互相参照的教学标准,学生在进入高校选修中文时,即使学过中文的时间一样,他们学习过的内容、掌握的词汇范围和语法现象也可能相去甚远。如上所述,汉办制定的标准没有得到普遍应用。AP考试提供了一定的标准,但是各个学校不一定按照AP标准开展教学。这种现象造成的一个结果,即高校需要用比较多的时间,为第一年选修中文的学生查漏补缺,甚至纠正他们在中小学学到的不正确的中文表达方式,使他们的起点大体一致以后,再开始学习高校课程。这就减缓了学生的学习进度,在一定程度上造成了资源的浪费。

美国中文教学中存在的教师供应不足、教材不适用、教学标准不统一、中学教学内容同高校衔接不良等问题,都是成长中的痛苦,是中文教学从小到大发展过程中出现的必然现象。同时,这些现象也同美国教育实行地方分权的体制有一定关系。解决这些问题需要在比较长的时间内,由大量中文教学人员和其他有关人员共同努力,通过反复摸索和研究,逐步解决。

三、在美国推广中文教学的策略

在美国推广中文教学,需要整合美国和中国两个国家的力量。在美国,应当针对美国的国情,整合高等院校、中小学、社区和州一级政府和企业的力量和资源,并且充分利用联邦一级能够提供的资源。同时，应当借助中国能够提供的资源，通过各种合作关系促进美国中文教学的进展。

关于整合资源的问题，有一种现象需要提起注意。美国推广中文教学有两种主流力量。第一种力量，是从事中文教学的人员。他们从事的工作以微观为主，注重研究语言现象、研究教学方法、从事教学和著述。另外一种力量，是美国从事政策研究、掌管教育经费、规划教育发展的人员。他们从事的工作，以宏观为主，要解决的是在什么时间、什么地点、投入多少经费开设中文课程。这两种力量的工作都非常重要，都会对美国中文教学的前景产生重要影响。

但是，根据笔者的观察，这两种力量当前正像两条平行轨道，互不交叉。在各种直接同中文教学政策有关的会议上，参加会议的中文教学人员凤毛麟角。在中文教学人员的专业会议上，很少看到从事政策性工作的人员。这种现象，对美国中文教学最终会产生不利影响。

美国有关部门和中国国家汉办应当吸引在美国从事中文教学、已经进入美国主流社会的人员，例如大学教授，参加关于推广中文教学的政策性工作，以保证政策性工作的专业性。同时，应当适当吸引中国高校人员参与美国有关政策的研究。美国的外语教育专业组织和中文教学专业组织，可以在本组织的会议上，邀请参与制订中文教学政策的人员解释政策现状，说明政策趋势。

美国和中国有关机构和高等院校正在致力于解决美国中文教师短缺的问题。解决这个问题的根本出路，在于美国中文教师的本土化，即培养美国自己的中文教师。在美国担任其他语种教学工作的教师，大多通过美国高等院校培养，正如在中国任教的英语教师绝大多数是中国自己培养的中国教师一样。但是，由于中文在中小学和很多高等院校是一个新的语种，要达到教师本土化的目标，还需要很多年的努力。在中文教师本土化以前，美国中小学和一部分高等院校，不能不依赖中国提供的中文教学师资。

中国有关部门为此提供了大量资源。除中国国家汉办选派志愿者教师以外，中国很多高等院校已经在培养大量对外汉语教师。培养对外汉语教师的院校，在本科阶段和硕士研究生阶段，应当注重教学实践，注重帮助学生了解国外学校的真实情景，注重帮助学生理解国外教育体制、文化氛围、工作方法、学生状况及其与中国有关情况的异同。国内有关高等院校已经在这些方面做了有益的尝试。华东师范大学在培训过程中按照国外学校条件设立仿真课堂，不失为让学生身历其境的方法。中央民族大学为国际教育专业硕士生开设用英文讲授的美国教育课程，笔者担任这门课程的任课教师，深切感受到学生迫切希望了解国外实际情况的学习热情。

在美国推广中文教学，宣传工作甚为重要。但是，宣传工作应当用事实说话，切忌盲目拔高，误导公众。国内一家著名网站，在2010年3月8日发表一条消息，标题是《美国汉语持续升温，中文成为全国第二大外语》。美国一家著名华文报纸7月份的一篇报道当中也有类似说法，认为中文已经成美国第二大外语。这两篇报道的初衷不言自明，但是报道的情况却与事实相去甚远。如上所述，美国的中文教学在过去几年虽然取得了长足进展，但是远远没有达到像国内学英语的热潮中出现的人必称英语的程度,也远远没有达到成为美国第二大外语的程度。客观的说法应当是"现在开始加温了"。美国亚洲协会在这方面的评估比较现实:美国公众现在对中文的关注程度正在提高。① 如果对形势认识不清,认为中文不仅热,而且大热,甚至已经成为美国第二大外语,在主观上就会盲目乐观,在行动上就会迷失方向,在客观上就会影响美国各级政府和社会组织对中文教学的政策倾斜,在中文教学经费的筹集等问题上造成意想不到的困难,为推进中文教学制造障碍。

在美国推广中文是一个变革的过程。这个过程充满了挑战和机会。从事这项工作的有识之士,应当充分认识现有成绩的重大意义,并且将在前进道路上遇到的挑战,转变为进一步推广中文的机会。如果在不远的将来,每一个愿意学习中文的美国学生都有可能、有机会学习中文,中文热就会在美国出现。

参考文献:

Asia Society(2010) *Meeting the Challenge:Preparing Chinese Language Teachers for American Schools*. Asia Society, New York.

作者简介:

王觉非,男,美国弗里曼基金会项目主任,博士,佛蒙特大学荣誉教授。

---

① Asia Society(2010) *Meeting the Challenge:Preparing Chinese Language Teachers for American Schools*. Asia Society, New York.

走向世界的汉语所面临的若干战略问题思考

张西平

内容提要：本文从汉语在全球的快速发展这个现实出发，提出了如何更好地在全球传播汉语的一些宏观思考。其核心观点在于当前的对外汉语教学研究应在以往的从语言内的研究的基础上拓展语言外的社会语言学的研究，从战略的高度来重新审视当下快速发展的汉语国际传播事业。

关 键 词：汉语传播；战略；汉学研究

Some Thoughts on Strategies of Promoting Chinese in the World

Zhang Xiping

Abstract：Based on the fact that Chinese language has achieved rapid global development, the author has proposed some macro-reflections on the international spreading of Chinese. The main idea is to develop the research of social linguistics on the basis of previous research of language, and revisit the rapidly developing enterprise of international Chinese spreading from a strategic perspective.

Key words：Spreading of Chinese language；Strategy；Sinology research

随着孔子学院在全球的设立，汉语在世界范围的传播以前所未有的速度在发展，孔子学院的快速发展一方面极大地加快了汉语在世界传播的速度，扩大了汉语的影响；另一方面也给汉语的海外传播提出了一系列新的问题，这些问题许多都是语言战略问题，或者是必须从语言战略的角度来加以思考和研究的问题。语言传播的战略问题已经成为对外汉语教学领域一个崭新而有重大的问题，已经成为在这个领域工作的研究者必须面对的问题。因为任何一个领域的战略性问题首先都是由学术界来进行思考和规划的。没有学术界介入的战略问题研究都很难经受住历史和学术的最终检验。

一、国家和平崛起战略之中的汉语国际传播

和平崛起是国家的战略性决策。和平崛起的一个重要内容就是扩大中国的软实力,充分利用中国悠久的文化资源,向世界展示中国文化的智慧和魅力。无疑,汉语的传播是扩大中国软实力的一个有效的途径。如果我们这样认识这个问题,就会对"对外汉语教学是国家和民族的事业"这一结论有一个更为深刻的理解。将汉语的对外传播列入国家和平发展战略之中,从中国和平崛起的战略高度,全面调整对汉语传播的政策和方针,使其在新的形势下,为整个国家的发展做出自己的贡献。

当我们将孔子学院作为国家软实力来考虑时,我们就要研究国家软实力的特点,作为软实力的孔子学院的运作形式,它如何软起来,它软的特点和形式,它和国家的经济、政治实力的关系,它如何和国家的政治与经济实力相配合,这是我们目前在运作孔子学院时首先应该考虑的问题。国家的全球战略和全球利益是我们始终要放在首位考虑的问题。如果不考虑国家的全球利益和战略部署,而仅仅将孔子学院作为教育部门的事来做,那就会对孔子学院的战略使命认识不清。如果对文化传播的特点和一个国家运用软实力的方式不能认真、周密和成熟地考虑,仅仅在一种政治热情中来考虑问题,其结果可能是适得其反的,它对国家长期的战略利益的负面影响最终会显现出来。这些都需要学术界认真考虑。

当我们从国家文化发展的战略来考虑汉语国际传播问题时,我们就要研究文化传播的特点和规律,就要对那种过度依靠行政手段的方法来传播汉语的做法和政策进行反思,应真正从文化软实力的特点出发来规划语言的发展和传播。行政力量是重要,如何在语言的传播中按照其语言和文化的规律与特点展开我们的工作,如何巧妙地运用行政的力量,行政力量如何在语言和文化的传播中表现出来,它表现的形式和特点是什么?这些都应根据孔子学院运作的经验和教训来重新思考和研究。

将汉语国际传播列入国家战略之中,作为提高和加强中国软实力的一个重要方面。这就需要国家给汉语国际传播事业更大的支持,在政策上给予扶持,在资金上给予支持,在学术研究上给予支持。应该说,孔子学院已经取得了巨大的成绩,在巨大的成绩面前,更应该总结经验,吸取教训,广泛征求学术界的意见,广开言路,听取各种意见。这样才能使这项伟大的,前无古人的事业更为健康地发展。

二、探索一种和平的、平等的语言传播模式

当我们有了这个基本的出发点时,我们就不再将我们的目光仅仅局限在课堂教学和对外

汉语教法的问题上,尽管这些问题仍是我们的核心问题之一。正如李宇明先生所指出的:"研究语言传播是语言学等学科的天然职责,但以往的学术精力集中在第二语言教学的技术层面,对语言传播的宏观规律关注较少,认识有限。"[①]一旦汉语大规模走向世界,我们就发现中国尚缺乏在全球如此大规模地传播自己文化和语言的经验和历史,这一切对我们来说都是崭新的问题。我们开始关注西方国家长期以来的语言传播经验。但我们发现我们面临的一个更为深刻的问题,就是发达国家的语言向外传播是和其殖民的历史紧密相连的,是和其"西方文化中心主义"的立场连在一起的。直到今天,在英语等西方国家的语言传播也仍隐含着这样的倾向。20世纪60年代,非洲大多数国家在制定重要的教育规划时往往不注重本土语言,他们直接套用殖民地模式,青睐欧洲语言,在大部分的"援助"项目中只采用英语,而不重视本土语言,从而脱离了第三世界学习者所面对的多语言现实和文化的独特性。因此,有的学者认为,"对一种西方语言和西方教育原理的依赖与经济、军事和文化方面的依赖密切相关,这种不平等的关系导致富裕的西方国家势力的加强,也同样会带来贫穷国家经济、文化甚至语言上的落后的局面,西方依然处在决定原料价格以及语言规范性的大国地位。"[②]他们将这称为"语言主义"。

这告诉我们西方强势语言的向外传播和传播的经验并非十全十美,他们的经验仍有其历史的痕迹。他们的不少经验在技术侧面值得我们学习,但在文化立场上是值得我们反思的。作为一个后发现代化的国家,作为一个曾深受帝国主义侵害和压迫的国家,如何根据我们自己的历史和特点,确定我们自己的语言传播和传播的政策仍是我们要研究的问题。我们当然希望在汉语传播的过程中,中国文化得到传播,中国的国际形象得以改善,但我们从未有"汉语中心主义",语言是平等的,如同文化和国家的平等一样。回顾新中国前的百年的中国英语教育史,期间的辛酸泪是不堪回首的,因为那时的英语教育并不仅仅是知识和语言,同时还是对西方国家文化的认同,对中国文化的冷淡,对自己文化立场的动摇与模糊。今天,在传播汉语时,我们没有西方国家在传播语言中所包含的为"橙色革命"培养力量的野心,[③]我们所展现的是一个爱好和平的伟大中国,所坚持的是平和,平等的语言传播观。

所以,要学习西方国家语言推广的历史经验,但必须看到这样的经验是有历史的局限性的,对于中国当下的语言传播理论的构建,其价值有限度。所以,从语言学的角度,也从国家战略的角度,认真梳理总结"西方国家语言传播的历史与经验"是我们汉语向外传播和传播过程

---

① 李宇明(2007)探索语言传播规律,《国际汉语教学动态与研究》第3期,北京:外语教学与研究出版社。
② 中国社会科学院民族所等编(2001)《国外语言政策与语言规划进程》,语文出版社,第715页。这个观点很值得中国教育部门的外语教育政策制定者,特别是英语学习政策的制定者注意。书中还说:"当一种语言,比如英语,比另一种语言,比如尼日利亚语或肯尼亚语,获得较多资源和权利时,从结构上,这种语言的权势必削弱他种语言的功用。教育界乃至全社会的这种'语言主义'给欠发达民族和社会造成了不少灾难性后果。"今天中国的全社会学英语,各种职称及技术级别的晋升都考英语的做法值得深思。
③ 王建勤(2007)美国国家语言战略与我国语言文化安全对策,《国际汉语教学动态与研究》第2期,北京:外语教学与研究出版社。

中必须要做的一项基础性研究工作。① 我们应在实践中总结出中华民族自己的和平、平等的语言传播经验,这是我们这一代学者的重要使命。

三、加强调查研究,注意语言传播政策的研究

语言传播政策研究是对外汉语教学领域中长期被忽略的问题。从社会语言学的观点来看,描写语言学只研究语言本体,语言自身的结构,而社会语言学,"它的研究对象不仅仅是语言,而是兼顾言语,提倡联系语言本体之外的社会因素研究语言,研究在社会生活中实际的语言是如何运用的。"②语言政策(Language Policy)是对语言和政治关系的研究,"语言政策的形成必须考虑到语言对个体、族群、民族、社会及国家的意义,其中也涉及认同的概念。"③它是社会语言学研究的一个部分。在一般的语言政策研究中大都是从在一个多民族国家中,如何处理好国家统一的语言和各民族语言的关系,使语言的规划更加合理。但实际上在国家间也存在着语言政策的研究,最明显的例子就是欧盟,在一个庞大的政治、经济联合体中如何处理各个民族国家间的语言问题。④

而语言的对外传播和传播所涉及的语言间的关系问题,和国家之间的关系问题密切相关。如何处理传播语言和接受语言之间的关系,这绝不是语言学本身能够解决的。例如,我们从日语的传播政策史中可以看到,在日本对东亚的侵略和扩张过程中,它的整个语言传播和传播政策的目的就是"把亚洲人民教育成日本帝国的臣民,政治家的野心是想在大东亚共荣圈内把日语传播为通用语言。"⑤日语的传播和其国家政策紧密相连。因此,政治、经济、民族、国家关系等多方面问题都应成为语言传播政策研究的内容。

调查研究是一切政策决策的前提,没有调查就没有发言权。这仍是我们在进行汉语对外传播工作所必须遵循的原则。为做好全球范围内的汉语教育情况的调查,应尽快建立专门的研究机构,充分利用互联网等科技手段,对汉语在海外的传播的基本情况做系统的调查,对重大的政策问题做深入的理论研究,使我们的决策机构能够随时动态地了解在全球范围内汉语对外传播的基本情况,从而使汉语的传播政策的制定更为及时与合理。

在调查中的另一个重要问题就是了解不同国家和地区汉语政策研究。在国家财力和人力有限的情况下,我们的对外汉语传播不能平面地展开,而应根据国家利益和不同的地区特点等

---

① 从上个世纪 60 年代在美国福特基金会的支持下,西方国家已经连续召开了多次"国际第二语言问题研讨会",并展开了"世界第二语言调查"的大型国际合作项目。
② 游汝杰,邹嘉彦(2004)《社会语言学教程》,上海:复旦大学出版社,第 2 页。
③ 蔡芬芳(2002)《比利时语言政策》,台湾:前卫出版社,第 100 页。
④ 丁元亨(2002)《欧洲整合与欧洲语言政策》,台湾:前卫出版社。
⑤ 中国社会科学院民族所等编(2001)《国外语言政策与语言规划进程》,北京:语文出版社,第 678 页。

多方面情况有重点地展开,对在全球汉语教育的展开也应有一个基本的设计和规划。而要做到这两点,都需要有对重点国家和地区的汉语政策的深入研究。因为文化和政治情况的不同,每个国家与中国的国家关系的不同,从而形成了各个国家不同的汉语政策,对这些国家或者地区的汉语政策我们应做历史和现实的考察与分析,从而制定出我们传播汉语的不同政策。

  分类指导,区别对待,这是我们在制定汉语传播政策时的基本原则。近年来我们已经开始了这项政策研究,但无论在深度还是广度上都显得不够。这方面英语传播的历史和法语传播的历史给我们提供了有价值的经验。

  从对外汉语这个领域的学术研究来说,在以往研究的基础上,应将社会语言学研究、将语言传播政策研究作为学术展开的一个新的方面。在领导机关的学术质询中应注意吸收社会语言学家、语言政策学家参加。汉语走向世界的过程就是我们的学术视野不断开拓的过程,就是我们的知识不断扩大的过程,只有这样,我们才能使汉语传播的事业发展更为平稳和顺利。

  李宇明先生指出:"中华民族的语言,随着中国的发展加快了向外传播的步伐,改革开放之后的中国也早成为外语教育的最大国度。但是,我国处理现代语言传播的经验十分不足,理性思考也相当欠缺。全面观察语言传播现象,深入探讨语言传播规律,按照语言规律做好语言传播规划,已成为国家发展不容忽视、不敢懈怠的社会课题。"[①]

四、积极与海外汉学界互动,为汉语走向世界提供良好的外部条件

  在汉语走向世界的过程中如何认识海外汉学家这个群体?如何与海外汉学界展开良性的互动?这是一个关系到汉语向外传播的一个重要问题。过去,在这个问题上对外汉语教学领域的认识并不统一,一些人认为,我们只做汉语教学,而不是做汉学研究,因此,没有必要和汉学家打交道。所以,一段时间内在我们这个领域中对如何对待海外汉学,存在着分歧。现在更多的人则认为不重视海外汉学家的做法是不利于汉语向世界的传播的,加强与海外汉学家的互动是我们做好汉语传播的一个重要的方面。这种认识的转变是非常重要的,因为汉语在海外传播的最主要支持者就是海外汉学家,这是一个基本的事实。如果没有他们的支持,汉语在海外的传播就会产生困难。团结和帮助汉学家将是汉语向外传播的一项长期政策。

  将对海外汉学的研究作为对外传播汉语事业的一个重要组成部分。在这个意义上,对外汉语教学学科是一个跨学科的领域,或者说我们应拓宽对外汉语教学学科的理解。即便不将海外汉学研究列入其学科范围[②],也应从国家和民族的事业这个更为广阔的视角,支持对海外汉学的研究。只有对海外汉学(中国学)的历史现状,汉学家的基本情况有了系统的研究,我们

---

 ① 李宇明(2007)探索语言传播规律,《国外汉语教学动态与研究》第3期,北京:外语教学与研究出版社。
 ② 对海外汉学的研究涉及到多个学术领域,很难将其归在某一固定学科之中。

在海外各国的汉语传播中才能寻到真正的合作者,使我们所展开的国别和地区的汉语政策研究等一系列关于汉语传播的问题有人力上的支持。应将对海外汉学(中国学)史的了解作为所有到海外从事汉语教学的中国本土教学人员的一个基本修养,并将"海外汉学史"作为对外汉语本科专业阶段或研究生专业阶段的基本课程,使所有从事对外汉语教学的人员对海外汉学的历史和现状有个基本的了解,以便他们在海外从事汉语传播时更好地和汉学家展开合作。当然,对海外汉学(中国学)的研究的意义决不仅仅于此,它对中国学术的发展,甚至对中国国家的安全都有着重要的意义。

做好海外汉学家的工作对于我们已经展开的孔子学院计划有着重要的意义,有了汉学家的支持,我们在海外建立的孔子学院就有了较好的外部环境。目前我们所开始的孔子学院如何计划和海外汉学家展开互动,如何利用汉学家这批资源都有待深入地研究。北京外国语大学的海外汉学研究中心已经成立14年,14年来接待近200名来自世界各地的汉学家,对各国的汉学史也做了深入的研究,我们所主办的《国际汉学》成为整个研究领域最有影响的学术集刊。在这方面,北外的中国海外汉学研究中心可以发挥更大的作用。

五、应加大国际汉语教育史的研究

汉语走向世界除在政策层面需要展开国别汉语政策研究,以制定汉语在不同地区和国家的传播政策以外,在学术上就是要展开世界汉语教育史的研究,也就是说我们在不同的地区和国家展开汉语的传播,就要知道这些国家和地区在历史上的汉语教学和汉语研究的情况,学术界在这方面的研究不多。这些年我们对于世界汉语教育史的工作做了初步的研究,深感这是一个在中国语言学研究中亟待展开的学术领域。我们可以从以下三个方面来认识学习世界汉语教育史的重要意义。

(一)世界汉语教育史的研究将进一步丰富对外汉语理论的研究

第二语言习得理论的提出不过几十年的时间,而世界各国的汉语教育和汉语研究的历史已经有二百多年,中国自身的对外汉语教学和双语教学的历史则更长。世界汉语教育史为对外汉语教学理论提供了丰富的历史经验和范例,通过认真研究世界汉语教育史的重要著作和人物,我们可以为汉语教学的理论找到历史的根据,进一步丰富当前的第二语言习得理论。例如,鲁健骥通过研究《语言自迩集》中由中国文人所编写的教材《践约传》,认为《践约传》作为汉语学习的泛读材料有着启发意义,因为,"泛读在我国的对外汉语教学中还不落实,由《践约传》开创的精泛互相配合的教学方法,没有继承下来。"[①]他通过对《践约传》这个世界汉语教育史

---

① 鲁健骥(2005)《践约传》——19世纪中叶中国人编写的汉语简易读物,见李向玉、张西平、赵永新主编《世界汉语教育史》。

上的历史泛读教材的研究,进一步认识到加强泛读和精读的结合的必要性。所以,他呼吁"应该重视汉语作为外语教学的历史,包括我国的对外汉语教学史的研究,推动对外汉语教学学科的发展。当时从事汉语教学的外国人和我国的对外汉语教师思考的问题,也会对我们今天的教学有所启发,大有裨益的。"

(二) 世界汉语教育史的研究将直接推进对汉语本体的研究

文化间的交往必然带来语言间的交往,当汉语作为外语在世界各地被学习时,学习者会不自觉地受到母语的影响,从第二语言习得的角度来看,母语的作用会直接影响学习者的汉语学习。但很少注意到,学习者的这种习惯力量也同时推动着语言间的融合。

王力先生说:"中国语言学曾经受过两次外来的影响:第一次是印度的影响,第二次是西洋的影响。前者是局部的,只影响到音韵学方面;后者是全面的,影响到语言学的各个方面。"[①]这两次影响的启端都是从汉语作为外语学习开始的,佛教的传入,印度的僧侣们要学习汉语,要通过学习汉语来翻译佛经,结果,直接产生了反切。王力先生说,反切的产生是中国语言学史上值得大书特书的一件大事,是汉族人民善于吸收外来文化的表现。西方语言学对中国的影响表现得更为突出,来华的传教士正是为了学习汉语,他们编写了汉语语法书,如卫匡国(Martino Martini,1614—1661),为了读中国的书,写下了《汉语文法》;传教士们为了阅读中国典籍,他们发明了用罗马字母拼写汉字,传教士们为了以中国人听懂的语言来布道以及翻译圣经等宗教书籍,他们创造了一系列的近代新的词汇,包括至今我们仍在使用的大量的词汇。这说明,当一种语言作为外语来被学习时,它并不是凝固的,它也会随着学习的需求而不断发生变化;反之,学习者虽然将汉语作为第二语言来学习,但学习者并不是完全被动的,学习者也会对自己的目的语产生影响。语言间的融合与变迁就是这样发生的。直到今天,现代汉语形成的历史并未完全说清,而世界汉语教育史的研究则可以直接推动汉语本体的研究,可以直接推动近代汉语史的研究。一个最明显的例子就是,关于明清之际中国官话问题的讨论,长期以来一直认为明清之际的官话是北京话,但最近在传教士的很多汉语学习文献中发现,他们的注音系统是南京话,这些传教士在文献和他们的著作中也明确地说他们学习的官话是南京话。不仅仅是西方传教士的汉语学习材料证明了这一点,同时期日本的汉语学习材料也证明了这一点。如日本江户时期冈岛冠山所编写的《唐话纂要》、《唐译便览》、《唐话便用》、《唐音雅俗语类》、《经学字海便览》等书,六角恒广研究了冈岛冠山的片假名发音后,明确地说:"这里所谓的官音是指官话的南京话。"[②]这说明作为汉语学习的文献直接动摇了长期以来中国语言学史研究的结论。张卫东通过韩国《老乞大》和《语言自迩集》这两本汉语学习教材的研究对中国语言学史的语音问题的研究结论都有很大的启发性。

---

① 王力(2006)《中国语言学史》,上海:复旦大学出版社。
② 六角恒广著,王顺洪译(1992)《日本中国语教育史研究》,北京:北京语言大学出版社。

至于在语法和词汇两个方面就有更多的文献和材料说明只有在搞清世界汉语教育史的情况下,才能更清楚地研究好近代中国语言学史,甚至可以说,随着世界汉语教育史研究的深入,原有的前辈学者研究中国语言学史的结论将被重新改写。

(三)世界汉语教育史的研究将加深海外汉学史和中外文化交流史的研究

以往在海外汉学史的研究中,绝大多数研究者是不把汉学家们的汉语学习历史和文献作为研究内容的,认为这样的著作和文献是很肤浅的,海外汉学史研究的是汉学家们专题性的研究著作。世界汉语教育史研究的展开使我们对以往海外汉学史研究重新反思,汉学家们的汉语学习文献和著作同样是海外汉学史研究的重要内容。例如,张西平对罗明坚(Michele Ruggieri,1543—1607)汉语学习史的研究,给我们提供了天主教早期最早的汉文写本,揭示了罗明坚汉诗的学术意义和价值,这些都是在罗明坚的正式著作中不可能发现的。

同样,正是在我们从事世界汉语教育史的研究中,我们才能掌握中华文化外传的轨迹,看到中国典籍向外传播和翻译的具体历史过程,这样的研究将会大大推动中外文化交流史的研究。

所以,世界汉语教育史是一个全新的研究领域。这一领域的开拓必将极大地拓宽汉语作为第二语言教学的研究范围,使学科有了深厚的历史根基,从而使我们在总结和提升汉语作为第二语言教学的基本原理和规律时,不再紧紧地盲目追随西方第二语言教学理论,而是从汉语作为第二语言教学的悠久历史中总结、提升出真正属于汉语本身的规律。实际上,我们还可以在这一研究中为第二语言教学的理论和方法做出我们的贡献,将我们的历史经验提升为更为一般的理论,使其具有更大的普遍性。尽管这还是一个遥远的目标,但在学术上则是必须要确立的一种文化自觉的理念。北外海外汉学研究中心已经召开了三届世界汉语教育史大会,是我们向这个目标迈出的第一步,2010年9月我们在罗马召开《欧洲早期汉语学习研究暨世界汉语教育史第三届年会》,会议取得了圆满的结果。我们将于2012年在韩国的首尔外国语大学召开第四届世界汉语教育史学术研讨会。世界汉语教育史是一个跨学科的研究领域,涉及多学科,必须有多种方法的结合。我们在运用第二语言习得研究的方法时,一定要注意和中国语言学史的方法相结合。在一定的意义上,中国语言学历史的研究和汉语作为第二语言学习和教育历史的研究是密不可分的。那种将汉语国际教育仅仅局限在课堂教学经验和方法的研究上,是其学识不足的表现;反之,那种无视甚至轻视汉语作为第二语言学习和教育历史的观点,同样是一种学术上的短视。如果忽视了世界汉语教育史的研究,那将无法揭示出中国近代以来语言变迁的真正原因。

同时,我们在这一研究中将会强烈地感到,中国语言学史的研究已经不再局限在中国本土,中国语言对国外语言的发展和影响正是在汉语作为第二语言学习的历史中产生的,这不仅表现在东亚一些国家的语言形成和发展之中,也表现在西方近代以来的语言变迁中。将世界汉语教育史的研究纳入我们的学术视野,将使我们对中国语言的思考、对"汉语国际教育"的研究扩展到一个更为宽阔的学术空间。

参考文献：

蔡芬芳(2002)《比利时语言政策》,台湾：前卫出版社。
丁元亨(2002)《欧洲整合与欧洲语言政策》,台湾：前卫出版社。
李宇明(2007)探索语言传播规律,《国际汉语教学动态与研究》第3期,北京：外语教学与研究出版社。
鲁健骥(2005)《践约传》——19世纪中叶中国人编写的汉语简易读物,见李向玉、张西平、赵永新主编《世界汉语教育史》。
王建勤(2007)美国国家语言战略与我国语言文化安全对策,《国际汉语教学动态与研究》第2期,北京：外语教学与研究出版社。
王　力(2006)《中国语言学史》,上海：复旦大学出版社。
游汝杰、邹嘉彦(2004)《社会语言学教程》,上海：复旦大学出版社。
中国社会科学院民族所等编(2001)《国外语言政策与语言规划进程》,北京：语文出版社。
六角恒广著,王顺洪译(1992)《日本中国语教育史研究》,北京：北京语言大学出版社。

作者简介：

张西平,男,北京外国语大学中国海外汉学研究中心主任,兼中文学院副院长；中国社会科学院基督教研究中心副主任；世界汉语教育史国际研究会会长,中国中外关系史学会副会长,中国宗教学会和中国比较文学学会理事,《国际汉学》主编,《国外汉语教学动态与研究》主编,国务院有突出贡献的专家,享受政府特殊津贴。

海外孔子学院战略人力资源管理初探

谷 陵

内容提要：孔子学院的可持续发展必须建立在科学管理模式之上，其中一个很重要的内容是战略人力资源管理。孔子学院以知识员工为主体。本文以海外孔子学院在组织结构及人力资源方面的特点为基础，提出了海外孔子学院内部管理柔性化理念，认为建立一支反应灵敏的员工队伍是实现海外孔子学院柔性管理的关键，并探讨了实现柔性管理的具体措施。

关 键 词：孔子学院；战略人力资源管理；知识员工；柔性管理；刚性管理；可持续发展

A Preliminary Study on Strategic Management of Human Resources in Confucius Institutes Abroad

Gu Ling

Abstract: SHRM has important effect on organization's performance. CI is mainly constituted by knowledge workers. Therefore, to reach the goal of CI's sustainable development, Flexible Management principles should be applied in the HRM of CI abroad, on the base of Rigid management practices. This article also discussed the ways how to apply flexible management on CI abroad according to CI's organizational structure and human resource characteristics.

Key words: Confucius Institutes; Strategic human resources Management; Knowledge worker; Flexible management; Rigid management; Sustainable development

一、导言

作为汉语国际传播事业中目前最重大的骨干项目，孔子学院的可持续发展是一个亟待研究的问题。解决这个问题将是一个系统工程，这既涉及对孔子学院各方各面的详细调查研究，具体问题具体分析,对症下药,同时也需要从战略上进行可持续规划和引导。这其中一个很重要的方面是孔子学院的战略人力资源管理(Strategic Human Resources Management 简称 SHRM)。战略人力资源管理产生于20世纪80年代中后期,近一二十年来这个领域的发展令人瞩目,对于这一思想的研究与讨论也日趋深入,并被欧、美、日企业的管理实践证明是获得长期可持续竞争优势的战略途径。相对于传统人力资源管理,战略人力资源管理定位于在支持企业的战略中人力资源管理的作用和职能。目前,学术理论界一般采用 Wright & Mcmanhan 的定义,即"为企业能够实现目标所进行和所采取的一系列有计划、具有战略性意义的人力资源部署和管理行为。"

目前学术界对孔子学院的研究,大致可分为以下几类:(1)总体介绍"孔子学院"的命名、职能、成立的背景,以及孔子学院的运作现状,并在此基础上指出孔子学院在发展过程中的一些问题;(2)以某一地区、国家或单个孔子学院的发展情况为基础,探讨孔子学院在发展过程中遇到的具体问题及相应的对策,提出有关办学模式方面的建议;(3)从中国文化战略角度审视孔子学院的定位或意义;(4)站在汉语国际推广事业发展的角度,探讨孔子学院与国家软实力(软权力)的关系;(5)从宏观战略上探讨孔子学院的可持续发展;(6)孔子学院与世界其他主要语言文化推广机构的对比研究。相关研究普遍认为,现在孔子学院发展中存在的主要问题是:(1)教材缺乏,专业性、趣味性不足;(2)师资短缺,培养体系不健全;(3)资金不足,资源整合度不够;(4)机制有待完善,部分孔子学院内部管理缺乏规范性、科学性,尚处于经验阶段;(5)合作模式有待调整创新,部分合作方在办院宗旨上仍存在认识偏差;(6)孔子学院本土化程度有待深化。

总体来看,对孔子学院的研究微观层面的多,宏观层面的少;感性经验总结得多,理论探讨得少;具体问题分析得多,成系统的研究较少。孔子学院管理方面的研究尤显薄弱,对孔子学院战略人力资源管理的系统研究则基本没有。海外孔子学院的战略人力资源管理这个方面目前尚未得到足够的重视,进行专门的研究是十分必要的。

二、孔子学院的组织目标及人力资源构成特点

(一)孔子学院的组织目标

孔子学院的组织目标是:"致力于适应世界各国(地区)人民对汉语学习的需要,增进世界各国(地区)人民对中国语言文化的了解,加强中国与世界各国教育文化交流合作,发展中国与外国的友好关系,促进世界多元文化发展,构建和谐世界。"这一组织目标的实现被细化为一系列的服务活动,如开展汉语教学,培训汉语教师,提供汉语教学资源,开展汉语考试和汉语教师资格认证,提供中国教育、文化等信息咨询,开展中外语言文化交流活动等。无论是汉语

教学,还是各种语言文化交流项目,或是其他服务活动,最终都得落实到基层的工作人员身上来,或是教学的具体实施者——教师,或是具体交流项目的执行者。孔子学院的组织目标能否顺利实现,归根结底是要看基层人员的工作绩效。比方说,教学效果的好坏是关系到孔子学院生存和发展的重要因素之一,而教学效果的好坏主要取决于授课教师的工作态度和表现。因此,孔子学院的管理模式是否合理,是否能够有效地激发这个团队所有成员的积极性,是否适合孔子学院人力资源在构成上的特点,当然也就关系着孔子学院发展的可持续性。

(二)海外孔子学院人力资源构成和管理特点

海外孔子学院一般采取理事会负责制,中外各委任一位院长,其他工作人员包括:中方院校选派教师、外方行政管理人员、在当地招聘的兼职教师等。还有些孔子学院与外方合作院校的东亚系或中文系合作,由外方院校提供一部分师资。海外孔子学院的中方院长及教师由中方合作院校选派。海外孔子学院的院长及教师的任期都是 2 年,可以根据需要延期,但一般只延长为 4 年,大部分院长和教师在海外孔子学院工作的时间都是 2 年。

海外孔子学院的人员构成以教师为主体,大部分受过比较高的学历教育,在《孔子学院院长指南》里,任职条件当中有一条是:"具有大学本科以上学位学历,系所在机构长期雇员。"我们可以发现,孔子学院工作人员符合 20 世纪 50 年代德鲁克提出的关于知识员工(KW)的概念:掌握和运用知识进行工作的人。知识员工的特点是:业绩更多的是依赖知识而不是外部物质条件,因此需要不断学习以更新知识。知识员工从工作本身获得满足感,因此对事业忠诚而不是对老板,如果待遇不公平可以另寻出路。另外,知识员工的工作以独立完成为主,工作时间扩展到八小时以外,难以监控。譬如,一个教师的工作,其课堂教学的效果或许可以通过教学评估等手段进行监控,但他是否为提高教学水平而在不断更新知识,是否在授课前做了最充分的准备,这都是难以观察到的。

三、人力资源管理上刚柔并济,走向可持续发展

根据战略人力资源权变模式,"人力资源活动和企业绩效的关系受到组织战略等权变因素的影响,人力资源管理应当与组织需求一致,结合企业战略、组织的发展阶段等外部因素,才能有效达到组织目标。"[①]而权变变量主要是指组织战略和组织发展阶段。在不同的组织发展阶段,各个孔子学院的组织战略应是有所区别的,而孔子学院之间的洲际差异、国别差异、地区差异都会导致组织战略的差异性,但孔子学院的组织战略在总体上是有共同性的,尽管实现这个具有共同性的组织战略的手段可以千差万别。各个孔子学院在发展的过程中也会经历一些共

---

① 张正堂(2004)战略人力资源的理论模式,《南开管理评论》第 5 期,第 48—54 页。

同的管理阶段。

　　刚性管理以规章制度为中心,凭借制度约束、纪律监督、奖惩规则等手段对企业员工进行管理。这是20世纪通行的一种管理模式。柔性管理则以人为中心,依据企业的共同价值观和文化、精神氛围进行人格化管理,它在研究人的心理和行为规律的基础上,采用非强制性方式,在员工心目中产生一种潜在的说服力,从而把组织意志变为个人的自觉行动。在实践中,各孔子学院可以根据其组织战略的差异调整其人力资源刚性管理和柔性管理的比例。在初建阶段,刚性管理易于维持孔子学院正常的工作秩序,易于进行量化管理,它为整个管理工作构建了一个骨架,规定了管理的目标、幅度、时间、空间及必要的刚性手段,使组织和个人的一切行为都在这一框架下有序地运行。这样的话,各个员工都能明白自己在岗位上该干什么,不该干什么,明白组织鼓励和提倡什么,反对和禁止什么,使得整个孔子学院管理有章可循,各司其职。制度面前一律平等,做得好、贡献大,则重用、奖励;违纪则承担责任、受处罚。这样可以体现公开和公平性,有利于调动员工的工作积极性。另一方面,孔子学院又是一个以知识员工为主体的组织,能满足员工高层次需要的柔性管理才能深层次地激发员工的工作动力,发挥出潜能。柔性管理以刚性管理的存在为基础,但刚性管理又必然靠柔性管理来提升。

　　海外各孔子学院一般都已经按照《孔子学院章程》建立了相应的管理规章制度,这些规章制度在很大程度上也是依据当地院校的管理章程和惯例制定的。在管理制度健全完善的基础上,我们应该把注意力更多地放在管理的柔性化上。本文认为,在人力资源的管理上,建立一支高素质、反应灵敏的员工队伍应该是孔子学院最重要的战略目标,这是海外孔子学院自身发展的要求。孔子学院所处的外部环境复杂多变,文化及政治经济背景均与中国相差甚远,所面对的经营环境差异较大,在语言和文化的传播过程中面临的问题也是不可预测的,而且有的问题是需要即时处理的。而且,各洲孔子学院的战略目标、发展阶段也不尽相同,所出现的问题都带有该地区的特殊性,不可能有一套"放之四海而皆准"的解决方法。这些问题的不可预测性、即时性与特殊性,对孔子学院的管理者们提出了挑战:如何建立一个具有灵活性的能够处理难以预测的变化的机构。

四、海外孔子学院战略性人力资源柔性管理的具体措施

　　柔性管理是以高素质员工为核心的现代人力资源管理模式。现代企业都希望拥有一支高素质、灵活机动、反应灵敏的员工队伍。要实现这一目标,就必须强调对员工的培训。应强调知识管理,并运用工作轮换、工作扩大化、工作丰富化等柔性管理手段提高员工的工作兴趣,满足员工的工作成就感,扩张员工的知识和技能。同时必须培养团队意识,不断变化团队及其组织方式,使员工的适应能力逐步提高,知识的掌握范围扩大,多种技能的转换日益娴熟,团体协调能力不断增强,最终使反应灵敏的员工队伍得以形成。激励机制也是建立灵敏员工队伍的

一个重要组成部分,它包括周密考虑的经济激励和非经济激励。

(一)交叉培训

交叉培训是指各个级别各个岗位之间交叉进行培训,如孔子学院总部与海外孔子学院之间,各个海外孔子学院内部及之间,教师之间,管理人员之间,及教师与管理人员之间的培训等。孔子学院是一个在组织形式上具有网络组织方式、远程管理和全球化分布等特点的单位,因此很有必要用某种"胶水"将知识工作者联合成一支具有共同的目标和价值观的队伍。提供资金可以在一定程度上起到"硬胶水"的作用,而我们仍然需要一种不但能起到黏结和联合的作用还能起到激励作用的"软胶水"。有很多方法可以起到这种软胶水的作用,如培育强大的组织文化核心、组建专门的人力资源部门、构建学习型组织机构等。

各级孔子学院大会在一定程度上也能起到类似"软胶水"的作用。各个孔子学院应有意识地借孔子学院大会这个平台,集体讨论如何发展战略性计划和组织机构的问题,加强互相间的联系和交流,同时也让院长队伍和教师队伍都能够及时获得最新的知识或技能培训。而"新知识"的获得,其本身往往对于知识工作者就是一种激励,能够引发工作的积极性和热情。例如,英国的SSAT孔子学院2010年2月26日组织了一次交流会,邀请了12个孔子课堂的20位汉办派遣的教师齐聚伦敦,一是分享工作成果,交流成功经验;二是进一步地学习提高。SSAT孔子学院请来了在英国从事汉语教学多年、经验丰富的本土教师就如何有效而有趣地开展中文教学,举办了别开生面的讲座。同时孔院教师也结合自己十多年在英国进行中文教学的经验,在课堂活动设计及教案的设计方面,给各位孔子课堂的老师们提供了实用的指导并且提出了规范的要求。参加会议的老师们均表示受到了不少启迪,工作热情也随之高涨。

这样的交流会本身即是一种有效的交叉培训方式,海外的孔子学院之间可以多开展这样的活动,让优秀的孔子学院院长或教师轮流讲座,传授技能和心得。同时,不同职责不同岗位之间也可以进行交叉培训,加深对整个组织机构运转流程的理解,在此基础上,使每个成员都能在多变的环境下做出灵敏而高效率的反应。孔子学院总院可以提供更多培训机会,将国内最新的专业知识或研究成果及时传递到海外的孔子学院,有效地进行知识转化。例如,教育部国家语言文字工作委员会发布了最新的《汉语国际教育用音节汉字词汇等级划分》大纲。大纲也许并非尽善尽美,但作为语言规划工作的最新成果,孔子学院总部可分发给各孔子学院或分地区举办研讨会,了解刘英林教授所提出的音节为主导的"一体化教学模式",结合当地实际,探讨音节整体进入课堂教学的适用性和可行性,以利于启发思路,促进口语教学的创新。同时"分级同音字表"及对应的词汇表可以作为教材编写的词汇大纲,帮助各分院分级编写本土化口语教材。孔子学院所面临的最紧迫的"三教"问题,如果各自为政,可能会倍感困难,及时有效的知识分享及转化更有利于问题的解决。

（二）进行知识管理

不同的员工拥有不同的技能和工作心得，这些知识对于组织来说是一笔宝贵的财富，也是建立反应灵敏的员工队伍所需要的。孔子学院的院长和教师们素质都非常高，都已具备了自我学习、自我教育的能力，可以根据自己所掌握的各种情况，自主处理处于变化之中的各种事务。海外的孔子学院与总院远隔千山万水，文化与社会背景相差极大，总院无法预想到分院可能会面临的一切问题，更不可能事先准备好绝对正确的解决方法。因此授权管理是可行亦是必行的一种管理方式。授权管理的模式下，中外院长承担了更多的管理责任。然而，院长的一般任期为2年，连任一次也仅为4年。那么中方院长结束任期后，他在工作中所积累的宝贵的经验，如何有效地传递给下一任中方院长呢？马里兰大学校长 C. D. Mote 在给孔子学院总部的回信中就组织持续性的问题说到："能干的中方院长的长期服务至关重要，是马里兰大学孔子学院成功的基础和关键。……给予长期服务，一个优秀的中方院长所能带来的价值才能够充分得以实现。"然而中方院长由某一个人长期任职显然是很难做到的。而孔子学院总院现在进行的院长岗前培训只是让新院长们获得一些基础的显性的管理知识，其中并不包括在孔子学院实际工作中的一些工作技巧和诀窍，比方说财务管理、内部人事关系，出了哪一方面的问题应该与外方院校的哪一个部门进行协调，协调时又应该注意哪些方面，等等。这些技巧和诀窍是在工作中学习到的，属于个人的隐性知识，然而整个组织的有效运转又依赖于这些隐性知识。新院长如果缺乏这种隐性知识，就不得不自己重新摸索，必然会造成重复劳动，并会影响整个组织的运转效率。教师的任期同样是2年，也同样存在隐性知识流失的问题。为了避免低层次的重复劳动，提高孔子学院的整体运转效率，必须进行知识管理。所谓知识管理是指："在组织中建构一个人文与技术兼备的知识系统，让组织中的信息与知识，透过获得、创造、分享、整合、记录、存取、更新等过程，达到知识不断创新的最终目的，并回馈到知识系统内，个人与组织的知识得以永不间断的累积，从系统的角度进行思考这将成为组织的智慧资本，有助于组织做出正确的决策，以因应市场的变迁。"

知识管理能将个人的隐性知识及时转化成组织的隐性知识，进而将这种隐性知识显性化，储存在系统的知识库中，使个人能够从系统中及时分享。系统的知识并不只是个人知识的相加，更重要的是，很多关于组织的知识，不是一个人能够掌握的，却可以通过知识管理保存在整个组织之中，并保持这个组织特点的稳定性，而不会因为人员上的变动影响组织的持续稳定发展。知识管理是一个系统工程，包括建立学习型组织、培养鼓励知识分享的组织文化和学习气氛、形成适宜的激励机制等，也有许多知识管理工具可以选择，IT技术是其中很重要的一个媒介，如建立专门的交流网站或数据库。管理手段包括上文中提到的交叉培训，也可以是个人交流的方式等。至于海外孔子学院进行知识管理的具体措施，需要依据各孔子学院的业务特点和组织特性进行具体分析。不过值得一提的是，知识管理不仅需要制度上的刚性保证，更多的应该是人性化的柔性管理。因为知识的分享主要是建立在个人意愿之上的。

(三)培育团队精神

现代管理大师彼得·德鲁克曾经说过,现代组织是知识型专家组成的,所以知识成员之间必须是平等的,没有一种知识比另一种知识更高明;对员工的评价必须依据他们贡献的大小而不是地位的高低。因此,现代组织不是老板和下属的组织,而是一个团队。在知识经济时代,知识高度分化又高度综合,社会分工更趋细化,个人的知识和能力显得微不足道,工作任务往往是由某个团队或更多的人共同协作完成。当需求发生变化时,往往需要快速成立团队来解决。孔子学院作为一个知识员工为主体的组织机构,应当在充分发挥每位员工潜在活力的基础上,运用良好的沟通和协调机制,引导全体员工参与管理,利用工作不断变化、任务不断调整、团队不断重组的契机,塑造团结奋进的合作精神。只有借助团队精神,才能使建立反应灵敏的员工队伍成为现实。

(四)建立灵活的激励机制

激励机制完善与否,是能否调动员工工作积极性的关键。美国哈佛大学的詹姆斯教授在多年研究的基础上指出:如果没有激励,一个人的能力仅能发挥出20%—30%;如果施以适当的激励,通过其自身努力能使能力发挥出80%—90%。具体激励方法应包括物质激励和精神激励。马斯洛需求理论把需求由低到高依次分成生理需求、安全需求、社交需求、尊重需求和自我实现需求五类。应当看到:一方面,知识型员工最低层次的需求亦是生理需求,对知识型员工的激励首先必须满足其物质要求,为人才的健康发展创造良好的物质和生活保障。另一方面,知识型员工多要求自我价值的实现,其需求也集中在高层级需求上,即尊重需求和自我实现需求这两个层次上。一份北京市高科技企业人才激励机制的调研报告显示:在我国的企业中,四大激励因素中最重要的是个体成长,接下来依次是业务成就、金钱财富和工作自主。这说明知识型员工更重视充分发挥自己的潜能,追求自我能力的提高、知识的更新和事业有成。

按照美国心理学家弗罗姆的期望理论,激励力＝效价×期望值。在不考虑期望值时,效价越高,对员工的激励水平也就越高,也就是说,以员工期望的方式提供给员工想要的东西,能提高员工的被激励水平和满意度。当员工渴望获得晋升和别人尊重时,他对物质奖励的评价是较低的,这时如果以物质奖励的方式进行回报,就不能满足他的期望,达不到预期的目标。

构建柔性激励机制要求组织依照需求设计适宜的激励机制,如可以采取包括公平、平等、尊重、信任、赋权、工作扩大化和丰富化等多方面的精神激励方法,让其获得实现自身价值的满足感。

应该注意的是,孔子学院总部及中方合作院校应该看到,海外孔子学院的经历应该是该参与人员职业生涯规划的重要组成部分。这与激励措施、心理契约有关。契约是双方的,期望也是双方的。在合作关系中,只有以对方所期望的方式提供给他想要的东西,才能够激发他的积极性。应该将孔子学院的任职划入职业规划的范畴,考虑到孔子学院任职的院长及教师们的职业规划问题。

五、结语

组织形式上的特殊性及工作人员以知识工作者为主,决定了孔子学院的人力资源管理具有较大挑战性。由于命令管制式的管理体制对知识工作者不适用,管理者只能通过施加影响而不是使用权力的方式来行使职能,因此在管理上必须将刚性管理与柔性管理结合起来。在制度建设中,应注意制度的人性基础;而在人性管理中,又需要把遵章守纪作为对员工最基本的要求提出来,使两者相互渗透、相辅相成,更加紧密地结合在一起。海外孔子学院的人力资源管理应当从战略出发,以形成一支反应灵敏的员工队伍为目标,在管理实践中刚柔并济,从人力资源管理的角度促使孔子学院走向可持续发展的道路。具体说来,应注意以下几个方面:首先,人力资源管理者们必须采取多种措施,进行交叉培训,创造一个良好的工作环境,培养学习气氛;其次,管理者们必须有意识地进行知识管理,不仅要熟悉汉语及中国文化传播项目的策划及实施,了解跨文化交际的原则及策略,还应该自觉磨炼自身的能力,以成为由业务需求推动的、对自己的领导和决策能力很有信心的领导者,同时将在这个过程中形成的宝贵经验以知识管理的方式储存在组织的结构之中,分享给下一任的管理者;第三,知识经济中必须培养团队意识;第四,科学人性化的激励机制必须满足知识员工的需求特点。

参考文献:

陈桐生(2007)提升孔子学院办学水平的若干对策,《广东外语外贸大学学报》第5期。
约里克(Ulrich,D.)等编,于学英、彭锦秀译(2003)《未来人力资源管理——48位世界思想领袖谈人力资源管理变革》,北京:机械工业出版社。
稻　香(2006)《柔性管理》,北京:中国纺织出版社。
郭宇路(2009)孔子学院的发展问题与管理创新,《学术论坛》第6期。
何懿、杜莹(2008)"孔子学院"创办和发展中存在的问题及对策,《中国成人教育》第23期。
胡塞著,爱丁文化公司译(2004)《人资战略》,北京:中华工商联合出版社。
李瑞晴(2008)海外孔子学院发展浅析,《八桂侨刊》第1期。
卢连伟(2008)从"孔子学院"看汉语和中国教育的国际化认同,《管子学刊》第4期。
陆永明(2006)高校教师管理中的柔性管理,《高教论坛》第1期。
聂映玉(2008)孔子学院概述,《上海教育科研》第3期。
夏　晶(2005)《高校知识管理创新模式研究》,武汉理工大学博士学位论文。
徐丽华(2008)孔子学院的发展现状、问题及趋势,《浙江师范大学学报(社会科学版)》第5期。
王连娟(2006)隐形知识管理文献综述,《情报科学》第4期。
王宁宁(2007)关于海外"孔子学院"的全面认识,《科教文汇(上旬刊)》第6期。

张萌物(2004)基于知识性员工特点的柔性管理,《前沿》第9期。
张正堂(2004)战略人力资源的理论模式,《南开管理评论》第5期。

作者简介：

谷陵,女,讲师,中央民族大学国际教育学院语言学与应用语言学专业汉语国际传播研究方向在读博士。

《阳光汉语》系列教材即将由商务印书馆出版

　　《阳光汉语》是一套面向7到15岁汉语学习者的全球性教材。它以新YCT考试的词汇量和语言要求为纲,以交际为核心,以兴趣为导向,提倡"用故事传递文化,用游戏操练语言"的全新教学理念,贴近海外中小学生汉语课堂。

　　该教材由美国亚利桑那大学英语系主任刘骏主编。编写团队由YCT考试研发专家以及在美国、韩国、日本等地从事汉语教学的教师组成。

- 搭配"教学资源包",包括拼音手册、汉字卡、歌谣集、故事汇丛书、网络版等。
- 每个单元搭配可在课堂内外使用的活动手册。
- "教师指导用书"用通俗的英语讲述,提供各单元的教学目标、教学要求、活动设计以及评估方案。
- 包括对应新YCT考试4个级别的学生课本和教师用书,每级12个单元(故事)。

超越美国的 AP 中文

〔美国〕姚道中

内容提要：AP 中文的出现为美国中文教学界一件盛事,不但提高了中文在美国外语中的地位,并且推动了美国中小学开设中文课程的热潮。虽然 AP 中文主要的服务对象是美国高中生,但无论从哪个角度都可以看出 AP 中文是一个超越美国国界的项目。AP 中文课程和测试遵循了"21 世纪外语学习标准"一书中所提出的五个学习目标和三个交际模式。这一套外语学习理念不但对美国中小学的汉语课程带来了改革性的影响,对美国以外地区和国家的汉语教学也造成了一定程度的冲击。本文将从不同角度来探讨 AP 中文发展的情况,讨论美国境外人士跟 AP 中文的关系,并且指出 AP 中文对美国境外的汉语教学所带来的影响。

关 键 词：AP 中文；五个学习目标；交际模式

AP Chinese Surpassing the United States
(U.S.A) Tao-Chung Yao

Abstract: The launching of AP Chinese was a celebrated event in the field of Chinese language instruction in the United States. It not only raised the status of the Chinese language but also prompted many secondary schools to offer Chinese language courses in the United States. The design of AP Chinese language course and test follows the five goals of language learning(5 Cs) and the three modes of communications as explained in the *Standards for Foreign Language Learning in the 21st Century*. The guiding principles of AP Chinese are not only changing the ways that Chinese is taught in the United States, they have also inspired Chinese language teachers elsewhere to prepare new teaching materials for AP courses. This paper will examine AP Chinese from different perspectives, pointing out how funding from outside of the United States helped the establishment of AP Chinese and how AP Chinese is making an impact on the field of Chinese language instruction outside the USA.

Key words: AP Chinese; 5 Cs; Three modes of communication

每年五月全美各地的中学生有很多人忙于参加 AP 测试。AP 是英文 Advanced Placement 的缩写，官方的汉译是"进阶先修课程项目"。因为 AP 项目让学生在进大学之前的中学阶段修习大学的课程，因此也有很多人把它译为"大学先修课程"。为了方便起见，本文谈到 AP 时不用译名，而直接采用通用的缩写 AP。AP 项目包含了两个部分，AP 课程及 AP 测试。通常学生先在中学修习 AP 课程，然后参加 AP 测试。不过 AP 课程和 AP 测试并没有直接的关系。没有修习过某个 AP 课程的学生也可以参加该科目的 AP 测试。美国 90% 的大专院校都承认 AP 测试的成绩。AP 的分数为 1 到 5 分，最高 5 分。一般来说 3 分算是及格。参加某个 AP 科目考试合格的学生进入大学之后可以免修同类的课程，并且可以获得学分。根据《今日美国》(USA Today)的报道，2009 年全美有 170 万学生修习 AP 课程，并有 290 万人次参加了 2009 年的 AP 测试。

　　美国于 20 世纪中叶开始设置 AP 项目。1952 年通过美国福特基金会的资助，AP 项目的试点计划问世。当时共有三所中学和三所大学参与了这项计划。[①] 1955 年开始，美国大学理事会开始接管 AP 项目。半个世纪以来大学理事会一直在为发展及推广 AP 项目做出各种努力。经费来源除了收取考试费用之外，美国的联邦及地方政府也给予资助。[②] 2010 年共有 31 种 AP 课程及测试项目。AP 中文就是其中最年轻的项目之一。

　　2003 年 12 月美国大学理事会和中国驻美大使馆联合宣布成立 AP 中文项目。2004 到 2005 年由 15 人组成的工作小组策划 AP 课程及测试的范围及内容。2006 年开始在各地的中学开设 AP 中文课程。AP 中文测试也于 2007 年正式开始。AP 中文的出现为美国中文教学界的一件盛事，不但提高了中文在美国外语中的地位，还推动了美国中小学开设中文课程的热潮。虽然 AP 中文主要的服务对象是将要进入美国大学就读的高中生，可是受到 AP 中文影响的绝非仅限于美国的中学生，关心 AP 中文的也不限于居住在美国境内的人士。从许多方面来看都可以看出 AP 中文是一个超越美国国界的项目。本文旨在通过不同的角度来探讨 AP 中文发展的情况，谈论美国境外人士对 AP 中文做出的贡献，以及 AP 中文对美国境外的汉语教学所带来的影响。

一、AP 中文的成立

　　美国的汉语教学有两大里程碑，第一个是于 1994 年成立的 SATII 中文测试。第二个是于 2003 宣布成立的 AP 中文项目。SATII 中文测试和 AP 中文都是由美国大学理事会（Col-

---

　　① 参加 AP 项目试点计划的 6 个学校都是美国最好的学校。三个中学是：安多弗 Andover，艾克斯特 Exeter 和劳伦斯维尔 Lawrenceville。三个大学是：哈佛、普林斯顿和耶鲁。
　　② 大学理事会支持 AP 项目的费用似乎大部分靠考生参加考试的费用。2008 年大学理事会宣布停止几个考生较少的 AP 项目。

lege Board)经营的项目。SATII 中文测试是美国许多 SAT 测试中的一种。测试的对象是在美国中学修习了两年到四年汉语课程的学生。SAT 测试的成绩是美国大学录取新生的一项重要依据。给美国的汉语教学带来了一定程度的冲击。SATII 中文测试成立之后,有许多人认为考试比较容易,不能满足汉语水平较高的学生的需要,要求大学理事会再增设 AP 中文项目。经过了多年的努力之后,AP 中文终于问世。AP 中文和其他的 AP 项目一样,包括了课程和测试。AP 中文的难度相当于美国一般大学二年级第二个学期的汉语水平。没有修习过 AP 中文课程的学生也可以参加 AP 中文测试。AP 中文所造成的冲击不仅限于美国,而且也影响到了其他地区的汉语教学。

(一)启动 AP 中文经费的来源

美国大学理事会是一个非营利机构。每次设置一个新的 AP 项目时都得筹集经费。他们估计需要 137 万美元才能启动 AP 中文这个项目。中国国家汉办首先承诺了资助一半的经费。中国台湾当局也表示愿意资助 30 万美元。[①] 剩下的则由美国的斯达(Starr)和福里曼(Freeman)两个基金会承担。要是没有美国境外的资助,AP 中文不知道什么时候才能开始。

2003 年 12 月 5 日上午,当时的中国国家汉办主任严美华参加了美国举行的设立 AP 中文项目的新闻发布会并发表了讲话,其中包括:"国家汉办将在经费、课程大纲、考试研发、教师培训、教材提供等方面,与大学理事会加强合作,以使 AP 汉语项目按双方商定的计划顺利实施。"国家汉办遵守了他们对美国大学理事会做出的承诺,这些年来不断地资助 AP 中文项目的推进,在师资培训和教材方面所做的贡献尤为显著。

(二)AP 中文教师培训

AP 中文启动之后,还有一大堆工作需要做。美国大学理事会为了推广 AP 中文特地成立了一个 AP 中国语言文化推动办公室,负责一系列推广中国语言和文化的活动。[②] 其中一个相当重要的项目是 AP 中文的培训工作。开设 AP 中文课程的学校需要能够教 AP 中文的老师。许多老师虽然具有相当丰富的教学经验,可是不一定了解 AP 中文的特点,所以需要培训。这些培训班基本上可以分为两类:开学期间的培训班和暑期培训班。开学期间的培训班通常只有一天;暑期培训班时间较长,通常为 4—5 天。有些暑期培训班在美国境内举办;有些在中国

[①] 根据美国大学理事会提供给笔者的信息,中国国家汉办资助 68.5 万美元,中国台湾当局资助 30 万美元,美国的两个基金会各资助 30 万美元。所以大学理事会最后筹到的 AP 中文启动资金超过了原先的预算,共有 158.5 万美元。

[②] 为加强 AP 中文推广,2006 年 4 月中国国家汉办和美国大学理事会正式签署了一项合作协议。其中包括 AP 中文暑期培训班,培训内容包括 Pre-AP 中文培训,AP 中文培训以及中国语言文化讲座。参看美国大学理事会网站"Chinese Language & Culture Initiatives", http://professionals.collegeboard.com/k-12/awards/chinese

大陆和台湾举办。中国大陆的培训班由国家汉办资助,中国台湾的由台湾当局资助。① 在美国境内举办的培训班,如果学员人数不够,经常会被取消。② 可是在中国大陆及台湾举办的暑期培训班,由于参加的学员非常踊跃,通常会满员,每班达到 30 人。③ 美国境外的培训班比美国境内的培训班更能吸引老师,恐怕跟费用和地点有关。在美国参加培训班,学员得付 600 美金左右的学费。而在中国参加培训班,学员不但不必付学费,还可以得到旅费的补助。以 2010 年夏天在上海举办的 AP 中文培训班为例,共有 25 位学员参加,其中 22 人来自美国,另外三位则来自新加坡和泰国。学员通过美国大学理事会报名参加培训班。他们不必付学费,不过得给大学理事会 100 美元作为定金。学员们只需自理晚餐,其余在上海的吃住等费用均由国家汉办资助。此外汉办还资助每位学员 500 美元的旅费。④

(三)为 AP 中文编写的教材

自从 2003 年宣布设立 AP 中文项目之后,海峡两岸和美国本土的汉语老师就动手开始为 AP 中文课程编写教材。到目前为止我已看到 3 套针对 AP 中文而设计的教材,分别介绍如下:

1.《加油》和《收获》

最早出版的一套《加油》(2008)是由世界汉语教学学会会长许嘉璐先生所率领的团队编写的。书里特别感谢了现任汉办主任许琳对这项计划的支持。比《加油》难度高的中级汉语教材《收获》也已经正式出版。⑤

2. Advanced A Plus Chinese

《Advanced A Plus Chinese》是于 2008 年 11 月在中国台湾地区出版的教材。这套教材是由邓守信教授主编的高级汉语教材。书中明确地指出是为了满足 AP 中文课程的需要而编写的,并且感谢了教育部给予的支持。⑥

3.《超越》

美国本土的老师们也没闲着,威斯康星大学密耳瓦基分校的陈雅芬教授组织了一个六人团队,包括三位大学教授和三位中学教师。他们利用课余时间完成了名为《超越》的这套教材。

---

① 参看台北经济文化办事处发布的信息 http://www.edutwny.org/ver_2006/list_page.php?item_sn=99。中国台湾当局不但资助在台湾举办的 AP 培训班,也支持在美国本土开设的培训班。根据 2006 年 8 月 22 日《大纪元》的报道,中国台湾当局与美国大学理事会合办 Pre-AP/AP 中文夏季研讨会。
② 笔者于 2010 年 7 月 14 日询问了预计在美国本土举办的三个 AP 中文暑期培训班(7 月 26 日一个,8 月 2 日两个),发现有两个已经被取消了,第三个只有 4 位老师报名。
③ 感谢曾妙芬、齐德立和陈雅芬三位 AP 培训班的老师提供有关信息。
④ 有关 2010 上海暑期 AP 培训班信息由授课老师常小林(2010 年 7 月 11 日电邮)提供。
⑤ 《加油》和《收获》由北京师范大学出版社和 Cengage(Thomson) Learning 在新加坡的亚洲总公司联合制作及发行。
⑥ 我们可从《Advanced A Plus Chinese》的书名看出它和 AP Chinese 的关系。这套书有两册课本和配套的教师手册和学习测验本。

《超越》是2010年由美国哥伦比亚大学出版社出版。这套教材虽然是在美国出版的,可是得到了纽约台北经济文化办事处的支持。

上面三套教材都是针对AP中文课程的需要而编写的。头两套书是靠美国境外的人力和财力完成的。《超越》的作者虽然都是在美国任教的老师,若是没有中国台湾当局的协助恐怕也不容易成功。换句话说,如果没有美国境外人士和机构的参与,我们不会那么快就看到这几套高质量的AP中文教材。参与这三套教材编写工作的都是海峡两岸和美国的资深教师。教材内容丰富,印刷精美。最最重要的是三套教材都体现了AP中文的基本理念。

二、AP中文在美国境外造成的影响

(一) AP中文的教学理念

AP中文的构想反映出了目前美国流行的外语教学理念,遵循了《21世纪外语学习标准》。书中列出了五项教学准则(5C:沟通Communication、文化Cultures、贯连Connections、比较Comparisons、社区Communities)和三个交际模式(理解诠释Interpretive,人际交流Interpersonal,表达演示Presentational)。前面提到的三套教材在编写时也都参照了五项教学准则和三个交际模式。这是一个非常可喜的现象。表示汉语教材已经赶上了外语教学的潮流。更值得我们注意的是,三套教材中有两套是由中国大陆和台湾的老师们编写的,表示他们接受了美国目前流行的外语教学理念。编写《加油》的几位老师在国内的期刊上发表了谈论AP中文的文章,并把AP中文的教学理念介绍给国内的读者。最近在中国大陆和台湾召开的一些汉语教学研讨会及学术刊物上也经常有谈论AP中文的论文,其中有一些是由美国的中文老师写的。美国的曾妙芬教授用中文撰写了一本有关AP中文教学的专著《推动专业化的AP中文教学》。这本书已由北京语言大学出版社出版。书中谈到了AP中文课程考试、教学理念、教学方法,还包括了教学活动设计与实例。

(二) 支援美国AP中文教师

AP中文成立后在美国掀起了一股汉语热。许多中小学开始设置汉语课程,或者增设AP中文课程,造成了师资短缺。汉办除了培训美国的汉语教师,每年还选派教师到美国任教。美国有些AP中文课程也到中国台湾招聘教师,受到中国台湾方面的协助。[①]中国大陆和台湾在帮助美国的同时也为当地教师制造了就业机会。

---

① 据报道,受聘的老师由美方提供薪资,中国台湾当局教育主管部门提供往返机票。

(三)美国境外的 AP 中文考生

一年一度的 AP 测试主要是为美国想要上大学的中学生设计的,可是美国境外也有考生,不过不多。2009 年参加各种 AP 测试的总人数为 2 929 929 人次。其中有 69 017 人次是在美国境外考的,占总数的 2.4%。[①] AP 中文测试的情况则大为不同。2009 年共有 5 100 人参加 AP 中文测试,其中有 1 451 人是在美国境外考的。占了 AP 中文考试人数的 29%。1 451 人当中有 541 人在中国大陆参加考试,180 人在中国台湾参加考试。这些考生多半在当地的美国学校或者国际学校就读,打算到美国来上大学。由此可见,AP 中文测试不但为美国境内的学生服务,也照顾到了美国境外会说汉语的学生。

三、结语

上面简单介绍了一下 AP 中文的发展情形,从中我们可以很清楚地看出以下几点:

第一,如果没有美国境外的人士及机构的大力资助,AP 中文可能还没起步。就算起步了,发展也不会那么顺利。外来的力量不但为 AP 中文提供了资金,还有教师培训和教材编写方面的支持。贡献最大的当然就是中国国家汉办,这是有目共睹的。中国大陆和台湾通过支持 AP 中文项目推广中国语言和文化,并使中文在美国的地位不断地提高,这是一件令人欣慰之事。

第二,AP 中文不但在美国进一步地推动汉语教学,它也把美国最新的外语教学理念介绍到了其他教授中文的地区。美国的老师到中国参加学术会议谈论 AP 中文,并且在中国发表有关 AP 中文的论文;中国大陆和台湾的老师针对 AP 中文课程编写教材。这说明汉语教学已经进入一个全球化的时代,不同地区的汉语教学项目可以互相学习,取长补短,提高教学的质量。

第三,跟其他的 AP 项目相比,AP 中文的考生十分明显地超越了美国。境外学生参加 AP 中文测试人数的比率远远超过其他 AP 项目。AP 中文不但为许多美国境外的学生提供服务,同时也让国内的老师有机会前来美国执教,汲取美国的教学经验。

AP 中文的出现不但是美国中文教学界的一件大事,也是整个中文教学界的一件大事。它不但在美国推广了中国语言及文化,也让国内的汉语教学界了解了美国最先进的外语教学趋势。笔者在此要对中国国家汉办为 AP 中文做出的巨大贡献表示特别感谢。

[①] 参看 AP 中央网站公布的报告 *AP Exam Volume by Region 2009*。http://professionals.collegeboard.com/data-reports-research/ap/data

参考文献：

陈 绂(2006)对国内对外汉语教学的反思——AP汉语与文化课及美国教学实况给我们的启发,《语言文字应用》第1期。
陈 绂(2006)五个"C"和AP汉语与文化课教材的编写,《语言文字应用》第1期。
陈 绂(2007)从AP中文课程看美国外语教学的标准,《语言文字应用》第3期。
陈 绂(2008)编写美国AP中文教材的思考与实践,《中原华语文学报》第2期。
齐德立(2005)推动美国AP中文课程与中文教育所面临的挑战,《二十一世纪华语机构营运策略与教学国际研讨会论文集》,台湾师范大学国语教学中心。
邓守信主编(2008)Advanced A Plus Chinese (1),台北：联经出版公司。
邓守信主编(2009)Advanced A Plus Chinese (2),台北：联经出版公司。
朱瑞平(2008)美国"AP汉语与文化"课程及考试设计的"文化"考量,《中原华语文学报》第2期。
华 美(2004)汉语将进入美国AP课程,《课程·教材·教法》第4期。
娄 毅(2006)关于AP汉语与文化教材文化内容设计的几点思考,《语言文字应用》第1期。
娄 毅,朱瑞平(2006)关于AP汉语与文化考试——兼与中国HSK考试、日本"中国语检定"考试比较,《语言文字应用》第1期。
罗青松(2006)美国《21世纪外语学习标准》评析,《世界汉语教学》第1期。
罗青松(2007)浅谈AP中文的主要特征与教学模式,《汉语教学学刊》第3辑,北京：北京大学出版社。
王若江(2006)关于美国AP汉语与文化课程中三种交际模式的思考,《语言文字应用》第1期。
许嘉璐主编(2008)《加油》(共二册),北京：北京师范大学出版社。
许嘉璐主编(2008)《收获》,北京：北京师范大学出版社。
姚道中(2005)由SAT到中文AP测试,《二十一世纪华语机构营运策略与教学国际研讨会论文集》,台湾师范大学国语教学中心。
姚道中(2007)汉语水平考试与AP中文测试的比较,载程爱民、何文潮、牟岭主编《对美汉语教学论集》,北京：外语教学与研究出版社。
姚道中(2008)AP中文与电脑测试,载张普、徐娟、甘瑞瑗主编《数字化汉语教学：进展与深化》,北京：清华大学出版社。
姚道中(2008)谈谈AP中文的评分,载朱歧祥、周世箴主编《语言文字与教学的多元对话》,台中：东海大学中文系。
曾妙芬(2007)推动专业化的AP中文教学,北京：北京语言大学出版社。
Chen, Yea-Fen(2010)*Chaoyue: Advancing in Chinese*. New York: Columbia University Press.

作者简介：

姚道中,男,美国夏威夷大学东亚语言文学系教授,美国AP中文测试阅卷主任,世界汉语教学学会常务理事。

北美密集型汉语教学模式比较和反思

吴 峰

内容提要：本文对几个有代表性的北美密集型汉语教学模式进行对比分析，从课程设置、教学特点、管理方法等方面总结其异同点，并管窥不足之处，对明德模式影响下的北美密集型教学模式进行反思，以期能为全面深入认识并更好地发展此教学模式提供参考。

关 键 词：明德模式；北美密集型汉语教学模式；汉语教学比较；反思

Intensive Chinese Teaching Models in North America: Comparison and Reflection

Wu Feng

Abstract: Taking several insensitive teaching models in North American as typical cases, this article conducts a comparative analysis on curriculum designing, characteristics of teaching and managing methods of such models. It summarizes the differences and similarities among these models and point out some drawbacks. If further reflects on such models and expects that such a reflection will help to understand and further improve insensitive teaching models in North American, which are heavily influenced by Middlebury Model.

Key words: Middlebury model; Intensive Chinese teaching models in North America; Chinese teaching comparison; Reflection

一、引言

明德模式历经几十年的完善补充之后形成了自身鲜明的特点,中美联办的"普北班"(PIB)、首都经贸大学的 ACC[①]、北京语言大学的哈佛大学北京书院(HBA)、北京外国语大学

[①] 全名为 Associated Colleges in China,中文名称为"美国各大学联合汉语中心"由七所大学联合主办。

的 IEC、中央民族大学的哥伦比亚大学北京班（CIB）、北京教育学院的 CET[①] 以及 IUP[②]、CIEE[③] 等都继承了明德模式的精髓，形成了同中有异的北美密集型汉语教学模式，虽然不少学者对这些模式赞誉有加，但此模式存在的问题以及移植到中国后的"水土不服"等问题没有得到更多的关注。本文将对比几个有代表性的案例，管窥并反思这种密集型汉语教学模式在具体的实施过程中出现的问题，不当之处请专家学者指正。

二、相关研究动态

目前，研究密集型汉语教学模式的文章大致可以分为以下几类：

（一）单纯性介绍明德模式的背景、教学方法、教学理念、课程设置、教学测评、教师素质等

施仲谋（1994）《明德中文暑校经验的启示》、张和生（1997）《美国明德大学的汉语教学》、张喜荣、田德新（2004）《美国明德学院的中文教学》、汝淑媛（2006）《美国明德中文暑校的教学理念特点与教学策略评介》、张曼荪（2006）《明德中文暑校 2006 年师资培训纪实与评述》、王学松（2007）《"明德模式"研究述评》、刘丹（2010）《"明德模式"及其可借鉴意义》。

（二）结合明德模式谈如何构建有效的教学模式，及与明德模式相比较从中得到启示

刘庆福（1993）《一种办学形式的新探索》、王学松（2001）《短期班教学为长期班教学提供的启示》、汲传波（2006）《论对外汉语教学模式的构建——由美国明德大学汉语教学谈起》、曹贤文（2007）《明德模式与中国大陆高校基础汉语教学常规模式之比较　兼谈汉语教学的经营模式与大众模式的差异和互补》、卫澜（2008）《明德中文暑校为代表的实用中文项目教学模式的思考》、娄开阳（2009）《美国明德汉语教学模式给国内长期班教学带来的启示》。

（三）明德模式以外的北美其他教学模式介绍

朱志平（1996）《目的语环境中的强化教学一例——北京师范大学"普北班"评介》、亓华（2009）《中美联办"普北班"的教学模式与启示》。

总的说来，研究以明德模式为首的短期密集汉语教学模式的文章虽然数量不多，但是基本上已经从各个角度有了明确详尽的阐释。近些年，在对明德模式深入了解的基础上，很多学者

[①] 美国华盛顿设在中国的一所汉语教学机构。
[②] 清华大学国际联合汉语培训项目。
[③] Council on International Educational Exchange, Shanghai Study Center，即"美国国际教育交流协会上海中心"。CIEE 北京办事处成立于 1979 年，位于北京大学校内，是最早进入中国的国际教育机构，在海外学习领域里享有很高的声誉。

采用明德模式进行教学实践,在不断对其进行反思和与国内汉语教学模式进行比较的过程中,获得了很多对教学活动有指导性的启示。还有不少学者介绍了中美联合办学形式下的密集教学模式。但是目前在北美众多学校的强化教学模式进驻中国的情况下,综合比较其异同和不足的文章尚未见到。

三、几个密集强化模式对比分析

(一)各个机构情况介绍

首先我们从创始及登陆中国的时间来看,明德学院(Middlebury College)于1966年开设了中文暑校,从此奠定了明德模式在美国汉语教学和管理上的垂范地位。各美国大学中文项目与中国高校或机构合作的情况如下表:[①]

表1:美国大学中文项目与中国合作情况

英文简称	PIB	ACC	CIB	CET	IUP	CIEE
开设时间	1993	1996	2007	1998	1997	1979
分布地区	北京	北京	北京	北京、哈尔滨、杭州	北京	上海
生源	面向全美	面向全美	面向全美	全美大学、社会人员	北美著名大学	面向全美

各大机构均采用了"联合办学"的方式,由外方学校负责招生,中方提供教学地点,开设时间大多在十年以上,集中分布在中国的一线城市,生源基本都来自美国,母语大都是英语,除了在校的本科生和研究生以外还包括一些社会人士。教师成分各有不同,主要由国内外院校富有教学经验的教师和中国的优秀研究生组成,师生比大约为1:4。PIB的教师大都是北师大各文科院系的在读研究生,以汉语流畅为优势,但是英语水平、对美国文化和美国学生的了解则存在明显差距。[②] 但是近几年,PIB的教师队伍发生了一些变化,大班是以美国各大学中文系专业教师为主,如普林斯顿大学、华盛顿大学、宾夕法尼亚大学等,也有一些有经验的中国研究生。小班则由北京各大学文科院系的研究生执教。CIB大班教师一般为哥伦比亚大学中文系的专业教师,小班和单班则由在京重点大学研究生及少量优秀本科生组成。

各项目共同的办学宗旨为充分利用目的语环境,强化口语训练,提高听说能力,在教学或实践过程中融入和感受中国文化。其中,ACC旨在培养学生在人际交流、理解诠释以及表达

[①] 为方便阅读,均采用英文缩写,下同。
[②] 王学松(2008)来华美国留学生对汉语教师的评价标准——以PIB"教学评价"为例,东北师大学报(哲学社会科学版)第2期。

演说等方面全方位的高级语言能力;IUP 以促进北美地区与中国的文化学术交流为目的。

PIB 与 CIB 为暑期汉语培训项目,而其他的则为长期和短期混合的汉语培训项目。

(二)课程设置与教学法

各项目在开课之初均采用集中分班测试,以测试成绩为基准进行年级的区分。一般都设5个年级,1—3年级为中低年级,高年级是4、5年级。其中 PIB 不设一年级,有73%以上的学生在2、3年级[①]。课程设置呈倒金字塔分布,大班课(约8—10人)、小班课(约4—5人)、单班课(1人),充分体现了师生之间的互动,但 ACC 加设了对话课(2人),以任务式对话为目标,凸显了生生互动的环节。[②] 同一年级的教师采用轮替的制度,使学生感受不同的风格,同时也使师资得到合理的配置。CIB 根据学生语言水平的不同,课下还为学生安排语伴以满足需求。大班课因为进行较大密度的输入输出,节奏快,课堂气氛比较紧张兴奋,以精讲和适度操练为主。小班课略显轻松,以大剂量地反复机械操练为主。以 CIB 高年级教学内容分配为例,大班课教师讲解词汇和课文,小班课老师集中解决课后语法和语言点。小班课老师以简练的提问方式为学生复习、解疑、查漏补缺。CIB 规定教师不能涉及学生未学过的词汇和语法,必须用已学练新学。学生在来华之前就和美国校方签署"语言誓约"之类的条文,在目的语环境下的任何场合禁止使用母语,只说汉语,一旦违规立即开除。在考试方面,一般都有周测试、期中和期末测试,以笔试为主,但期末测试包含口试。CIB 高年级每周两课(每两天一课),并且每天在课堂上都有听写、课后都有书面作业,周末要求学生在教师命题和指导下完成一篇作文(以最近学过的词汇和语法为关键词句),以测量教学效果,使学生语言水平呈螺旋式上升。PIB 采用光荣誓约下的无监考制,对考试时间没有限制(亓华,2009)。通过期末考试,可获得美国诸大学认可的相当一年汉语课程的学分(朱志平,1996)。而 CIB 在考前有一天的复习安排,各班教师核对考试内容,使每一道题都不偏离各班老师统一备课的讲解范围,绝不超纲,在教师监督下完成大约90分钟的统一测试。

在学制上,暑期项目将9周分为两个阶段(个别学校为8周左右),每4周为一个学期,中间的一周由学生自主支配。CIB 的学生结合自己的专业利用旅游等多种方式收集资料,强调在玩中学、在放松身心的条件下深刻感受中国。PIB 的学生也主要是任务式旅行。HBA[③] 的学生则展开为期一周的中国社会调查并完成论文。对于学生们来说,这一周是黄金周和过渡周,在此期间学生们可以通过自己安排的各种活动愉悦身心,放松之前学习的紧张情绪,既是对之前知识的总结回味,又为下一个阶段紧张的学习做一个软铺垫。

在暑期项目中,不仅每周都有老师对学生的测试,同时也有学生对老师的测评,一般采取

---

① 亓华(2009)中美联办"普北班"的教学模式与启示,《第七届国际汉语教学学术研讨会论文集》。
② 靳洪刚老师提供资料。
③ Harvard-Beijing Academy,哈佛大学和北语合作的汉语速成项目,学生来自哈佛和耶鲁等大学。

打分的方式,这种及时反馈的管理方式,体现了对学生负责任的精神。如果教师的测评结果不理想,轻则责令其改进,重则辞退;相反,如果教师的教学方法和工作态度突出,项目的管理层会视情况与该教师签约到国外教学,可见,经过培训能参与到暑校的教师培训和教学活动,成为赴海外教学的一种捷径。有过海外教学的经验对教师日后的发展必将带来极大的优势。总之,师生合作愉快,教学相长,可以实现共赢。各项目学生的住处大多由中方合作院校提供,以居住留学生公寓居多,大部分是同屋制。但是CIB允许学生入住校方联系的中国人家,和中国人同住也不失为促进中文进步的方式。学期结束的时候,师生会一起组织一台汇报演出,将师生合作的精神推到高潮。学生们将自己的才艺和暑期所学到的知识、接触到的风土人情用个性化的表演方式展现出来,这可视为既得知识内化后的外在显现。

四、密集型教学模式存在的问题

　　北美密集型汉语教育模式最鲜亮的特点是沉浸式(total immersion)密集强化训练教学,对学生在目的语环境下短时间内掌握语言技能大有裨益,但是其机械性和半机械性的操练方式对师生都有较大的压力,一方面教师要以极富感染力的手势和眼神对学生进行发问和操练,同时还要在头脑里储存好相应的教学内容和教学方法,一旦速度上稍有卡壳,课堂气氛立即松懈,对不少年轻的国内老师而言实属不易,教师投入精力多、工作强度大。[①]另一方面,学生始终处于这种过于机械的操练方式下,时间过长容易产生厌倦情绪,尤其对于高年级的学生来说,会感觉到没有表达的自由。由于缺乏实情实景的练习,课后遇到活生生的情景,学生仍然无法准确地使用汉语与人沟通。如:一个学生在学习完课文里的"肮脏"一词后,对老师说"老师不要看我的脸,很肮脏"。还有很多学生反映在课堂上能听懂老师说的汉语,走出课堂很难适应北京人的语音和语速,由此看来,大剂量的反复操练还要在提高听力的质量和语言表达上大下一番工夫。而听力并不是通过短期强化可以得到大幅度提高的语言技能,高年级的操练重点与低年级并不相同,低年级重在重复,高年级则多是完成句子和对课文的理解,听力的提高必须是时间和知识量积累到一定水平以后才能有质的改观。因此,不宜对密集强化模式中的听力训练有过高的要求。

　　此外,即使是同年级学生的水平也会有很大的差别,短时间内可能跟不上如此快节奏的学习,对学生的心理承受力提出了较大的挑战。强调发音标准,逢错必纠的特点也融于此教学方法之中,对低年级学生而言十分重要,但是到了高年级,如果在学生的发言过程中,过于计较每一个字词的发音,不仅打断学生的思路,更是对学生自信的打击。

　　采用统一的自编教材和教师集中统一备课,其优点前人也有了总结。王学松(2007)认为

[①] 汲传波(2006)论对外汉语教学模式的构建——由美国明德大学汉语教学谈起,《汉语教学》第4期。

自编教材的趣味性可以满足学生好奇、喜欢迎接挑战的学习心理。但有些学校自编的教材从词汇和语法上和中国本土教材在侧重点上有所不同,一旦高年级学生选用中国的教材就会有很强烈的不适感,无论在单课的生词数量上还是语法和词汇的辨析方面,对学生都有着极大的挑战。PIB在高年级采取一些揭露批判性的文章,不避思想观念的冲突,激发学生讨论(亓华,2009)。但是教材内容的选取应该慎重,不能随意为之。

密集型汉语教学模式的一个鲜明特点是要求每个学生入学时都要签一份保证,在学习过程中只能说目的语而不说母语(朱志平,1996)。但是以美国哥伦比亚大学2009年暑期班为例,哥伦比亚大学选用《博雅汉语》高级飞翔篇Ⅰ、Ⅱ为四、五年级教材。其中五年级华裔学生居多,而四年级是华裔及非华裔学生的混合班,而且各个学生的专业与中文水平也不相同,所以有时教师不得不用英语解释词语(多书面语)之间的区别。笔者设想,如果不是短期培训,也不必顾及时间的限制(一周两课),教师便可全部放弃英语的帮助。而在小班(分班)操练的课堂上,华裔班学生无论从各个方面教学效果都明显高于非华裔班学生。到单班(一对一)课堂,相同的时间内,两类学生操练的句子数量和质量更是相差甚多。不但如此,笔者也发现在学生向教师提问和私下聊天时也常有"违规"之举,使用英语的情况比比皆是,周末学生在外出活动时经常使用母语。本人认为应该灵活处理教学中存在的问题,不为"誓约"所束缚,或者多使用一些非语言的教学手段,来减少母语的使用。只要有利于教学,一切合理的方法都可以使用。比如,也有人提出或已试用减少不说英语的时间限制,"违规"并不代表其不可行。以往的经验是,学生一般在兑现语言誓约的过程中会有些怨言,但是项目结束以后反而觉得有成就感。

关于年级分布,密集强化模式下各年级人数呈枣核状分布,即低、高年级人数较少,中年级人数尤多(朱志平,1996)。从教学效果来看,历年来通过暑期强化学习对汉语产生极大兴趣和获得收获最多的是中低年级的学生,而不是高年级的学生。"普北班"的优越性主要体现在二年级,三、四年级中不少就是上年的"回头客"(朱志平,1996)。CIB的学生也主要集中在二、三年级。高年级的学生往往是中文或相关专业的研究型人才,层次较高,所以在相同时间里遭遇学习的"瓶颈",他们的进步通常不是很明显。高年级学生已经克服了初学汉语的障碍,在国内的学习中也经历过强化训练,大部分学生能比较流利地说汉语,笔者认为他们更适合"精耕细作"地学习汉语,也许长时间系统学习更有助于他们的专业研究和自身发展。以上这些问题都能够直接或者间接地影响到教学效果,有必要对"密集模式"进行细致的分析,以更好地指导今后的教学活动。

学生回国后又将身处母语环境,如何维持强化教学后的语言习得成果,也是值得深思的问题。部分学生肯定了密集强化学习的成效,表示会继续参加项目。但须知做任何事情都不是一蹴而就的,语言的学习亦同理。应尽可能地对归国学生进行再教育,以保持他们通过强化形成的汉语水平,使他们能在相对长久和轻松的环境中得到不断内化和提高,短期强化模式应该有一种与其相辅相成的长期教学模式与之配套。

五、结语

　　北美密集型强化汉语教学模式，因为建立在行之有效的理念基础上，添加了各个汉语密集强化项目的风格，几乎没走什么弯路，在教学和管理上日臻完善，吸引了众多国家在汉语教学方面竞相仿效，成为当今世界语言培训模式中的佼佼者。基于深厚的教学实践经验和科学的管理方法及教学方法，这些项目学员的汉语水平提升显著，教学效果突出。目前国内很多高等院校的留学生教育都在结合自身的实际情况借鉴这一教学模式，这种教学模式也成为目前学术界的一个研究热点。但是，当今社会提倡以人为本，那么教学就应该以学生为本，一种教学法永远要围绕学生去发展、变化，为学生提供有效的、人性化的教学服务是最为重要的，也是检验一种教学模式成败的重要标准。怎样将有效性和人性化合理地结合起来，是值得每一位汉语国际传播工作者研究的。同时，各个国家和地区也应该针对不同的国情和汉语教学的现状合理地利用这种模式，不顾具体情况照搬照抄也是不可取的。

参考文献：

曹贤文(2007)明德模式与中国大陆高校基础汉语教学常规模式之比较——兼谈汉语教学的经营模式与大众模式的差异和互补，《暨南大学华文学院学报》第4期。
汲传波(2006)论对外汉语教学模式的构建——由美国明德大学汉语教学谈起，《汉语学习》第4期。
刘庆福(1993)一种办学形式的新探索，《北京师范大学学报》第6期。
娄开阳(2009)美国明德汉语教学模式给国内长期班教学带来的启示，蔡昌卓主编《多维视野下的对外汉语教学：第七届国际汉语教学学术研讨会论文集》，南宁：广西师范大学出版社。
亓　华(2009)中美联办"普北班"的教学模式与启示，蔡昌卓主编《多维视野下的对外汉语教学：第七届国际汉语教学学术研讨会论文集》，南宁：广西师范大学出版社。
汝淑媛(2006)美国明德中文暑校的教学理念特点与教学策略评介，《国际汉语教学动态与研究》第2期。
施仲谋(1994)明德中文暑校经验的启示，《世界汉语教学》第1期。
王学松(2001)短期班教学为长期班教学提供的启示，中国对外汉语教学学会北京分会第二届学术讨论会论文，北京语言文化大学。
张喜荣、田德新(2004)美国明德学院的中文教学，《世界汉语教学》第1期。
张曼荪(2006)明德中文暑校2006年师资培训纪实与评述，《国际汉语教学》第4期。
张和生(1997)美国明德大学的汉语教学，《中国高等教育》第1期。
朱志平(1996)目的语环境中的强化教学一例——北京师范大学"普北班"评介，《语言教学与研究》第3期。

作者简介：

吴峰，女，中央民族大学国际教育学院语言学及应用语言学专业汉语国际传播研究方向在读博士。

泰国学生汉语语法学习难点探讨
——以《国际汉语教学通用课程大纲》为参照

〔泰国〕潘素英

内容提要：本文主要运用分析、归纳与描写方法，讨论泰国学生学习汉语语法的难点，并与《国际汉语教学通用课程大纲》语法部分的五个等级进行对照研究，找出泰国学生学习汉语语法的优势和两方面学习难点，并指出泰国学生学习汉语语法的有效方式，以期提高泰国学生汉语语法教学效率。同时针对泰国汉语教材中的语法部分编写提出个人建议。

关 键 词：泰国；汉语教学；语法难点

Discussions of the Difficulties in Learning Chinese Grammar among Thai Students
—Using the "International Curriculum for Chinese Language Education" as the Reference

(Thailand) Anujapad Wipawee

Abstract: This paper analyzes, induces and describes the difficulties of Thai students in learning Chinese grammar. Five levels of the grammar section from "International Curriculum for Chinese Language Teaching" are used to identify the strengths and difficulties that Thai students experience in learning Chinese grammar. Also, the paper highlights effective ways in which Thai students can learn and utilize Chinese grammar as a way of teaching Chinese grammar to other Thai students.

Key words: Thailand; Chinese teaching; Grammar difficulties

一、引言

目前,学习汉语的泰国人越来越多,泰国开设汉语课的学校也越来越多,但是汉语教学当中还存在不少问题①。其中,语法是主要问题之一。

本文认为要使泰国学生更有效地学习汉语语法,首先应该让学生了解汉语语法和泰语语法的异同点。从语言的形态来看,"泰语是独立语,缺乏严格意义上的形态变化。在句法结构中,是靠词序、虚词等语法手段表现词与词的关系或其他语法作用。"②从基本语序来看,在世界上的所有语言中,动词与名词的次序主要有 SVO、SOV 和 OVS 三种形式,泰语和汉语都属于 SVO 型,两者的基本语序都是主、谓、宾结构。所以,与母语为 SOV 或 OVS 型语言的汉语学习者相比,这是泰国学生学习汉语的优势。但相比之下,汉语的主语和动词的次序比泰语更灵活,而且汉语的语序在很大程度上决定了句子的意义。比如句子"ฉันกินข้าวแล้ว"汉语可以用三种不同语序的句子来表达:1. 我吃饭了(SVO);2. 我(把)饭吃了(SOV);3. 饭,我吃了(OSV),而泰语只有两种表达方式,即 SVO 和 OSV。

总体来看,造成泰国学生学习汉语语法困难的原因主要有两个:一是由于汉泰语"语序"不同;二是汉泰语"表达方式"不同(汉语特殊语法结构形式)。本文参照《国际汉语教学课程通用大纲》③(以下简称《大纲》)语法项目内容的五个等级对泰国学生学习汉语语法的上述两方面难点进行分析,并尝试寻求更好的解决方法。

二、汉泰语序不同导致的难点

此类难点是因汉泰语序的不同或相反而造成的,主要是"定语与中心语"和"状语与中心语"位置的相反,从而给学习带来一定困难。以下将分级逐一介绍:

(一)一级语法项目

1. 形容词谓语句:
   汉语:主语 + 副词 + 形容词　　　　　(1)我很高兴。　(2)玛丽非常漂亮。
   泰语:主语 + 形容词 + 副词　　　　　(1)我高兴很。　(2)玛丽漂亮非常。
2. 程度副词作状语:
   汉语:很/非常/真/太 + (名/形)　　　(3)布朗非常忙。
   泰语:(名/形) + 很/非常/真/太　　　(3)布朗忙非常。

(二)二级语法项目

1. 时间状语:
   汉语:主语 + 时间状语 + 动词短语　　(4)我每天早上 6 点起床。

---

① 吴应辉、龙伟华、冯忠芳、潘素英(2009)泰国促进汉语教学,提高国家竞争力战略规划,《国际汉语教育》第1期。
② 裴晓睿(2010)《泰语语法新编》,北京:北京大学出版社。
③ 国家汉语国际推广领导小组办公室(2007)《国际汉语教学通用课程大纲》,北京:五洲汉风教育科技有限公司印制。

泰语:主语+动词短语+时间状语　　　　　(4)我起床6点早上每天。
2.地点状语:
　　汉语:主语+在+地点/处所+动词短语　　(5)我在一家电脑公司工作。
　　泰语:主语+动词短语+在+地点/处所　　(5)我工作在公司电脑一家。
3.所属关系的表达:
　　汉语:名词/代词+(的)+名词　　　　　　(6)这是我的书。　(7)他是我弟弟。
　　泰语:名词+(的)+名词/代词　　　　　　(6)这是书的我。　(7)他是弟弟我。
4.方位词组:
　　汉语:处所名词+简单方位词+(面/边)
　　　　(8)桌子上　(9)窗外　(10)银行前边　(11)学校西边
　　泰语:(面/边)+简单方位词+(的)①+处所名词
　　　　(8)上桌子　(9)外窗　(10)边前的银行　(11)边西的学校
5.用疑问代词的特殊疑问句:
　　汉语:哪、哪儿、什么时候　　　　　　　(12)你是哪国人?
　　　　　　　　　　　　　　　　　　　　　(13)你在哪儿上学?
　　　　　　　　　　　　　　　　　　　　　(14)你什么时候开学?
　　泰语:哪、哪儿、什么时候　　　　　　　(12)你是人国哪?
　　　　　　　　　　　　　　　　　　　　　(13)你上学在哪儿?
　　　　　　　　　　　　　　　　　　　　　(14)你开学什么时候?
6."的"字结构:
　　汉语:名词/代词+的　　　　　　　　　　(15)这是玛丽的。
　　泰语:的+名词/代词　　　　　　　　　　(15)这是的玛丽。
　　汉语:形容词+的　　　　　　　　　　　　(16)红的好看。
　　泰语:的+形容词　　　　　　　　　　　　(16)的红好看。
7.动词+一下:
　　汉语:动词+一下儿　　　　　　　　　　　(17)你看一下这本书。
　　泰语:动词+短语+一下儿　　　　　　　　(17)你看书本这一下。
8.常用量词的结构:
　　汉语:量词+名词
　　　　(18)一件衬衣　(19)两件裤子　(20)三块面包　(21)四斤苹果
　　泰语:名词+量词
　　　　(18)衬衣一件　(19)裤子两件　(20)面包三块　(21)苹果四斤

---

①　如果方位词为短语,泰语里必须加"的"。

(三)三级语法项目

1. 介词:引进空间方位作状语"从":
   汉语:从+起点+动词短语　　　　　　(22)我刚从英国回来。
   泰语:动词短语+从+起点　　　　　　(22)我刚回来从英国。

2. 助词"着"的用法:
   汉语:主语+动词+着+名词　　　　　　(23)布朗戴着一副眼镜。
   泰语:主语+动词+名词+着+一副　　　(23)布朗戴眼镜着一副。

3. 存现句,其结构形式是:
   汉语:方位词组+动词+着+名词(词组)　　(24)墙上挂着一张世界地图。
   泰语:方位词组+动词+名词(词组)+着+一张　(24)上墙挂地图世界着一张。

4. 类同的表达:
   汉语:⋯跟/和⋯(不)一样+形容词　　　(25)他和我一样高。
   泰语:⋯跟/和⋯形容词+(不)一样　　　(25)他和我高一样。

5. 比较句"比"字句和"比"字句的否定形式:
   汉语:A+比+B+形容词　　　　　　　　(26)今天比昨天冷。
   泰语:A+形容词+比+B　　　　　　　　(26)今天冷比昨天。
   汉语:A+没有+B+形容词　　　　　　　(27)你没有玛丽高。
   泰语:A+形容词+没有+B　　　　　　　(27)你高没有玛丽。

6. 副词"最":
   汉语:最+形容词/动词短语　　　　　　(28)这是中国最大的城市。
   泰语:形容词/动词短语+最　　　　　　(28)这是城市大最的中国。

7. 双宾语句的结构形式是:
   汉语:主语+直接宾语+间接宾语　　　　(29)玛丽给我一本书。
   泰语:主语+间接宾语+直接宾语　　　　(29)玛丽给书我一本。

8. 用"怎么"的询问方式,其结构形式是:
   汉语:主语+怎么+动词短语　　　　　　(30)这个字怎么念?
   　　　　　　　　　　　　　　　　　　(31)去银行怎么走?
   泰语:主语+动词短语+怎么　　　　　　(30)字个这念怎么?
   　　　　　　　　　　　　　　　　　　(31)去银行走怎么?

9. 能愿动词:
   汉语:能/会/可以+动词短语　　　　　　(32)玛妮能来。
   　　　　　　　　　　　　　　　　　　(33)我会打网球。
   　　　　　　　　　　　　　　　　　　(34)这儿可以拍照。

泰语:能/会/可以+动词短语　　　　　　(32)玛妮来能。
　　　　　　　　　　　　　　　　　　(33)我打网球会。
　　　　　　　　　　　　　　　　　　(34)这儿拍照可以。

10.引进对象作状语:
　　汉语:跟/给某人+动词短语　　　　　(35)我跟他一起去。
　　　　　　　　　　　　　　　　　　(36)我给爸爸打电话。

　　泰语:动词短语+跟/给某人　　　　　(35)我去一起跟他。
　　　　　　　　　　　　　　　　　　(36)我打电话给爸爸。

(四)四级语法项目

1.助词"了"的用法:
　　汉语:能愿动词+动词短语+"了"　　(37)我能走了。
　　泰语:动词短语+能愿动词+"了"　　(37)我走能了。

2.助词"过"的用法:
　　汉语:主语+(没)+动词+过+名词(短语)　(38)我去过中国。
　　　　　　　　　　　　　　　　　　(39)我没看过这部电影。

　　泰语:主语+(没)+过+动词+名词(短语)　(38)我过去中国。
　　　　　　　　　　　　　　　　　　(39)我没过看电影部这。

3.时量补语的结构形式是:
　　汉语:动词+了+时量+(名词)+了　　(40)我打了两个小时网球了。
　　泰语:动词+(名词)+了+时量+了　　(40)我打网球了两个小时了。

4.汉语比较句:
　　汉语:A+比+B+更/还+形容词　　　(41)今天比昨天还冷。
　　泰语:A+形容词+比+B+更/还　　　(41)今天冷比昨天还。
　　汉语:A+比+B+形容词+数量　　　 (42)我比我的弟弟大三岁。
　　泰语:A+形容词+比+B+数量　　　 (42)我大比弟弟的我三岁。
　　汉语:A+比+B+形容词+一点儿/多了　(43)他的汉语比我好多了。
　　泰语:A+形容词+比+B+一点儿/多了　(43)汉语的他好比我多了。

5.复句:
　　汉语:先…,再…　　　　　　　　　(44)你先写作业,一会儿再看电视。
　　泰语:…先,再…　　　　　　　　　(44)你写作业先,一会儿再看电视。

(五)五级语法项目

1.结果补语肯定的可能式:

汉语：能＋动词＋补语　　　　　　　　（45）我能买到去上海的飞机票。
　　泰语：能＋动词＋短语＋补语（得）　　（45）我能买票飞机的去上海得。
2. 趋向补语的可能式：
　　汉语：动词＋得/不＋趋向补语
　　　　（46）进得来　（47）进不来　（48）拿得起来　（49）拿不起来
　　泰语：动词＋趋向补语＋得/不得
　　　　（46）进来得　（47）进来不得　（48）拿起来得　（49）拿起来不得
3. 程度补语中动词受事在程度补语的位置：
　　汉语：施事＋受事＋动词＋得＋形容词　　（50）玛丽篮球打得不太好。
　　泰语：施事＋动词＋受事＋得＋形容词　　（50）玛丽打篮球得不太好。

三、汉泰语表达方式不同导致的难点

　　此类难点是由于汉泰语的表达方式不同所造成的，即泰语和汉语都有类似的表达方式，但表达方式不同，所以给泰国学生的学习带来一定困难。以下将分级介绍：

（一）一级语法项目

名词谓语句：
　　汉语：主语＋年龄　　　　　　（51）玛丽 20 岁。
　　泰语：主语＋年龄　　　　　　（51）玛丽年龄20年。
　　汉语：主语＋籍贯　　　　　　（52）王明上海人。
　　泰语：主语＋籍贯　　　　　　（52）王明人上海。

　　汉语年龄的量词是"岁"，光说"数词＋岁"的时候就知道指的是年龄。但泰语里年龄的量词是"年"，光说"数词＋年"的时候指的不一定是年龄，所以泰语里必须在数词前面加名词"年龄"。

（二）二级语法项目

1. 时间名词的表达：
　　汉语：年、月、日　　　　　　（53）2007 年 12 月 5 日
　　泰语：日、月、年　　　　　　（53）日 5 月 12 年 2007
　　汉语的表达是从大到小，而泰语是从小到大，这属于两种语言的固定表达形式。
　　汉语：星期…　　　　　　　　（54）星期一　（55）星期天
　　泰语：วัน…（天…）　　　　　（54）วันจันทร์　（55）วันอาทิตย์

2.人民币钱数表达：
  汉语：…元/块…角/毛…分   (56)105块6角8分。
  泰语：…泰铢…士丁   (56)105泰铢50士丁。
  汉语：主语+钱数   (57)这本书32块5毛。
  泰语：主语+钱数   (57)书本这价格32泰铢50士丁。
  汉语：主语+钱数   (58)3斤苹果10块钱。
  泰语：主语+钱数   (58)苹果公斤半价格50泰铢。

3.用疑问代词的特殊疑问句：
  汉语：什么+名词   (59)你叫什么名字？
  泰语：名词+什么   (59)你名字什么？
  汉语：多少+名词   (60)这本书多少钱？
  泰语：名词+多少   (60)书本这价格多少？

汉语的疑问代词在名词之前，而泰语在名词之后。
  汉语："多大"   (61)你的孩子多大了？
  泰语："多少"   (61)孩子的你年龄多少了？

泰语里用"多少"来问数量，而且"多少"前面是名词，如：年龄多少？（多大的意思）价格多少？（多少钱的意思）。

4.动词重叠：
  汉语：AA+量词+宾语   (62)我试试这件衣服。
  泰语：AA+宾语+量词+看   (62)我要试衣服这件看。

汉语动词重叠表示语气减轻，但泰语中如果要表达减轻动作的语气，则不能将动词重叠，而是要说成"试…看"。所以初学汉语的泰国学生很少用动词重叠句，而是使用与泰语语序一致的结构将"一下"放在句末表达语气的减轻。

5."的"字结构：
  汉语：形容词+的   (63)红的好看。
  泰语：的+形容词   (63)的红好看。

"形容词+的"的定中结构，汉语与泰语的顺序正好相反。另外，汉语的"的"所指的意义比泰语广泛。在泰语里要说出主事的量词，如："红的（衣服）漂亮"，在泰语里衣服的量词是ตัว（件），整个句子就要说成"件红好看"（红件好看）；再如鞋子，泰语里鞋子的量词是คู่（双），整个句子就要说成"双红好看"（红双好看）。

(三)三级语法项目

1.介词：引起空间方位作状语"向"、"往"：
  汉语：向+方向+动词短语   (64)(你)一直向北走。

泰语：动词短语+去边+方向　　　　　　　(64)(你)走去边北一直。
汉语：往+方向+动词短语　　　　　　　　(65)往右拐。
泰语：动词短语+(去边)方向　　　　　　　(65)拐(去边)右。

泰语没有"向"和"往"这两个词,所以泰国学生初学汉语时也不习惯用这样的句子,而只会简单说成"走去边北一直"或"拐右"。

2.事件正在进行的表达：

汉语：主语+正+动词短语+(呢)　　　　　(66)布朗正看书呢。
泰语：主语+(正在)动词短语+着(呢)　　　(66)布朗(正在)看书着呢。
汉语：主语+在+动词短语+(呢)　　　　　(67)玛丽在睡觉(呢)。
泰语：主语+(正在)动词短语+着(呢)　　　(67)玛丽(正在)睡觉着呢。

汉语里的"正"和"在"可以分开用,也可以连在一起用,放在动词之前。但泰语里表达动作正在进行只有"正在"一个词,结构形式为"主语+正在+动词+着"或省略为"主语+动词+着"。

3.正反疑问句：

汉语：主语+ Adj.不 Adj.?　　　　　　　(68)那件衣服贵不贵?
泰语：主语+ Adj.+吗?　　　　　　　　　(68)衣服件那贵吗?
汉语：主语+V 没 V+(宾语)?　　　　　　(69)你看没看电影?
泰语：主语+V(宾语)+了没?　　　　　　(69)你看电影了没?

泰语里没有正反疑问句,以上例句则分别用"贵吗?"和"了没?"来表达。

(四)四级语法项目

1.时间副词作状语"已经"：

汉语：主语+已经+动词短语　　　　　　(70)他们已经下班了。
泰语：主语+动词短语　　　　　　　　　(70)他们下班了。

在泰语里,一般不用"已经",因为光用"了"就可以表示事情已经完成。

2.时间副词("再/又")作状语：

汉语：主语+再+动词短语　　　　　　　(71)你再听一遍。
泰语：主语+动词+再+短语　　　　　　　(71)你(试)听再(一)遍。
汉语：主语+又+动词短语　　　　　　　(72)他又说了一遍。
泰语：主语+动词+再+短语　　　　　　　(72)他说再遍了。

首先,此句式的"一遍",泰语要去掉数词"一"。在汉语里"再"和"又"表达不同的概念,但在泰语里则用同一个词,所以表达"又"时必须加上"了"。

3.助词"了"的用法：

汉语：主语+动词+了+名词+就/再+动词短语　(73)我吃了饭再去。

65

泰语:主语+动词+名词+了+再+动词短语　　(73)我吃饭完了再去。

助词"了"表示动作完成,汉语的表达方式是"动词+了",但泰语是"动词+动作的结构+了",例如:"吃完了"。

4.时量补语:

汉语:动词+过+时量+名词　　(74)我吃过两次烤鸭。
泰语:过+动词+名词+时量　　(74)我过吃鸭烤两次。

动词+过,泰语的说法是"过+动词",汉语的时量补语位置比泰语灵活,而泰语的时量补语只能放在句尾。

(五)五级语法项目

1.趋向补语的引申用法:

汉语:动词+上+名词　　(75)关上窗户。
泰语:动词+名词　　(75)关窗户。
汉语:动词+下　　(76)脱下大衣。
泰语:动词+出　　(76)脱衣服出。

泰语里没有"动词+上+宾语"的结构,而是直接使用"动词+宾语"。"动词+下"的结构泰语中也存在,但根据不同的动作,可以用不同的词来引申。如:"脱衣服"用"出","放心"用"下"等。

2."把"字句,泰语里没有"把"字句:

汉语:主语+把+名词+动词+形容词　　(77)我把房间打扫干净了。
泰语:主语+动词+名词+到+形容词　　(77)我打扫房间到干净了。
汉语:主语+把+名词+动词+趋向　　(78)你把铅笔递过来。
泰语:主语+动词+名词+来一下　　(78)你递铅笔来一下。
汉语:主语+把+名词+动词+在+地方　　(79)我把车停在学校门口了。
泰语:主语+动词+名词+在+地方　　(79)我停车在门口学校了。
汉语:主语+把+名词+动词+到+地方　　(80)请你把我的包拿到205房间。
泰语:主语+拿+名词+动词+放在+地方　　(80)你请拿包的我去放在房间205。
汉语:主语+把+名词+动词+给+某人　　(81)他把这封信交给了玛丽。
泰语:主语+动词+名词+给+某人　　(81)他交信封这给玛丽了。

通过以上的对比分析我们可以看出,就《大纲》中的汉语语法点,泰国学生学起来,其难点有共性的,也有个性的,以下分别对泰国学生学习汉语语法的两方面难点进行阐述。

第一方面:汉泰语"语序"不同而引起的难点,《大纲》里五个级别的常用汉语语法项目中,汉语和泰语的差别主要是"定语与中心语"和"状语与中心语"的位置相反。少部分是由补语位置的不同而引起的难点,汉语补语在谓语之后,而泰语补语有的在谓语之前,有的在谓语之后。

对泰国学生进行这些语法项目的教学时,教师应该意识到这些差异,并加以重视。对于高年级的学生则应该向学生说明它们的相反现象,然后让学生不断操练以适应汉语的语序。

　　第二方面:汉泰语"表达方式"不同而引起的难点。在一级至五级的难点中,有的是汉语里有而泰语里没有的语法结构形式,有的是汉语和泰语都有,但是表达方式不同的语法结构形式。对泰国学生进行这些语法项目的教学时,教师同样应该意识到这些差异,并加以重视。应该让学生记住并熟练运用此类语法难点,这样可以使学生逐渐熟悉汉语语法的规律。

四、教学建议

　　总结泰国学生汉语语法学习的难点是为了更好地解决困难。根据上文的总结,笔者希望提出一些自己对于泰国学生汉语语法教学的建议:

　　1.教师应了解泰国学生学习汉语语法的困难,并根据上述的两方面学习难点来设计适合本国学生的教学计划和教学方法,在教学中有所侧重,力求做到对症下药,这样才会收到事半功倍的效果;

　　2.有关部门可以根据以上所说的两方面学习难点来制定出适合泰国学生的课程大纲,以方便教师对自己的授课重难点的把握;

　　3.教材编写者可以参照以上两方面学习难点来编出适合泰国学生的汉语教材,更清晰明了地说明教学中应加以重视的部分,以便学生更加顺利地掌握汉语。

五、结　语

　　语法教学作为汉语教学的核心之一具有重要地位,是贯穿整个语言学习的内容,掌握语法中的重点难点是汉语学习至关重要的一环,决定着学生是否能准确、高效地完成学习任务。本文参照《国际汉语教学通用课程大纲》语法部分的五个等级与泰语语法进行对照研究,找出泰国学生学习汉语语法的优势和两方面学习难点。找出优势有助于提高学生学习的积极性,节省教学时间;找出难点利于帮助教师有所侧重地教授语法内容,达到事半功倍的效果,最终进一步增强泰国汉语语法教学的效果。希望本文所提出的泰国学生汉语语法学习的问题、难点及建议能对泰国的汉语语法教学有所助益。

参考文献:
吴应辉、龙伟华、冯忠芳、潘素英(2009)泰国促进汉语教学,提高国家竞争力战略规划,《国际汉语教育》第
　　1期。

裴晓睿(2010)《泰语语法新编》,北京:北京大学出版社。
国家汉语国际推广领导小组办公室(2007)《国际汉语教学通用课程大纲》,北京:五洲汉风教育科技有限公司印制。

作者简介:

潘素英,女,泰国南邦人,中央民族大学国际教育学院语言学及应用语言学专业汉语国际传播研究方向在读博士。

张斌主编《现代汉语描写语法》由商务印书馆出版

ISBN:978-7-100-07022-5　16开精装　189元

- 我国第一部大型汉语共时描写语法著作。
- 著名语法学家、教育家张斌先生主编。
- 全国23所高校的30多位学者,历时十余载共同撰写完成。

《现代汉语描写语法》以结构主义和三个平面理论为基础,建构了从词法到句法、从结构到范畴、从分析到综合、从描写到解释这样一个贴近汉语事实的严密的语法学体系。

《现代汉语描写语法》不仅构建了完善的汉语语法学体系,而且大大拓展了研究范围,如增加了对语法范畴的讨论,把"重叠"和"语序"这些问题分别独立为一章单独考察,增加了语义分析和篇章分析,使得句法、语义、语用结合起来。同时在具体问题的讨论中,该书更注重研究的深度,如把空间范畴分为方向、形状、位置三个子系统,把语气范畴分为功能语气和意志语气两个大类八个小类,该书对每一个系统和小类都进行了细致、深入的描写。另外,该书还首次区分了名词的特类和附类,并对各个特类和附类的特点进行了概括。这样细致、深入的观察和描写在各个具体问题的讨论中都有所体现,使我们对现代汉语语法有了更加深入的认识,也充分体现了该书作为参考语法的价值。

《现代汉语描写语法》的另一鲜明特色是不仅有对汉语语法现象的全面、深入的描写,也有在此基础上的合理、科学的解释。该书既回答了"是什么"和"怎么样"的问题,也回答了"为什么"的问题,充分体现了当前语言学发展的趋势,反映了汉语语法研究的最新进展。

《现代汉语描写语法》可供汉语研究者、汉语信息处理工作者和汉语教师、对外汉语教师、语文教师、语文工作者和爱好者、学生随时查阅,解疑释难。

缅甸汉语教学情况调查及汉语教材本土化思考

〔缅甸〕黄金英

内容提要：本文简要介绍了缅甸公立外国语大学和私立华文学校（以下简称华校）的历史沿革、地理分布和办学规模，介绍了公立外国语大学汉语系和主要私立华校的汉语教材使用情况，较为全面地探讨了缅甸汉语教材本土化的若干问题。

关 键 词：缅甸汉语教学；调查；本土化汉语教材

An Investigation into the Situation of Chinese Language Teaching in Myanmar and a Reflection on the Localization of Teaching Materials

（Myanmar）Zin Yu Myint

Abstract: This paper briefly describes the history, geographic distribution and scope of teaching in national foreign language universities and private Chinese language schools in Myanmar. It also introduces about the teaching materials used these schools and further explores some issues about the localization of Chinese language teaching materials in Myanmar.

Key words: Chinese language teaching in Myanmar; Investigation; Localization of Chinese teaching materials

全缅汉语教学分为公立与私立两类。由缅甸政府所创办的两所外国语大学分别位于缅甸原首都仰光和第二大城市曼德勒。大部分私立华校主要分布于缅北地区。缅南地区也有少数华校，但规模不大。缅甸汉语教学分为两种：一种是汉语作为母语的教学，另一种是汉语作为第二语言的教学。针对不同的学习对象、教育目的和教学模式，汉语教学所使用的教材有所差异。

一、缅甸私立华校汉语教学情况简介

(一)缅甸私立华校地理分布

按地理位置划分,缅甸私立华校的汉语教学可分为两个部分:缅北汉语教学和缅南汉语教学。缅北主要包括缅甸第二大城市、缅甸末代皇朝古都曼德勒市(又称瓦城)及其以北的上缅甸地区(如:东枝、腊戌、密支那等地);缅南则包括以原首都仰光为中心的下缅甸地区。缅北地区的华校较多,占缅甸全部华校的94.3%,且规模较大,教师水平较高,教学较为规范。而缅南汉语教学则零零星星,只占缅甸华校总数的5.7%,且学校规模较小,教师和学生人数较少,水平相对较低。针对不同的学习对象,缅甸汉语教学有两种不同的教学模式:母语教学与第二语言教学。缅北汉语教学把汉语作为母语进行教学;缅南汉语教学则把汉语作为第二语言教学。[1] 大多数缅北华校使用作为母语教学的台湾教材,其教学内容是语文知识和文化教育。而缅南华校主要使用的是用于第二语言教学的中国大陆教材,其教学媒介语为缅语或双语,教学内容是语言和文化。

(二)缅甸私立华校历史与主要华校介绍

1965年4月,缅甸政府颁布了《私立学校国有化条例》,下令将全国所有私立中小学收归国有。此后,全缅200多所华校被缅甸政府接管。后来,一些失业的华文教师在各地兴办了不少华文补习班。但1967年"6.26"排华事件发生后,华文补习班也被政府禁止。直到20世纪70年代末80年代初,上缅甸地区一些华人华侨以讲授佛经的名义,又开办了一些华文补习班,才使得华校勉强恢复和发展起来。这种状况一直延续至今,但华校的数量和规模已经有了较大的发展。

随着汉语热在全球不断升温,缅甸私立华校的数量在不断增加。目前,全缅华校约三百余所,上百人的华校有三十余所。[2]

---

[1] 吴应辉、杨叶华(2008)缅甸汉语教学调查报告,《民族教育研究》第3期。
[2] 鲜丽霞(2008)缅甸汉语教学简论,《国际汉语教学动态与研究》第1期。

二、缅甸政府外国语大学汉语教学简介[①]

缅南的仰光外国语大学及缅北的曼德勒外国语大学是全缅仅有的两所由政府开办并设有汉语专业的大学。目前,汉语是在公立大学的七种主要外语中选修人数增长最快的语言之一。

仰光外国语大学的前身是成立于1964年的仰光外国语学院,1996年改为现名。该校于1965年设立汉语系。1997年,国家教育部将仰光外国语学院分为仰光外国语大学及曼德勒外国语大学。从建校起,曼德勒外国语大学便设有汉语系,系主任及骨干教师均由仰光外国语大学汉语系派出,其办学层次、课程设置、所使用的教材也与仰光外国语大学无异,只是规模略小。

这两所大学最初只有汉语专科,没有汉语本科。只有其他专业大学毕业的学生才能到这两所大学将汉语作为一门专业外语学习。直到2000年,两所大学同时开设本科班,从此以后,高中毕业生就可以考入这两所大学的汉语系,并在本科阶段把汉语作为专业学习。目前,两所大学总共有33位缅甸籍汉语教师和2位中国籍汉语教师。所开设的班级分为本科班、专科班以及业余班。本科班的招生对象为高中毕业生,专科班的招生对象为大学毕业生(与中国不同),业余班的招生对象为中文水平零起点的成年人。

两所大学每年招生名额1 000余人。其中本科班250余人,专科班500余人,业余班600余人。本科班为3年制,专科班为4年制(每周10课时,上课时间为早7点至早9点),业余班为3年制(每周6课时,上课时间为晚5点至晚7点)。

三、缅甸汉语教材现状调查结果

(一)私立华校的汉语教材现状

缅甸尚无本土化的汉语教材,目前缅甸汉语教材以中国大陆和台湾的教材为主。缅北90%以上的华文学校均采用中国台湾版教材[②],其中学生人数最多、规模较大、较典型的是缅北曼德勒孔教学校。使用大陆教材的华校当中学生人数超过一千、规模较大、较典型的是缅北曼德勒福庆语言电脑学校。

[①] 本部分内容由曼德勒外国语大学汉语系助教苏君恬介绍,谨致谢忱。
[②] 吴应辉、杨叶华(2008)缅甸汉语教学调查报告,《民族教育研究》第3期。

表1:缅甸曼德勒孔教学校汉语教材及用汉语写成的其他教材情况表①

教学对象	年级	教材	出版社	学年
小学	一、二年级	《国语》	中国台湾"国立编译馆"	6年制
		《社会》		
		《数学》		
	三至六年级	《国语》		
		《生活》		
		《数学》		
初中	一年级	《初中国文》	中国台湾"国立编译馆"	3年制
		《数学》		
		《生物》		
		《生活》(中一)		
	二至三年级	《初中国文》		
		《数学》		
		《理化》		
		《生活》(中二、三)		
高中	一年级	《高中国文》(高一)	中国台湾"国立编译馆"	3年制
		《数学》		
		《历史》		
		《地理》		
		《英文》(高一)		
		《物理》		
		《化学》		
		《生物》		
	二至三年级	《高中国文》(高二、高三)		
		《数学》		
		《历史》		
		《地理》		
		《物理》		
		《化学》		
		《生物》		
		《英文》(高二、三)		

---

① 本部分表1、2数据由缅甸曼德勒福庆语言电脑学校幼儿园副主任杨成金老师提供,谨致忱。

表2：缅甸曼德勒福庆语言电脑学校汉语教材及用汉语写成的其他教材情况表

教学对象	年级	教材	出版社	学年
小学	一至六年级	《汉语》	暨南大学	儿童6年、成人3年速成
		《说话》		
		《中国文化常识》		
		《汉语口语惯用语》		
		《初级中国语文》	外文	
初中（初级班）	一至二年级	《汉语》	暨南大学	2年制
		《说话》		
		《中国文化常识》		
		《汉语口语习惯用语》		
		《高级口语》	北京语言大学	
		《桥梁》		
		《中级中国语文》	外文	
初中（高级班）	三年级	《高级口语》	北京语言大学	1年制
		《汉语口语习惯用语》		
		《古代汉语读本》	南开大学	
汉语言文学专科函授班	一至二年级	《高级汉语教程》	经济科学	2年制
		《现代汉语》	高等教育	
		《中国历史地理简明读本》	不详	
		《写作概论》	华中师范大学	
		《古代汉语读本》	南开大学	
		《中国古代作品文学选》	高等教育	
		《计算机应用基础》	辽宁人民	
		《中国现当代文学作品选》	湖南师范大学	
		《中国哲学史》	北京语言大学	
		《中国文化概论》	北京师范大学	

　　以母语教学为主的华校统一使用中国台湾《国语》（繁体）教材。以第二语言教学为主的华校使用的教材是中国大陆的简体教材。由于学习对象、学习时间等的差异，华校所选择的大陆教材可谓五花八门。其中，大部分华校使用的都是暨南大学出版社出版的《汉语》、《说话》和北京语言大学出版社出版的《桥梁》、《高级口语》。表1、表2所列举的教材均为学生人数上千、办学较成功的两所华校——缅北曼德勒孔教学校与曼德勒福庆语言电脑学校所使用的汉语教

材及用汉语写成的其他教材。

(二)缅甸政府外国语大学汉语系汉语教材现状

由于缅甸缺乏本土化教材,政府开办的两所外国语大学汉语系所用教材亦是中国大陆教材。大部分学习者都是缅甸人,也有少部分混血华裔。学习对象决定了这两所大学是将汉语作为第二语言进行教学。表3所列的教材是缅甸两所政府外国语大学汉语系目前使用的教材。

表3:缅甸政府外国语大学(汉语系)汉语教材情况表[①]

教学对象	年级	教材	作者	出版社	学年
本科	一年级	《汉语初级教程》(第一册)	邓懿	北京大学	3年制
		《新世纪汉语学习指导》(第一册及第二册)	董玉国	北京语言大学	
		《初级汉语课本》	鲁健骥	北京语言大学	
	二年级	《汉语初级教程》(第二册及第三册)	邓懿	北京大学	
		《新世纪汉语学习指导》(第三册及第四册)	董玉国	北京语言大学	
		《中级汉语听和说》	北京语言文化大学汉语学院汉语系	北京语言大学	
		《桥梁:实用汉语中级教程》上册	陈灼	北京语言大学	
	三年级	《中级汉语听和说》	北京语言文化大学汉语学院汉语系	北京语言大学	
		《汉语中级教程》(第一册)	杜荣	北京大学	
		《桥梁:实用汉语中级教程》下册	陈灼	北京语言大学	
		《对外汉语教学实用语法》	卢福波	北京语言大学	
		《汉语写作教程》	赵建华、祝秉耀	北京语言大学	
专科及业余班	一至四年级(业余班:一至三年级)	《速成汉语初级教程》(综合课本)(第一至四册)	郭志良	北京语言大学	4年制(业余班:3年制)
		《汉语初级口语教程》(上、下册)	杨寄洲、贾永芬	北京大学	
		《新世纪汉语学习指导》(第一至四册)	董玉国	北京语言大学	
		《汉语初级教程》(第一至三册)	邓懿	北京大学	
		《汉语中级教程》(第一册)	杜荣	北京大学	

[①] 本部分表3数据由缅甸仰光外国语大学汉语系副讲师杜恳美秋及曼德勒外国语大学汉语系助教苏君恬提供,谨致谢忱。

四、对缅甸汉语教材本土化的思考

刘珣先生在《对外汉语教育学引论》中写道:"在教学活动的四大环节中,教材占有很重要的地位。它是总体设计的具体体现,反映了培养目标、教学要求、教学内容、教学原则;同时教材又是课堂教学和测试的依据。因此,在第二语言教学中教材起着纽带的重要作用。"刘珣先生甚至指出:"没有好的教材,就好比是无米之炊,高手也难以施展。"对一位本土的中文教师而言,借鉴已有的中文教材,编写出适合本国中文学习者实际情况的本土化教材是一项重要且十分有价值的工作。

要实现缅甸汉语教材的本土化,需要考虑以下几个问题:

(一)无论哪种教材都不可能尽善尽美,它们都需要不断地修订,不断地完善。笔者认为好的教材应能在各方面尽可能地适应学习者。缅甸一直以来是个思想较保守的国家,学生独立思考能力不强,并较为缺乏发表意见的能力。因此,应该有一套既具有丰富的语言素材又能开发学习者思维能力的教材配合汉语教学,从而开拓学习者的视野、提高学习者的思考能力。

(二)由于历史和意识形态因素,至今缅北 90% 以上的华校均采用台湾版教材,属于母语教学。[①] 但是,笔者认为缅甸应在此基础上研发以母语教学为主和以第二语言教学为主的两类本土化汉语教材,这样对不同的学习对象更具针对性。

(三)语言是文化的载体。不同国家、不同民族都有自己的语言和文化。在不同文化背景下,学习目的语国家的语言和文化的同时,也应进一步了解自己所在国的文化。因此,不宜简单地引进、使用具有普适性的中国台湾或大陆的汉语教材,而应该编写、使用具有缅甸特色的本土化汉语教材。譬如除了介绍春节、端午节、中秋节等中国传统佳节外,增加对缅甸的泼水节、点灯节、敬老节等传统民间佳节的介绍。除了介绍万里长城、内蒙古草原等中国名胜外,还应介绍仰光大金塔、最后一个王朝——贡榜王朝的皇宫等缅甸的旅游胜地。

(四)研发以母语教学为主的本土化汉语教材时,应借鉴中国台湾地区出版的《国语》教材,并做相应的改进。其一、在生字字量和文章难度统计分析的基础上,以母语教学为主方面,本土化汉语教材应与《国语》保持一致性。其二、缅甸以母语教学为主的学生多使用繁体字,因此,编写教材时最好选择能够培养学习者备有"写简认繁"能力的方案,如教材中附加汉字繁简对照表等。其三、反切注音法注音应改为汉语拼音注音。其四、内容选材范围应像《国语》那样广泛,但内容上应注意调整,使之更适合缅甸国情和缅甸华人的社会情况。

(五)由于中国大陆《汉语》等教材生字难度较低,生僻字少,生字重现率高,因此,研发以第二语言为主的本土化汉语教材时应在这些方面有所借鉴。

---

① 吴应辉、杨叶华(2008)缅甸汉语教学调查报告,《民族教育研究》第 3 期。

(六)研发缅甸本土化汉语教材时,应先组织一支优秀的教师队伍,最好由中缅专家共同组成。这些教师不仅应在教学方面具有丰富的经验,而且需要通晓中缅两国的历史、文化和国情。这样,所研发出来的教材才能消除学习者语言和文化的心理隔阂。

　　本文只是对缅甸汉语教学情况及汉语教材本土化的初步研究,很多方面有待于深化。若将来缅甸能编写出本土化汉语教材,若缅甸华校都能统一地使用本土化教材,学习中文的学生(华裔及缅族)彼此之间就能感到学习上的平等感。

参考文献:

刘珣(2000)《对外汉语教育学引论》,北京:北京语言大学出版社。
缅甸华文教育的发展与问题(2008)凤凰博报网,http://blog.ifeng.com/article/1428438.html,5月2日。
吴应辉、杨叶华(2008)缅甸汉语教学调查报告,《民族教育研究》第3期。
鲜丽霞(2008)缅甸汉语教学简论,《国际汉语教学动态与研究》第1期。

作者简介:

黄金英,女,缅甸籍,中央民族大学国际教育学院语言学及应用语言学专业汉语国际传播研究方向在读博士。

《汉语作为第二语言的词汇教学》出版

　　《汉语作为第二语言的词汇教学》由中央民族大学国际教育学院曾立英编著,该教材主要面向汉语国际教育硕士及汉语教师志愿者介绍汉语作为第二语言词汇教学的内容与方法。其主线围绕汉语作为第二语言学习时的习得规律和教学规律展开,从如何分词,到词的构造、解释,到词汇偏误分析,到词库、语料库等语言教学资源的应用,以及词汇教学及其教学案例分析,体现了词汇教学的系统观、认知观与应用观。

缅甸华文学校国语课教学状况分析
——以曼德勒华文学校为例

〔缅甸〕邹丽冰

内容提要：本文简述缅甸曼德勒华文学校国语课的教学现状,分析教学过程及教学特色,指出国语教学中存在的问题及其成因:(1)教师的教学方法陈旧;(2)教材内容老化,教学设备落后;(3)教学制度不严格。最后,提出改进缅甸华文学校国语教学的若干思考。

关　键　词：缅甸华文学校;国语教学;教学现状

An Analysis on Mandarin Teaching at Myanmar Chinese Schools
—A Case Study of the Mandalay Chinese Language School

(Myanmar) Wai Wai Thi

Abstract: This paper describes the teaching situations, teaching processes and teaching characteristics of the Mandarin teaching and learning in Mandalay Chinese Language School, Myanmar. Problems existing in Mandarin teaching are especially discussed as follows: (1) outdated teaching methods of teachers; (2) aging teaching materials and obsolete teaching equipments; (3) unprofessional teaching system. Finally, the paper gives the answers to improve Mandarin teaching in Mandalay Chinese Language School.

Key words: Chinese Schools in Myanmar; Mandarin teaching; Teaching situations

引　言

缅甸第二大城市曼德勒是缅甸华人聚居的主要城市,华文教育主要有孔教、福庆、明德三大华校及大大小小的私人汉语补习班。孔教学校拥有4个分校,办学规模居全缅之首。孔教与明德学校均使用中国台湾的教材。曼德勒福庆学校是一所将汉语作为第二语言进行讲授的学校。本文以孔教学校和明德学校为代表的缅甸华文学校国语课的教学为研究对象。这里所说的"华文学校国语课教学"指的是传统意义上的、以汉语为母语的华文教学,以汉语为外语的教学不在本文的探讨之列。

华文学校国语课的教学是华文教学研究的重要课题之一,与其教学制度、教学用书、教师水平等密切相关。本文根据笔者在缅甸华校工作的实践经验和田野调察撰写而成。

一、缅甸华文学校教学现状

缅甸的华文教育(汉语教学在当地称"华文教育")始于19世纪末,首先是由定居缅甸的华侨自行筹资在民间进行的。据有关记载,1872年(清同治十一年),仰光广东观音庙即开设了以读《三字经》、《千字文》为主的私塾。1965年,缅甸政府在仰光外国语学院设立了汉语系,开始了官办的汉语教学。但与此同时,缅甸政府又公布了《私立学校国有化条例》,将全缅近300所华校全部收归国有,并按缅甸的教育大纲进行教学,从而取消了民间的华文教育。[①]此后,缅甸华文教育便不能以"正规"的方式出现,只能以宗教的名义开办,如"XX 佛经学校"。1988年,军政府执政后鼓励国民发展信息工业,华校便顺应潮流,以发展信息科技为目标,以创办"语言计算机学校"为名寻求"合法化"的途径。

缅甸目前约有200多万华人,当地华人华侨一直热衷于发展缅甸的华文教育,华文学校多为当地华人社团组织创办的非盈利学校。据统计,缅北有几百所华文学校,学生人数千人以上的较大规模的华文学校有40到50所,学生人数共达6万多。这一数字也可看做是全缅甸华文学习者的人数,因为缅甸南部华文学校较少。[②]

曼德勒华文学校的学生主要是当地的华裔,多数是5至20岁的云南华裔。他们从小上两种学校:华文学校和缅甸政府学校。缅甸华文学校的学制是从幼稚班到高中:幼稚班1年,小学6年,初中3年,高中3年,高中毕业后可报考中国台湾的大专院校。

缅甸政府重视缅文学校而不支持华文教育,华文学校一般都无法进行全日制授课,只能利用缅文学校课时以外的时间进行教学,即早上6—8点或下午4—6点这两个时段。每学时50分钟,每周上课6天。小学至初中阶段,只上一个时段的华文课,或选择早上授课时段或选择下午授课时段。高中班的上课时间为早上6—12点,学生大都是缅文学校的高中毕业生,各班人数为20—40人。华文小学开设的课程有"国语"、"数学"、"社会"、"健康教育";初中和高中

[①] 熊琦、张小克(2006)缅甸汉语教学概况,《世界汉语教学》第3期。
[②] 东南亚华文教学研讨会秘书处缅甸首席代表、缅甸曼德勒福庆孔子课堂理事长李祖清参加第八次全国归侨侨眷代表大会的访谈,http://gb.cri.cn/1321/2009/07/08/661s2557250.htm。

除小学的四门课程外又增加了"地理"、"历史"、"物理"和"化学"。小学到高中"国语"与"数学"都是主要课程,其他的都是次要课程,因此"国语"与"数学"课每星期各有四节,其他课程只有一到两节。除"国语"外,其他课程如"数学"、"物理"、"化学"、"地理"、"历史"等也都用汉语授课。所用教材多数是中国台湾本地的母语教材(繁体字,标注音符号)。"国语"课的教学内容多为历史故事、人物介绍、文化篇、古诗等。每年的3月1日和9月1日分别是缅甸华文学校的上、下学期开学日期。每学期有22周,最后两周是复习周与考试周,教学时间只有20周。学校规定每学期必须教完一册课本。例如小学一年级到六年级共有12册,每册一般都有20—22篇课文,每星期必须教完一课,也就是4学时讲完一篇课文。缅甸华文学校的教师大都是当地的华人,华文学校高中毕业后留校继续任教,教学用语为汉语。

以下是缅甸曼德勒孔教学校与明德学校的开设课程及周学时:

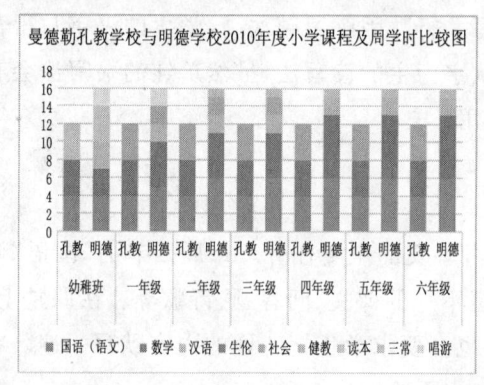

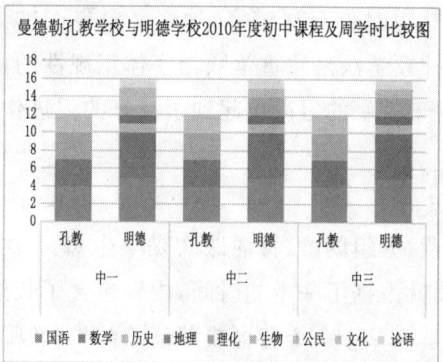

二、缅甸华文学校的国语课教学现状

传统意义上的华文学校,除国语外,还开设数学、物理、社会、地理、历史等课程,所有课程均用汉语授课。缅甸华文学校国语课的教学明显沿袭了中国古代私塾教育的模式,这是缅甸华校的一大特色。国语课教学主要采用以教师为主的灌输式教学法,教学过程具体包括模仿记忆、以汉字认读为主的读写和诵读等几个主要环节。

(一)以教师为主的灌输式教学法

缅甸华文学校中小学"国语"的教学过程大都是由教师主导和输入。由于受到当地文化和中华文化中尊师重道思想的深刻影响,学生非常听话,因此教师很容易控制课堂。他们只需把词汇和课文意思解释给学生,并不与学生进行课堂互动。课堂上,教师的地位和权威很高,学生从不敢提问。可以说,这是一种陈旧的传统的灌输式教学法,是以教师为主的灌输式教学法。

(二)模仿记忆

华文学校的教材只有课本,没有录音磁带和练习册等相关的教学辅助材料。学生在课堂上模仿老师的发音,模仿老师的话语,跟着老师抄写练习,课上课下背生词、背课文。诚然,记忆法有助于语言的习得,但缺少交际互动的大量死记硬背必然会降低学习者的兴趣。

(三)以认字为主的读写

缅甸华文学校的学生,从幼稚班开始就练写汉字。"国语"课的第一、二节课,老师先选出课文里的生字、生词进行讲解,然后领读课文三遍,之后全班学生一起读一遍,分组读一遍,最后老师讲解课文。学生们的家庭作业是写生字、背课文,每个生字要抄写一行(8至12个字)。听写或默写时如有写错字,学生又要再次抄写一行。因练习频次高,学生的汉字写得都很端正。这种教学法是注重笔顺与字体正规性的认字为主的读写法,虽然单纯的书写法会有些单调,但对于汉字的习得也起到了良好的促进作用。

(四)诵读

跟读、分组朗读、背诵课文是学生每天学习华文的主要任务。每周四节的"国语"课上朗读、背诵就占据了一半的时间,内容包含了长短不一的课文、问答题、诗歌等。在课堂上,教师会安排学生一个一个背诵或朗读。此外,教师也会要求学生把背诵的内容默写一遍。在背诵朗读的过程中,教师没有特别强调语音和语调,也不给学生纠音。

三、缅甸华文学校国语教学存在的问题及成因

在缅甸华校的国语课上教师是课堂的驾驭者,以教师为中心的灌输式教学法和教师领读、学生跟读的教学形式非常单调,课堂气氛不活跃。学生渐渐感到学习枯燥,失去学习兴趣。这也导致教师和学生的关系疏远,学生不敢主动提问,老师提问时学生也不敢回答。

由于华文学校的国语教材只有课本,没有练习册,学生必须跟着老师抄写练习题,所用时间就有半节课。而每天只有两个课时,抄写就耗费了不少时间。另一方面,目前所学的汉字都是繁体字,教学过程中只是让学生一笔一画地抄写,没有将汉字分为形声字、会意字、假借字、象形字等进行教学。因此学生要牢记的笔画特别多,给他们增加了很多压力。

缅甸华文学校的国语课教学只注重学生的考试成绩,忽略了学生学习的过程与方式。为了考出佳绩,背诵课文是非常关键的。学生们为了敷衍考试,背诵课文时背得滚瓜烂熟,但实际应用时却无法做到学有所用。

笔者认为,造成缅甸华文学校国语课教学不理想的原因主要是以下几点:

(一)教师的教学方法陈旧

缅甸华文教师所受教育是传统教学,他们又把这样的教学法依葫芦画瓢传授给自己的学生。虽然大多数教师具有敬业精神和较高的汉语水平,但他们的语言学理论功底不够,语言教学知识薄弱,没有系统地学习过教学法知识。另外,有些教师课前准备不充分,没有写具体详细的教案,教学过程也只注重完成课程任务,不注重教学技巧的运用。虽然有的教师参加过中国海外交流协会和中国台湾高校教师赴缅开办的教师培训班,但培训教材和教学法不符合缅甸的汉语教学情况,再加上培训时间非常短暂,所以缅甸华文学校的国语课教学依然没有得到改进。

(二)教材内容老化,教学设备落后

缅甸华文学校目前所使用的教材是中国台湾的课本,文字是繁体汉字,标有注音符号,在缅甸翻印成黑白纸质教材。所有教材只有学生用书,没有练习册、教师手册,也没有课程大纲、课程标准等教学文件。教师根据自己的理解,从课文中选择相关的内容进行问答题练习,选项或答案也都由教师自己编写,没有统一标准答案。教具只有黑板和粉笔。不配套的教材和落后的教学设备都严重阻碍了华文教学的发展。

(三)教学制度不严格

缅甸华文学校没有严格的教学制度。学校只重视学生的考试成绩,对教师工作好坏的评估主要根据学生成绩的好坏而定。学校也没有制定具体的规章制度,一般只要求教师遵守校规、准时上下课、在课堂上不能出现用字错误等。

对学生的考核和评估也都是通过考试来衡量。如果上、下两个学期考分的平均分没有达到及格分(60%),就要留级。考试内容以课本为主,但是没有明确的考试大纲,出题也没有参考标准。例如,学生并不知道自己应该掌握多少汉字或词汇,汉语的理解、应用能力属于哪个阶段或什么水平。评分方式为:试卷得分占90%,平时课堂作业占10%。

四、改进缅甸华文学校国语课教学的若干思考

改进缅甸华文学校的国语课教学非一朝一夕所能实现,这一工作不仅是持久的,而且需要各方大力支持与配合。可以考虑从如下几个方面努力:

(一)加强教师培训,提高教师素质

目前,缅甸华文教师学历层次普遍不高,以高中毕业为主,大多数教师是原华文学校的毕

业生。他们没有接受过正规教学法的训练,完全凭经验教学,因此,教学效果差强人意是在所难免的。现阶段,要发展华文教学,必须提高教师的素质,这是提高教学质量的突破口。把华校教师送到中国培训,固然是个好办法,但可操作性并不强。能去中国参加汉语教师培训的毕竟是少数,这对于全面提升华校教师素质可谓杯水车薪。

中国政府有关部门,如中国侨联、国务院侨办、汉办等机构为缅甸华校提供了很多帮助,使缅甸的华文教育得到了卓有成效的发展。在中缅双方通力合作下,缅甸汉语教师培训已取得一些成果,如云南师范大学国际语言文化学院在国家汉语国际推广领导小组办公室的支持下培训过缅甸大学的汉语教师,并与云南省华侨办公室联合培训过缅北华校的汉语教师;云南大学成人教育学院曾赴曼德勒举办了函授大专班。以上两所大学都做出了很好的尝试,有很多经验可以借鉴。[1]

鲁健骥(2010)指出:"在教学方面,教师要安排适当的情境,引导学生思考学习,而非仅只通过感官学习;要引导学生考虑问题,或大家讨论,而非专事模仿,或机械记忆;要将学生引向自己探索发展的道路,而非完全接受教师的传授。"并不是懂汉语就可以教汉语。因此缅甸华文学校教师的教学水平和教学方法亟须提高。"一名合格的华文教师须具备必要的知识和技能,在教学能力、教学理念方面也有较高的要求,而且还要能不断地自我提高和自我发展,具备解决实际问题的能力。"[2]

笔者认为,切实提高缅甸华文教师素质有以下几种办法:(1)"走出去"与"请进来"的培训模式相结合,积极吸纳国内外优秀的教学法。(2)加强学校内部和校际之间的教师交流,定期举办座谈会、研讨会,开阔视野、相互启发。教师们也可以互相观摩课堂教学,取长补短。(3)成立教师联合会,分享教学经验,切磋教学法。总之,提高缅甸华语汉语教学质量的根本举措是提高教师队伍的建设,教学中注意知识传授与能力培养、职业教育相结合,提高汉语学习者的社会竞争力。

(二)改进现代化教学设备及教材

当今社会网络和电子科技异常发达,学校教育也应向现代化教学的目标努力,但缅甸华文学校的教学设备简陋,教师上课就只有一块黑板、一支粉笔。所使用的教材也都是黑白纸制的翻印教材,没有练习册和教师手册,内容陈旧过时,体例乏善可陈。因此学校应配备现代化教学设备,选用与时俱进的教材,注意引进及利用图书资料、教具等辅助性工具,并辅以多媒体教学手段,使学生感到直观教学的乐趣,增加学生的学习兴趣及求知欲。

(三)完善教学制度

要改进缅甸华文学校国语课的教学,首先要制定符合缅甸华文学校的国语课教学情况的

---

[1] 吴应辉(2008)缅甸汉语教学调查报告,《民族教育研究》第3期。
[2] 郭熙(2007)《华文教学概论》,北京:商务印书馆,第227页。

教学大纲及教学计划。"编写华文教学大纲并不是短期之内能完成的,也不是靠一两个人的力量就能胜任的。"[①]因此,我们希望中国的有关专家学者与缅甸华文学校的教师展开合作研究,根据当地学生情况制定出一套完整的教学大纲及教学评估标准。教学评估对优化教学法,提升教学效果有很好的促进作用。华文学校要建立完善的教学评估体系,在教学评估的指导下加强教师培训,督促教学的改进,提高教师的教学素质和水平,督促教师充分备课、加强交流。

结　语

缅甸华文学校的国语课教学对华裔而言实际上是母语教学。但课堂教学语言和学生个人用语之间存在着语言竞争的现象。虽然学生们的第一语言多数是云南方言,有的是缅甸语,但他们生活中接触的都是缅甸语环境,除了上课时间说汉语其他时间都在说缅甸语,由于课堂教学以灌输式为主,在课堂上出现很少有机会说汉语,有时甚至出现一句汉语都不说的现象。教学有法,教无定法,贵在得法。因而缅甸华文学校的国语教学应该在参考母语教学和第二语言教学的理念、教学原则、教学制度基础上,制定一套有特色的符合实际情况的教学方法。我们相信,经过多方努力,缅甸华文学校国语课的教学一定会有所改观。本文只是提出个人的一些拙见,希望引起更多学者专家关注这一问题并展开进一步的研究。

参考文献:

东南亚华文教学研讨会秘书处缅甸首席代表、缅甸曼德勒福庆孔子课堂理事长李祖清参加第八次全国归侨侨眷代表大会的访谈,http://gb.cri.cn/1321/2009/07/08/661s2557250.htm。
郭　熙(2007)《华文教学概论》,北京:商务印书馆。
鲁健骥(2010)关于创造型对外汉语教学与创造式汉语学习的思考,《语言教学与研究》第4期。
吴应辉,杨叶华(2008)缅甸汉语教学调查报告,《民族教育研究》第3期。
熊琦、张小克(2006)缅甸汉语教学概况,《世界汉语教学》第3期。

作者简介:

邹丽冰,缅甸籍,中央民族大学国际教育学院语言学及应用语言学专业汉语国际传播研究方向在读博士。

---

① 郭熙(2007)《华文教学概论》,北京:商务印书馆,第136页。

韩国中小学汉语教学法研究现状综述

〔韩国〕张敬

内容提要:随着韩国汉语热的低龄化,针对韩国中小学汉语教学法的研究也逐渐增多,但目前的研究大多是教学法实验的个案,很少见对整个韩国中小学汉语教学法的考察。本文力求深入了解韩国中小学的教学法研究现状,在韩国"国会图书馆"网站检索相关论文后,按照论文的主题主要分析了当前韩国中小学汉语教学法的倾向和趋势。分析结果显示,韩国小学汉语教学法研究主题多集中于活动中心教学法,中学的研究则倾向于向国家教育部建议的教学法靠拢。

关 键 词:韩国;汉语教学法;本土化教学法

An Overview of South Korea Primary School Chinese Language Teaching Methods Research

(R. O. Korea) Jang Kyoung Song

Abstract: As the boosting enrollment of young Chinese learners in South Korea, research on pedagogy of teaching Chinese to primary and secondary school students in South Korean is therefore increasing. Most of the researches in this field are case studies on teaching methods and few studies are presenting a holistic view. This article therefore aims at exploring the current situation of research on pedagogy of teaching Chinese to primary and secondary students in South Korea, through retrieving the relevant papers in South Korea Library of Congress and further analyzing the research tendencies of such papers. The results show that researches on teaching Chinese to primary students in South Korea are mostly concentrating on activity-centered method and researches on teaching Chinese to secondary schools in South Korea tend to cover all teaching methods advocated by Department of Education of South Korea.

Key words: South Korea; Chinese teaching methods; Localized teaching methods

有很多教学理念和教学方法都在汉语教学中使用,全世界的汉语教学法数不胜数。随着韩国汉语热的低龄化现象,针对韩国中小学汉语教学的研究也逐渐增多。目前韩国汉语教学法的研究大多是教学法实验的个案,很少见针对整个韩国汉语教学法的研究。本文力求从整体上反映韩国中小学汉语教学法研究的现状。本研究设定,每个国家都可能有适应本国汉语学习者的本土化教学法,至少存在着为一部分当地人喜欢的教学法。

为了提高汉语教学的效率,韩国汉语教学学界,包括在一线工作的教师团队都以各种方式进行了多样的汉语教学研究。为了解目前韩国的汉语教学法的趋势,笔者深入调查了在韩国国内由汉语教学界与韩国的教育大学院[①]研究生进行的对汉语教学法的研究成果。调查方法是:首先,在韩国"国会图书馆"[②]网站检索韩国中小学汉语教学法相关的论文,加以整理后,分析韩国汉语教学法研究的特点与趋势。

一、韩国中小学汉语教学现状

(一)韩国小学汉语教学现状

汉语学习者的低龄化现象在韩国已经屡见不鲜。把孩子送到华语学校或者华语幼儿园的家长日益增加,并且在社会上已经存在大量针对幼儿和小学生的汉语补习班。在小学阶段,大部分学校都还没有正式开设汉语课,但是很多学校已经深切地感到儿童学习汉语的需求,逐渐开始利用自己的"课后学校"开设汉语教学课程。"课后学校"指放学后学校增加的课外补充学习。原先中小学每个阶段课外课程的名称并不一致,但是在2005年,为了减少私人教育费用并培养学生的课外技能和综合素质,教育部把中小学的所有课外课程的名称统一成"课后学校",并在2008年开始全面实行。按照首尔教育厅2007年5月初等政策科的统计资料,在2006年,小学的课后学校科目就已经有12 580种,其中与汉语教学相关的科目有157种。上课方式为一个星期平均2次,每次学时为1个小时,每班约10名学生。

[①] 韩国的教育大学院属于特殊大学院,20世纪80年代,为培养理论和实践兼备的中小学教师人才而设置了相关研究生课程。教育大学院的目标是为了给学习者提供良好的教学,培养未来的教师、培训一线的教师,并且进行对教学有帮助的许多研究。教学与研究相辅相成,教育大学院的研究成果适用于课堂教学,反过来,教学中出现的问题是教育大学院研究,所以调查教育大学院的研究成果,我们就可以了解韩国中小学汉语教学研究倾向。

[②] 韩国国会图书馆(http://www.nanet.go.kr)建于1952年,藏书272万册(2009年1月),期刊2万种,报纸930种,电子版图书77万种,非图书资料28万种,电子资料105万件。20世纪80年代开始,国会图书馆建成了计算机系统,开始发展电子图书馆。通过在线服务系统读者能够便利地在国会图书馆网页上进行书目查找及全文数据查找。韩国各地的人都可以通过因特网使用国会图书馆的目录数据。

(二)韩国初中汉语教学情况

自2001年开始,第七次教育课程的主要特点之一就是在初中教育阶段开始第二外语教学。虽然汉语课没有像英语课一样呈现出正规化的教学形势,但是通过"创意裁量活动[①]"进行的汉语教学已经逐步开展起来。与小学的汉语教学不同的是,在初中汉语教学领域内有统一的教学标准和教学目标,并有国家公认的教材。

初中汉语教学属于生活外语。生活外语的目标[②]可以归纳为两类:一类是培养学生基础的、实用的交际能力;另一类是通过外语学习接触外国文化、生活方式和思维方式以培养学生的文化理解能力。根据2001年开始实行的第七次教育课程的解释,生活外语教学的基本方向着重于以下几项:即交际活动中心、重视文化理解能力、强调以学习者为中心的教学与学习活动、重视内容选择与选择的自律性。[③]

(三)韩国高中汉语教学情况

韩国高中的汉语教学从第一教育课程[④]时期是以"第二外语"为名称开始的。高中第二外语课程的教育目标与上述的初中外语教育目标一样,都强调以交际活动为中心的外语教学,重视培养文化理解能力,强调以学习者为中心的教学,开展各种学习活动,弹性地运用教学内容。但是,高中汉语教学的学时安排与初中有所不同。高中汉语教学的学制分成两部分:一般选修

[①] "创意裁量活动"是第七次教育课程的最大特点之一,是与中国的校本课程相似的课程,本文中使用韩国本地的专用词。"创意裁量活动"保障了学校、教师、学生的自律权和酌量权安排的时间,不限于课本或者科目按照学校的教学目标安排课程时间。所以每所学校的教学内容都不一样,开设有汉语、日语等第二外语、人性教育、性教育、体验学习等各种课程。

[②] 引自韩国教育科学技术部(2008)《2007年改正中学校教育课程解释(1)总论》。

[③] 生活外语教学的详细内容如下:

第一,交际活动中心。学习外语的基本目标是为了培养外语的交际能力,即在发话者充分理解对方的意思后,按照情况和谈话脉络表示自己意思的能力。为了获得交际能力先学培养交际技能,交际技能通过听说读写等学习活动培养。

第二,重视文化理解能力。文化是一个群体在一定时期内形成的思想、理念、行为、风俗、习惯、代表人物,及由这个群体整体意识所辐射出来的一切活动。文化的传播和继承是由语言来承担的,语言与文化是不可分割的关系。没有文化理解的语言教学是没有意义的。外语教学的目标是对交际能力的培养,交际能力不只是语言能力,也包括了解目的语国家的社会文化的知识能力。所以,以交际能力作为目标的外语教学体系里文化理解教育十分重要。第七次教育课程重视文化理解教育,语言材料里包含文化项目,强调:1.文化材料应选学生可能感兴趣的题材;2.为强调相互之间文化理解的重要性,除了外国文化以外,还要包括对韩国文化的理解。

第三,强调以学习者为中心的教学与学习活动。在外语教学中,学生的兴趣和参与度是衡量教学目标是否实现的重要因素。第七次教育课程强调以学习者为中心的教学与学习活动,还建议增设在自然环境下学习外语的游戏、角色剧和课题实施等有助于教学的相关活动。这是为了避免外语教师易出现的错误:教语言本身的东西,却忽视了外语作为沟通工具的交际活动。

第四,重视内容选择与选择的自律性。为了弹性地运用教学内容,第七次教育课程的生活外语标准限制使用词汇量为200—300个。这与68—102个学时的词汇量相当。

[④] 教育课程是为了达到国家的教育目标而安排、组织的教育内容、学习活动的计划。韩国自建国以来,从1955年第一次教育课程开始,已经进行了六次基础教育课程改革,到现在是第七次教育课程。

科目"中国语 I"和深化选择课目"中国语 II"。前者要求高中二年级的学生在一年内学习102个学时,后者要求高中三年级的学生在一年内学习102个学时。但是现实情况是即使是文科类的高中生也只选一般选择科目"中国语 I"而不常选择深化选择课目"中国语 II",理科类的高中生就更不用说了。学生高考的时候选中国语科目的很少,这是由于韩国高中教育十分重视国语(韩国语)、英语、数学这些必考科目,因此大部分的学校只开设"中国语 I"的课程。

二、韩国中小学汉语教学法研究情况

(一)关于小学汉语教学法的研究情况

与小学汉语教学相关的论文有17篇,其中涉及汉语教学法的有9篇。按照出版年份来看,汉语教学界对教学法的研究越来越多,也越来越重视。小学汉语教学开始于2005年,小学汉语教学法的研究也几乎是同时开始的[①],所以研究总量并不是很多。

表1:按"教学法"统计的相关研究论文结果

内容	游戏教学法	整体语言教学法	儿歌教学法	多元智商教学法	活动中心教学法	总量
数量	2	2	1	2	2	9

根据表1可总结出韩国小学汉语教学的一些特点:

1. 活动中心教学法(Activity-based Approach)在小学汉语教学界的强势地位

按照对"内容"分析的结果来看,用于小学汉语教学的方法几乎都可以归为活动中心教学法(Activity-based Approach)。虽然其他文章中没有直接提到过活动中心教学法,但是游戏教学、整体语言教学法、儿歌教学法都可以归纳为活动中心教学法,其重要性和地位可见一斑。

2. 出现了以个人学习者为中心的教学法

在这9篇文章中,有2篇涉及了多元智商教学法的研究,此类教学法是指先分析学习者的

---

① 按照出版年份统计的论文结果如下:

出版年度	2009	2008	2007	2006	2005	2004	2003	2002	2001	总量
数量(教学法论文数量/全体论文数量)	1/2	3/4	1/3	1/1	0/3	2/2	1/1	0	0/1	9/17

个人特点然后应用于教学实践的教学法,即从学生的特点出发来设计其课堂教学的研究,这说明在韩国小学汉语教学领域里,以个人学习者为对象的研究逐渐出现。这 2 篇文章是据 Gardner 的多元智能来分析学生后,按照学生隶属的多元智商来进行教学的研究。①

3.不分听说读写四个技能的综合性教学方法

在是否实施分技能教学方面,小学汉语教学把四种技能训练综合起来,不细分听说读写四个基本技能,而是统一为"综合课程"。这也是韩国小学汉语教学的一大显著特点。

(二)关于初中汉语教学法的研究情况

与初中汉语教学相关的论文有 30 篇,其中与汉语教学法相关的有 16 篇。

表 2:按照"教什么"的角度统计的论文结果

内容	交际能力	文化	语法	写	读	发音	评价	文学	总量
数量	4	4	2	2	1	1	1	1	16

根据表 2,可以总结出在"教什么"方面韩国中学汉语教学的相关特点:

1.对交际能力特别重视

因为初中汉语教学的主要教学目标是培养学生的交际能力,所以相关的研究比较多。虽然笔者把交际能力的研究和听说读写的研究分开,但是听说读写也是组成交际能力的基本技能,所以如果把听说读写的研究包括其中,那么对交际能力的研究会更多。这也体现了交际在初中汉语教学中的重要地位。

2.关于文化的研究较多

虽然中韩两国在地理上临近,但是对韩国中小学生来说中国还是相对陌生的地方。而且学生在初中时期开始对外面的世界有了更多的兴趣和关注,故而对教师来说给学生提供中国的正确信息就显得十分重要。而且,在众多的外语学习动机中,因为对外国文化感兴趣而学习外语的动机促进学习者持续性学习的效果更大。

3.与汉字教学进行结合的研究

在初中阶段对"写"这项技能的研究都是对汉字教学的相关研究,而不是对写作的研究。初中时期开设汉语以外的"汉文"(韩国的汉字)课,所以把汉语课与汉文课联系起来的研究相对较多。

---

① Howard Gardner1983 年提出的多元智商(Multiple Intelligences)有 8 个种类。多元智商教学法按照学生隶属的多元智商来教学生或者给学生提供学习环境和方法。如果学生的音乐智商发达,就让他们通过歌词来学习汉语。多元智商的 8 个范畴是:1.语言(Verbal/Linguistic)2.逻辑(Logical/Mathematical)3.空间(Visual/Spatial)4.肢体运作(Bodily/Kinesthetic)5.音乐(Musical/Rhythmic)6.人际(Inter-personal/Social)7.内省(Intra-personal/Introspective)8.自然探索(Naturalist)。

表3：按照教学法统计的论文结果

内容	活动中心教学法	交际法	传统的教学法	多媒体教学法	合作教学法	听说法	以学生为主的教学	总量
数量	4	5	2	4	2	1	1	17[①]

根据表3，目前韩国中学汉语教学在"怎么教"方面呈现出以下特点：

1. 交际法(Interactive Approach)在初中汉语教学界的强势

在中学阶段，国家教育标准非常重视培养学生的交际能力，所以对培养交际能力的教学法的研究比较多。在这17篇研究文章中，与交际法相近的"合作教学法"（指学生之间在合作的过程中习得外语的教学法）加上交际法共有7篇，几乎占到了所有教学法将近一半的比重。

2. 出现教学媒介及相关研究

在小学教学领域没有出现的多媒体教学在初中阶段出现。特点是有的多媒体教学的研究不是对于某一种具体教学法的研究，而只是针对教学媒介的或者多媒体教材的应用，比如，在《因特网在初中汉语文化教学中的活用指导方案》一文中将因特网上查到的与中国文化相关的内容作为教材的有益补充，所以在课堂上多由使用多媒体的教师临时决定上课时所需要的教学法。一部分教师会利用多媒体教材并采取传统听说法，以形象生动的视听说方式教授学生汉语，另有一部分教师则制作多媒体课件应用于汉语教学中。

(三)关于高中汉语教学法的研究情况

与高中汉语教学相关的论文有324篇。其中，对教学法的研究共有139篇，涉及"教什么"的研究就有300篇，关于教材的研究有175篇。

表4：按照"教什么"统计的论文结果

内容	交际能力	语法	文化	词汇	对教学现况的研究	发音	评价
数量	55	50	49	42	24	17	16

写(汉字)	听	说	读	学习动机	作文	文学	总量
14	10	9	6	2	2	2	300

[①] 17篇文章中，2篇文章是对通过活动、多媒体提高学生交际能力的研究，所以总量变高。

表5：按照教学法统计的论文结果

内容	多媒体教学法	传统的教学法	交际法	活动中心教学法	听说法	任务型教学法	合作教学法	沉浸式教学法	多元智商教学法	主题中心综合教学	问题导向学习①	总量
数量	40	37	20	18	9	6	4	2	1	1	1	139

根据表4和表5，可以总结出目前韩国高中汉语教学的一些特点：

1.出现多媒体教学与别的教学法的融合现象

与在初中阶段一样，多媒体教学已经普遍应用于韩国汉语教学中。现在还出现了多媒体教学研究和别的教学法结合在一起研究的现象，比如，多媒体教学法与传统式教学法、多媒体教学法与交际法结合，从而更好地促进汉语教学。

2.突破了教育部建议的汉语教学法范畴

高中也有国家教育部公认的教科书，现有6种，每个种类教科书都配有《教师用指导书》。在教育部公认的这种《教师用指导书》中，教育部提到了5种相应的教学法②。所以对高中汉语教学方法的研究多依靠《教师用指导书》中提及的教学法进行相关研究。但是高中汉语教学法研究界已经突破了这一点，进行了更为多样化的教学法研究。

三、结语

综上所述，根据对韩国相关研究论文的分析结果，目前韩国小学的汉语教学主要采取活动中心法，以培养学生学习汉语的兴趣为主，并且将"听说读写"这四个基本语言技能结合，着重培养小学生的综合汉语能力。韩国汉语教学界对小学汉语教学法的研究也多以此为研究对象。初中的汉语教学则开始重视交际能力和文化理解能力的培养，教学方式灵活多样，逐渐开始采用交际法和多媒体融合的方式进行汉语和汉文化的教学，在小学学习综合汉语表达的基础上更进一步了解相关汉语文化知识，而教学界的研究也多侧重于此。进入高中，汉语的课堂教学出现了两三个教学法融合在一起的现象，教师期望将更为形象、丰富的视听说教学法用于汉语背景和相关交际知识点介绍中，从而达到国家教育部建议的汉语教学标准。高中汉语教学的研究多以国家教育部建议的理论大纲为依据，然而其中也不乏许多突破国家标准的汉语

---

① 问题导向学习（Problem-based Learning），简称PBL，是目前一种新的学习方式，透过简单的生活实例，以小组讨论、实际解决问题的方式，来达到自主学习的目的，http://zh.wikipedia.org/zh/。

② 教育部制定的5种教学法是：听说法、多媒体教学法、全身反应法（TPR）、沉默法（Silent Way）、交际法（Communicative Language Training）。

教学法研究,并试图使现有的教学法多样化。

　　教学法的研究是基于课堂教学而又高于课堂教学的。我们研究汉语教学的各种教学法,不仅为整理现有的教学法,进行数据的统计,更多的则是为了在对现有教学法研究的基础上,提出更为合理、更为有效、更为科学、更高层次的汉语教学法,以便更好地为未来韩国汉语教学提供理论的指导和教学理念创新的依据,并以此为契机,抛砖引玉,希望有更多的研究者带来汉语教学的新思想,因为笔者坚信,在韩国有许多汉语教学法的研究者,他们都拥有坚定的信念并长期坚持研究。目前已经有了大量关于"教什么、怎么教和这样教的原因"的研究,但几乎忽视了"谁教什么样的学生、在哪儿教、什么时候教"的教学法研究。笔者希望通过这篇关于韩国本土化教学法的研究,能为汉语教学法在韩国的适应略尽绵薄之力。

　　本文主要论述了韩国当前对小学、中学和高中的汉语教学法研究的现状,并未提及个人的一些可以适用于韩国汉语教学界的具体教学方法,这还需要在具体的实践过程中逐渐摸索,不断提升自己的教学能力和素养,从而研究出更好的方法。笔者对于这些具体研究的看法和想法还很粗浅,对其中一些问题的看法也还不是很成熟,还有许多需要讨论的问题,也会敦促自己在今后的学习、工作中不断地调查和研究。

　　韩国的汉语教学正逐渐迈向一个新阶段,虽然取得了不少的可喜成果,但笔者认为,要将汉语教学真正做好做透,并不断向前发展,需要国内国外的各位有志同仁一起努力。

参考文献:
韩国教育科学技术部(2008)2007年改正小学教育课程解释。
韩国教育科学技术部(2008)2007年改正中学教育课程。

作者简介:
张敬,女,韩国人,中央民族大学国际教育学院语言学及应用语言学专业汉语国际传播研究方向在读博士。

浅谈缅甸学生汉语语音和语法学习难点与偏误

〔缅甸〕李瑞文

内容提要：汉语属于汉藏语系，汉字属于表意文字。缅语属于藏缅语系，缅文属于表音文字。由于这两种语言差别很大，特别是在语音、语法上的不同，会给缅甸学生学习汉语造成一定困难。本文讨论缅甸学生在汉语语音和语法学习上遇到的难点、偏误，以及相应的解决措施。

关 键 词：缅甸学生；语音；语法；难点；偏误

Myanmar Students' Phonetic and Grammatical Difficulties and Errors in Chinese Learning

(Myanmar) Khin Swe Swe Win

Abstract: Chinese and Burmese greatly differ from each one though both of them belong to one language family, i.e., the Sino-Tibetan Family. The differences in phonetics and grammar between these two languages give difficulties to Myanmar students who are learning Chinese. This paper discusses the difficulties and errors made by Myanmar students when learning Chinese as a second language and provides some clinical suggestions.

Key words: Myanmar Students; Phonetics; Grammar; Difficulties; Errors

引 言

缅语与汉语有很大不同，汉语属于汉藏语系，缅语属于藏缅语系。二者某些不同的地方，会给缅甸的汉语学习者带来一定的学习困难。以往关于缅甸学生学汉语的研究几乎没有，杨叶华(2003)在《针对缅甸学生编写汉语语音教材的思考》里谈到缅甸学生学习汉语时在声母、韵母、声调和语调上遇到的一些问题，进而提出编写本土化教材时应该注意的问题。除此之外,笔者暂未发现其他相关研究。本文将系统地梳理缅甸学生在汉语语音、语法上的难点和偏误,并提出相应的解决措施,以期更好更全面地提高缅甸汉语教学水平。

一、语音学习上的难点

语音是语言的物质外壳,是各个语言系统最外在的形式特征所在。语音教学是第二语言教学的基础,是培养学生听、说、读、写技能和社会交际能力的首要前提。[①] 学习一种语言首先应打下良好的语音基础,若发音不标准,听者听不懂,交际就失败了。因此,想学好一种语言,语音是第一个门槛。在缅甸,学生学习汉语首先也是从汉语拼音开始的。因为汉语拼音较容易记,且学习者只要尽量发出标准的音,就能在短时间内使用汉语进行日常交际。这样不仅容易使学生产生一定的学习成就感,同时也有利于激发他们的学习兴趣。汉语和缅语在语音上最大的不同体现在声母上,汉语有21个声母,缅语有33个声母,汉语的某些声母在缅语里找不到对应的发音,这就给缅甸学生学习汉语拼音带来了不小的困难。李祖清(2010)在研究缅甸华人汉语教学现状中曾将汉语声母与缅语声母(音节)做过如下对比。

表1:汉语和缅语声母对比

b	p	m	f	d	t	n	l	g	k	h	j	q	x	zh	ch	sh	r	z	c	s
ပ	ဖ	မ	ဗ	ဒ	တ	န့	လ	ဂ	ခ	ဟ	ကျ	ချ	ဂျ				ရ			စ

* ကျ၊ချ၊ဂျ 三个是辅音,其他都是声母。

(一)由上表可知,缅语中没有对应汉语里 zh、ch、sh、z、c 的声母。受到缅语的影响,学生很难发出 zh、ch、sh、z、c,即便通过反复模仿、练习,发音也很不标准。此外,许多华裔汉语老师以及生活在缅甸的其他华裔大都是云南、福建、广东等地华人的后代,他们的汉语有较重的南方口音,经常将 zh、ch、sh 发成 z、c、s。在这种环境的影响下,缅甸学生也很难学习正确的声母发音。

(二)不仅如此,缅甸学生还容易将 zh 和 z、ch 和 c、sh 和 s、z 和 j、c 和 q 等这几组音混淆。例如:"知(zhi)道"说成"zi 道","吃(chi)饭"说成"ci 饭","老师(shi)"说成"老 si","你早(zao)"的"早"常常发成"jiao"的音。

(三)除了声母,缅甸学生在学习汉语韵母时也有一定困难。这主要表现在,缅甸学生分不清前鼻音韵母和后鼻音韵母,尤其是后鼻音韵母经常读成前鼻音韵母。例如:en 与 eng、an 与 ang、ian 与 iang、in 与 ing 等。舌面元音"o"、前响复韵母"ou"与后鼻音韵母"ong"分不清,学习者很难掌握标准发音。

(四)在声调上,汉语和缅语都有四个声调。汉语分为阴平(55)、阳平(35)、上声(214)、去

---

① 赵金铭(2008)《对外汉语教学概论》,北京:商务印书馆。

声(51),缅语分为高平调(55)、低平调(11)、高降调(52)、短促调(44)。由于缅语高平调、高降调与汉语阴平、去声的调值相同或基本相似,因此,缅甸学生比较容易掌握这两个声调。因缅语中没有类似汉语阳平和上声的声调,学生学习起来比较困难,特别是上声对缅甸学生来说是最难的,而且他们还经常容易将阳平和上声混淆。

（五）在语流音变上,赵金铭(2008)曾说过,现代汉语中最典型的语流音变包括连读变调、轻声、儿化等。现代汉语里,儿韵母 er 常常用在其他音节的后面,与原来的音节结合成一个音节,并使这个音节的韵母变为卷舌韵母。汉语语音中韵母的这种变化就叫做韵母"儿化"。缅甸学生最不容易掌握的就是轻声和儿化。例如他们将"先生"的"生"发成阴平,"舌头"的"头"发成阳平,"东西"的"西"读成原来的阴平等等。缅甸学生在读"儿化"音时很难将韵母卷舌化,而直接把前面的音节与后面的卷舌音分开来读成两个音节,例如:花儿(huar)读成(hua er);有的干脆不读后面的"儿化",只读前面的音节,例如:门儿(menr)读成(men)。

以上是缅甸学生在汉语语音学习上的难点。

二、语法学习上的难点与偏误

理解语法系统的本质和语法系统形成的原因对第二语言学习和教学至关重要。人们学习和掌握第二语言的过程,实际上是学习和掌握两种语言的对应关系的过程,即学习和掌握目的语中的一种形式所表示的意思,相当于第一语言中什么形式表示的意思;第一语言中的某个意思,在目的语中用什么形式表示。① 由于汉语和缅语在句法结构上有很大的不同,使得缅甸学生在学习汉语语法时也会遇到不少困难。缅语的句法结构是主宾谓(SOV)(主语＋宾语＋谓语),而汉语的句法结构是主谓宾(SVO)(主语＋谓语＋宾语)。例如：

(1)缅语：ကျွန်တော် ကျောင်း သွားသည်။
　　　　 我　　　　学校　　去。

汉语：我去学校。

汉缅量词语序的差异。在缅语中,数词一般不能单独与名词或动词直接搭配,而必须与量词一起来充当名词或动词的修饰语,这与汉语极为相似,但在语序上与汉语有明显区别。缅语中表示名量的数量词置于被修饰的名词后面,表示动量的数量词置于被修饰的动词前面。例如：

(2)缅语语序：名词 ＋ 数词 ＋ 名量词

ငါး　　တစ်　　ကောင်
鱼　　　一　　　条

---

① 吕必松(1996)《对外汉语教学概论(讲义)》,北京:国家教委对外汉语教师资格审查委员会办公室。

汉语语序:数词 + 名量词 + 名词
　　　　　一　　　条　　　鱼
(3)缅语语序:数词 + 动量词 + 动词
　　　　　တစ်　ချက်　ရိုက်သည်။
　　　　　一　　　下　　　打
汉语语序:动词 + 数词 + 动量词
　　　　　打　　　一　　　下
(4)缅语语序:指示代词 + 名词 + 数词 + 名量词
　　　　　ဟို　　ကုတင်　တစ်　လုံး
　　　　　那　　　床　　　一　　　张
(汉语当中可以省略"一",而缅语不可省略)
汉语语序:指示代词 + 名量词 + 名词
　　　　　那　　　张　　　床
(5)缅语语序:名词 + 形容词 + 数词 + 名量词
　　　　　ကား　အကြီး　တစ်　စင်း
　　　　　汽车　大型　　一　　　辆
汉语语序:数词 + 名量词 + 形容词 + 名词
　　　　　一　　　辆　　　大型　汽车
(6)缅语语序:名词 + 不定量词
　　　　　ကျောင်းသား　အချို့
　　　　　学生　　　一些
汉语语序:不定量词 + 名词
　　　　　一些　　学生

形容词与名词搭配时的语序差异。
(7)缅语语序:名词　　+　形容词　　　　好　老师
　　　　　ဆရာ(老师)　ကောင်း(好)
汉语语序:形容词 + 名词
　　　　　လူ(人)　ဆိုး(坏)　　　坏　人
　　　　　ရေ(水)　အေး(冷)　　　冷　水

95

三、母语负迁移的影响

以上所列举的是汉语和缅语因在语法上的不同而容易给学生造成的学习难点。此外,由于受母语负迁移的影响,学生还会产生一些偏误。本文收集了一些比较典型的偏误。

(1)汉语里指动作发生或事物存在的处所要用"在",而缅语里凡是表示人、地点、物体等的存在、占有(或具有)的动词,都称为表存在动词ရှိ(有)。因此,缅甸学生常常将"我家在仰光"说成"我家有仰光"。

(2)汉语里名词前面不能用"不",只能用"没",如"我没事"。而缅语不区分"不"和"没",只用一个词来表示否定。因此,缅甸学生在学习"不"和"没"时常常混淆,难以区分,经常产生"我不事"这样的偏误。

(3)汉语里形容词前不能用"一点儿",要用"有点儿",如"我今天有点儿累"。而缅语里不区分"一点儿"和"有点儿",二者用法是相同的。因此,学生易产生"我今天一点儿累"这样的偏误。

(4)汉语"一点儿"不能用在形容词前,而缅语里可以这样使用。缅语里与"一点儿"相对应的词语是"နည်းနည်းလေး",它可以放在形容词前面,比如说"စကားနည်းနည်းလေးဖြည်းပြောပါ။"。因此,学生容易将"说慢一点儿"说成"说一点儿慢"。

(5)当缅甸学生想向对方表达"对不起,不好意思"时,他们经常会说"我客气你"。产生这样的偏误,主要是因为缅语中"ခင်ဗျားကိုအားနာတယ်။"(相当于汉语的"不好意思")本义直接对应汉语的"客气",受母语负迁移的影响,再按照汉语的语法规则,学生自然会错误地说成"我客气你"。

(6)此外,缅甸学生还会产生这样的偏误:"最近天气冷,我们注意身体"。按照汉语的语法规则,这句话缺少一个动词"要"(需要、应该的意思),应改成"最近天气冷,我们要注意身体"。而在缅语口语中,没有"要"字也可以成句,因此缅甸学生受母语负迁移的影响,常常会产生这样的偏误。

结 语

综上,本文浅析了缅甸学生学习汉语时,在语音和语法上容易遇到的困难以及产生的偏误。此类问题该如何有效解决?笔者认为,针对语音学习中所遇到的问题,首先,我们应加强缅甸汉语教师的语音训练,以尽量保证将标准的、正确的发音教授给学生。然后,在教学中,教师应针对缅甸学生在汉语语音上的难点,有所侧重地加以训练、指导和纠音。针对缅甸学生学习汉语语法存在的问题,笔者认为,应该加快本土化教材的编写,并且在编写本土化教材时充分考虑汉缅语法的对比。目前缅甸所采用的汉语教材五花八门,没有针对缅甸学生编制的本土化教材。如果我们能够编制出汉缅对译、特别是能够关照到汉缅语法对比的本土化教材,是十分有意义的。这样,不仅能大大提高学生的学习效率,还有助于减少学习中的偏误。此外,在编写汉语教材时,可适当考虑缅甸学生的心理特点及当地文化,以提高他们的学习兴趣,调动学习积极性。

参考文献:

吕必松(1996)《对外汉语教学概论(讲义)》,北京:国家教委对外汉语教师资格审查委员会办公室。
李祖清(2010)《缅甸华人汉语教学现状研究》,武汉大学博士论文。
许清章(1994)《缅甸语语法》,北京:外语教学与研究出版社。
赵金铭(2008)《对外汉语教学概论》,北京:商务印书馆。
朱丽云(2009)《实用对外汉语重点难点词语教学词典》,北京:北京大学出版社。

作者简介:

李瑞文,女,缅甸人,中央民族大学国际教育学院语言学及应用语言学专业汉语国际传播研究方向在读博士。

汉语国际教育的跨文化实质及其理论实践意义

〔美国〕姬建国

内容提要：汉语国际教育的跨文化实质，决定了"跨文化教学意识"和"跨文化施教能力"对于汉语国际教育所具有的不可或缺、纲举目张的现实意义。这一意识是否达标，直接影响到教师基本施教能力的强弱，影响到汉语习得的过程顺利与否，影响到教学效果的成败优劣，影响到教学法的运作和教学活动的实施在何等程度上符合学生的跨文化认知需求，影响到汉语国际教育的学科建设和师资培训的"含金量"。因此，只有抓住了培养强化教师的"跨文化教学意识"和"跨文化施教能力"这个纲，才能从根本上解决汉语国际教育学科的建设质量和发展速度问题。

关　键　词：跨文化教学意识；国际汉语师资培训；基本施教能力；外语教学法机制

Teaching Chinese as an International Language: The Transcultural Nature and its Implications

(U.S.A) Ji Jianguo

Abstract: The "trans-cultural consciousness about L2 teaching" and "trans-cultural pedagogical competence" have an indispensable and fundamental value for the teaching of Chinese as an international language, which is determined by the trans-cultural nature of this newly rising branch of learning. Whether such a consciousness is sufficiently nurtured has a direct bearing upon the strength of a L2 Chinese teacher's substantial pedagogical competence, the degree of smoothness of L2 Chinese acquisition process, the width and depth of the instructional effectiveness, the degree of adequacy that L2 pedagogical operations and learning activities have for meeting learners' trans-culturally based cognitive-linguistic needs, and the quality of L2 Chinese teacher training and disciplinary construction of L2 Chinese education. Therefore, the nurturing of teachers' trans-cultural consciousness about L2 pedagogy, and his/her trans-culturally-oriented instructional capacity, should become the primary focus, with which the challenges from facilitating high-quality construction and high-speed development of the discipline of teaching Chinese as an international language can be substantially tackled.

Key words：Trans-cultural consciousness about L2 pedagogy；L2 Chinese teacher preparation；Substantial pedagogical competence；Mechanisms of L2 teaching methodology

一、引言

汉语国际教育的独特之处，就在于它的跨文化性质。这一特性，尤其体现在汉语国际教育的学科特征上，体现在学生的跨文化认知需求对教师的专业知识能力结构的期待上，体现在跨文化教学意识对国际汉语师资培训所具有的至关重要的意义上，体现在跨文化教学意识与外语教学法机制的必要结合之中。同时，这一特性也向汉语国际教育的学科理论研究，向国际汉语师资专业的培训实践，提出了特殊的要求。

就汉语国际教育的课堂实践而言，就国际汉语师资培训工作的运作过程而言，只有闯过了跨文化这一雄峻的关隘，才能较为顺利地攀登上有效教学的高峰。只有抓住了培养强化教师的"跨文化教学意识"和"跨文化施教能力"这个纲，才能更有利于从根本上解决汉语国际教育学科的建设质量和发展速度问题。

二、汉语国际教育的学科特性

汉语国际教育，不仅是一门新兴的学科，而且是一门特殊的学科。它的特殊之处就在于它的"复合"特性。它所要对付的，已远不止是"语言"和"教学"，而是"第二语言的教学"和"第二语言教学的跨文化运作"。这就是说，从事国际汉语教学工作，就意味着不仅需要把握"语言"、把握"教学"，更需要去把握如何"跨越文化的差异"去开展"汉语作为外语"的教学。

研究语言，离不开对语言本体知识的关注。研究语言教学，离不开对教育学和语言教学的一般规律的关注。而要研究跨文化的语言教学，就必须关注不同的文化语境、关注不同的文化心理、关注不同的语言与文化在教学中的关系，关注语言习得过程与文化习得过程的共振与同步，关注语言形式与文化内涵在信息加工过程中的同步展示和同时加工。"语言""教学""跨文化"这三方面之间的关系，以及对这一关系中任何一方面的侧重，不但会对国际汉语教学的实际成效产生重大的影响，并且会左右国际汉语师资培训的方向。

理顺"语言""教学""跨文化"三者之间的关系，自然会达到这样一种认识：教师应具备的基本施教能力，受训学员和进修教师所学习的外语教学法概念，师资培训所遵循的教学原理，都必须具有充分的跨文化的实质和特征。而这,显然要求在国际汉语教师身上培养和强化两项最关键的素质:(1)跨文化的教学意识;(2)跨文化的施教能力。唯有这样,才能有利于"教"向"学"提供必要的学用条件,有助于"教"引导"学"走过必要的语言习得及文化习得的过程。唯有如此审视问题,才会更有力地促使课堂教学和师资培训的主旋律与汉语国际教育的学科特性趋于一致。

三、汉语国际教育中"学"对"教"的期待

就汉语的国际教育而言,教师专业知识能力的获得可谓是一个获取综合资格的过程。对语言本体知识的熟悉,好比具备了一名"营养师"的资格。如果不仅能熟知语言本体知识,而且也能了解并运用教育学和语言教学的一般概念,则好比具备了"营养师"+"普通烹调师"的资格。如能在此基础上,再进一步具备强烈的跨文化语言教学意识,具备注重于习得过程的动态型外语教学法意识,把握跨文化的外语施教能力,那就好比具备了"营养师"+"普通烹调师"+"国际烹调师"的资格。

如此来看,若想做出既富含营养、又容易消化吸收的"可口饭菜",就不能满足于仅仅当一名语言本体知识方面的"营养师"。即便再加上对语言教育一般概念手段的了解熟悉、当上了一名"普通烹调师",也往往不能真正满足异族宾客的口味。这是因为:在国际汉语习得中,学生跨文化跨语言的认知需求所牵涉的层次纷繁叠嶂,对辅佐条件的要求复杂挑剔,"学"对"教"的期待远远超出了汉语语言学、文学、文化学、交际学、教育学、或心理学等单一专业的本体知识所能覆盖的范畴。因此,倘若主要只是从"基本营养成分"(对语言形式和语法规则的描述分类)的角度去看待国际汉语教学,那就很难保证能够顺利地烹饪出色香味形俱全、容易消化、有利吸收的美味佳肴来。而普通的烹调水平(对语言教育一般概念的了解和运用),也往往会在互动不停、变幻不断的具体教学实战中显得力不从心。

从"国际烹调艺术"的视角来看,要想有效地开展国际汉语教学,那就必须琢磨怎样使语言形式的"基本营养成分"与外国学生汉语习得的"咀嚼消化程序"、"用餐心情"、"用餐环境"、"进食条件"、"进餐方式"达到有机的结合,就必须讲究如何让教师的"烹调模式"、"烹调水平"、"烹调理念"与学生的"进食、消化、吸收的过程"达到有机的结合。这些方方面面的结合,正是第二语言习得及国际汉语教学应当予以高度关注的根本性议题。否则,第二语言的"习得"或"内在化"便只能停留在水中月、镜中花的状态。不言而喻,如此来看待问题,也使得对第二语言习得和国际汉语教学及师资培训的研究有了"象牙塔式"与"课堂过程式"的微妙而深刻的区别。

在跨文化教学意识指导下去辅佐国际汉语的习得过程("国际烹调艺术"),那就必须考虑如何使语言结构特征和语法规则("基本营养成分"),与学生的信息加工经历("咀嚼消化程序")、语言习得的心理过程("用餐心情")、语言习得所需的文化语境("用餐环境")、完成习得

过程所需的支持条件("进食条件")和学习技巧("进餐方式")达到结合,就必须思考如何使教师的施教手段和教学方法("烹调模式")、教学理念和施教能力("烹调水平")与学生对所学语言的内在化过程("进食、消化、吸收的过程")达成一致。

在所有这一切中,起决定性作用的是"跨文化教学意识"和"跨文化施教能力"。从"语言"、"教学"、"跨文化"这三方面的关系来看,从国际汉语教学努力的优劣成败来看,这种"跨文化"的教学意识和施教能力无疑起着根本性的作用。值得重申的是,仅有对语言的了解熟悉,并不意味着就有足够的能力去教好语言;仅仅了解熟悉教育学和语言教学的一般规律,也并不意味着就一定有能力去搞好第二语言及国际汉语教学。只有抓住了"跨文化教学意识"和"跨文化施教能力"这两个关键,才能做到纲举目张,才能使国际汉语教学和国际汉语师资培训中带有根本性的问题迎刃而解。

四、跨文化教学意识与教学法机制的必要结合

成效显著的国际汉语教学,必然要求教师的"跨文化教学意识"和"跨文化施教能力"与"外语教学法机制"达到有机的结合。只有这样,方能有效地应对学生所遭遇的、由"跨文化困难"所导致的"语言习得困难"。

从理论与实践相结合所需的必要条件来看,跨文化语言教学意识,作为指导外语教学的一个跨文化语言学意义上的基本原理,自然要反映到教学法上,要启动教学法机制作为支持,要与外语教学法整体结构中各种内部机制发生相互作用。这一结合,必然会涉及外语教学法范畴内一系列相互关联的教学原则、教学设计、教学实施方面的议题。具体地说,这一结合应包括对教学法运作以下几个主要方面的考虑:

第一,在需求分析的层面上:对于学生语言习得过程中遇到的语言信息加工方面的困难,教师是否将其与所学语言中文化信息的加工联系在一起来考虑?

第二,在教学原理的层面上:教师在采纳理论原则时,对文化思维模式与语言表达形式之间的内在联系这类议题,是否表现出应有的敏感程度?

第三,在教学方案设计的层面上:对学生熟悉掌握汉语中的文化内涵的过程与步骤,教师如何考虑进行恰当的引导和协助?

第四,在施教程序手法的层面上:方法及手段的运用,教学活动的开展及其时机的选择,是否同强调了跨文化语言学的教学原理、教学设计达成了一致?

第五,在教材选择编写的层面上:如何将"文化"与"语言"在教材的选编排序过程中揉为一体?又怎样把这种文化与语言的结合,融入到教科书里的语言信息的展示和练习项目中去?

第六,在教学效果评估的层面上:如何使对教学效果的检测评估超越传统的局限,将测试项目的类别、内容、比例、方式的重点,转移到那些富含文化内涵、具有典型文化语言学特征的

语言形式和表达方式上来？如何加大对文化语境中的语用能力的检测评估？

五、跨文化教学意识对国际汉语师资培训的意义

以培养和强化"跨文化教学意识"和"跨文化施教能力"为核心来指导汉语国际教育的师资培训，这是一种崭新的概念。其新颖之处，并不仅仅反映在提法上。它的新颖独特，更突出的是在于这种新概念仍然处于理论与实践尝试结合的初始阶段。

不少学者都指出：汉语国际教育的教学法和教学方法手段"应能解决教学实际问题"。这一认识，无疑是正确的。但是，倘若未能首先考虑"实际问题"是怎样生成的、"实际问题"的症结所在、"实际问题"应当如何在跨文化汉语习得的过程之中（而不是在过程之外）去解决，那么，"解决实际问题"的良好愿望就极有可能变得简单化、异化为头疼医头脚疼医脚，就会很容易局限于"就语言论语言"，局限于见木不见林，局限于隔靴搔痒，局限于纸上谈兵。即使模仿到一些细小或孤立的教学技巧，也不易做到举一反三，不易从整体上改善教学效果，更难说从根本上提高施教能力和教学质量。

须知，汉语国际教育的"教学实际"中最经常发生的、最具挑战性的、最令人焦急不安的难点，其实主要并不是教师的语言本体知识问题，也不是教师对教育学或语言教学的一般概念了解多少的问题。课堂教学实践向我们揭示：最大量、最频繁、最具实质性的挑战，往往表现在语言形式与文化内涵在语言习得过程之中如何结合的问题上，表现在语言形式与文化内涵在施教过程之中如何结合的问题上。而若要解决这种真正有分量、具有实质性、带根本性的难题，缺乏足够的跨文化教学意识是万万不行的。

从第二语言的习得过程、习得条件、教学成效的角度来看，对整个汉语国际教育及师资培训的质量起根本性决定性作用的，无疑是"跨文化的教学意识"和"跨文化的施教能力"。假如我们把师资培训的重点过多地放在对语言本体知识的关注上，那就极易导致国际汉语教学的注意力重点过多地向"语言形式"方面倾斜。而如果将培训重点过多地放在语言教学的一般概念和方法上，则容易淡化、甚至混淆第一语言习得与第二语言习得之间的差别。只有抓住了第二语言习得的"跨文化"这个核心实质，只有抓住了教学意识和教学能力中的"跨文化"这个主心骨，才算从根本上把准了汉语国际教育及师资培训的命脉，才能为教师顺利获取理想的教学成效铺平道路。

六、结语

汉语国际教育的实质，决定了"跨文化"这一特性在课堂教学、专业素质、师资培训上的核

心标准地位。因此,"跨文化",对于汉语国际教育的教学实践、师范教育、学科建设而言,便具有了不可或缺和纲举目张的现实意义。而"跨文化教学意识"和"跨文化施教能力"的强弱,对于教学的成败优劣,便具有了试金石、分水岭的功能。显然,强化"跨文化"的意识与课堂习得过程的结合,与施教能力的结合,与教学法运作的结合,与学科建设的结合,与教师专业水平提高的结合,与理论研究的结合,是汉语国际教育多快好省地走向成功的必由之路。

由此可见,汉语国际教育,及其师资培训工作和学科建设研究,应当尽快实现从传统的、象牙塔式的"汉语本体知识为主"的旧模式向课堂互动型的"跨文化施教能力为主"新模式的历史性转变。这一带根本性的变革,首先应当体现在师资培训的指导理念、大纲设计、课程设置、培训内容、培训过程、培训效果评估等方方面面。要让"跨文化教学意识"、"跨文化施教能力"与国际汉语课堂习得过程的有机结合,成为贯穿整个教学和师资培训过程的主旋律,从而避免国际汉语习得中"语言形式"与"文化内涵"的错步和脱节。要让"对课堂互动过程的支配能力"和"跨文化的语言教学能力"成为培养教师基本施教能力的核心思考基点——这种基本施教能力,是关乎跨文化性质的国际汉语习得过程能否得以顺利完成的关键所在。

跨过文化关,凯登教学山!

谨以此文祝贺《汉语国际传播研究》问世。

参考文献:

姬建国(2010)《跨文化教学意识与国际汉语师资培训》,北京:北京师范大学出版社。

姬建国(2010)文化内容与语言形式在国际汉语教学中的分层结合,见袁焱、印京华主编《国际汉语教学实践与思考》,北京:外语教学与研究出版社。

姬建国、蒋楠(2007)《应用语言学》,北京:中国人民大学出版社。

姬建国(2007)对外语教学法实质的探索,姬建国、蒋楠主编《应用语言学》,北京:中国人民大学出版社。

姬建国(2007)美国中文教师培训与强化跨文化意识,程爱民等主编的《对美汉语教学论集》,北京:外语教学与研究出版社。

姬建国(2007)语法学用失误与跨文化意识:谈美国中文教学中一个带根本性的问题,世界汉语教学大会组委会主编《第八届国际汉语教学讨论会论文选》,北京:高等教育出版社。

Ji, Jianguo(2010)L2 Chinese Teacher Preparation and Inadequacies in Institutional Policies. *Journal of Chinese Language Teaching and Research in the U.S.*, 31—39.

Ji, Jianguo(2009)Overcoming Conceptual Ambiguity: Integrating Cultural Subtleties into Teaching Chinese as a Foreign Language. *Language Association Journal*, 60(2), 6—8.

Ji, Jianguo(2008)Between Classroom Process and Pedagogical Competence—Training Chinese Language Teachers for American Classroom. *Language Association Journal*, 59(3), 3—11.

Ji, Jianguo(2007)Assessing Foreign Language Teaching Methodology: From Static Mode to Dynamic Process. *Language Association Journal*, 58(1), 3—11.

Ji, Jianguo(2006)Relating Linguistic Challenges to Subtle Dimensions of Culture: A Critical Issue in Teaching Chinese as a Foreign Language. *NYSAFLT Annual Anthology on Foreign Language Education*, Vol. 23, 80—98.

作者简介：

姬建国，美国哥伦比亚大学应用语言学博士，纽约城市大学终生教授，哥伦比亚大学讲座教授，纽约城市大学城市学院"美国中文教师培训证书项目"教研主任、特聘应用语言学教授。纽约州外语教师科研成果奖 Anthony J. Papalia Award 获得者。美国大纽约地区中文教师协会理事，美国华人人文社科教授协会会员。长期从事第二语言、文学、文化的教学研究和师资培训工作。在中美两国多所高校担任国际汉语师资培训和英语师资培训的客座教授。目前学术研究重点：国际汉语师资培训；汉语国际教育；外语教学法；课堂上的第二语言习得；中国文化的海外传播；中国在国际关系中的定位。

李泉著《对外汉语教材通论》即将由商务印书馆出版

　　该教材借鉴国内外外语教学的相关理论和成果，探讨了对外汉语教材的基本问题、基本理论和基本原理。此外，还讨论了汉语教材编写理论与实践的其他相关问题。作者试图将"史"和"论"结合起来，把对外汉语教学界和英语等国内外第二语言教学界的相关研究成果结合起来，把国内的对外汉语教学与海外的汉语教学结合起来，把对外汉语教材的理论问题与教材编写实践结合起来，把相关问题的历史研究、状况描述与前景展望联系起来，把已有的相关研究和个人的思考融合起来，体现出学术性、实用性和原创性。

　　该教材主要为对外汉语专业本科生编写，可供对外汉语教师、教材编写者和研究者以及语言学类其他专业对外汉语教学方向的研究生参考，亦可供英语等国内外语界本科生、研究生和教材编研者参用。

非目的语环境中文化自然传播的方法

李朝辉

内容提要：汉语和中华文化是国际汉语传播中的两大主要部分。在非目的语环境中，对于如何恰到好处地传播文化，使学习者在感受中国文化的同时，加深对汉语的理解和兴趣，更加积极主动地学习汉语，本文提出了具体解决方案，即文化自然传播的方法。概而言之，包括：营造自然的文化环境；教学中自然融入文化元素；体验文化活动；文化对比法；寻求文化认同。

关 键 词：非目的语环境；文化；自然传播

On Methods of Natural Spreading of Culture in Non-target Language Environment
Li Zhaohui

Abstract: Chinese language and culture are two most important parts of the globalization of Chinese language. How to spread culture in a proper way in a non-target language environment, how to improve understanding and interest in Chinese language so as to make learners study actively? This article therefore puts forward the solution of "Natural spreading of culture", which requires to create natural environment; to integrate cultural elements with teaching; to organize cultural activities; to conduct cultural comparison; to seek identification among cultures.

Key words: Non-target language environment; Culture; Natural spreading

一、引言

文化一直是汉语教学中无法绕开的主题之一。在新形势下，汉语和文化成为国际汉语传播中的两大主要部分。"以教授汉语和传播中华文化为宗旨"的孔子学院的建立和发展，不仅为汉语和文化的传播提供了媒介,更重要的是它传递了一种理念和方向:汉语的使用价值和中国文化的吸引力正在不断提升,传授汉语、传播中国文化是每一位汉语教师义不容辞的使命。

文化是语言教学的催化剂,比起目的语环境,非目的语环境不具有天然的文化氛围,学习者很难感受到鲜活的文化,但这并不阻碍文化的传输。在非目的语的教学环境中,如何恰到好处地传播文化,使学习者在感受中国文化的同时,加深对汉语的理解和兴趣,更加积极主动地学习汉语,变被动接受为主动吸收,是本文要回答的问题。

二、国际汉语教学中的文化

要探讨文化传播,首先应弄清文化是什么?

culture 源于拉丁文的"耕耘/种植"之意,而且"耕耘/种植"除了含有照料土地、饲养家畜之意以外,还有照料家庭和培养道德和心智之意。其中显然的寓意是文化与自然生成的区分。中世纪晚期的欧洲,culture 逐渐指道德完美与心智或艺术成就。18 世纪的欧洲,文化的集合意义强调了精神观念领域的内向性理想主义的推崇。(庄孔韶,2002:18—19)culture 的原初概念在亚洲的传播译介以日本为早,他们选择汉字"文化"对译各类西文中 culture 的同义语,意指不动用权利或刑法,而是依靠文德进行教化。日本的一些著名辞典明确标示"文化"一词来自中国古典文献:如《易经·贲卦》的"观乎天文已察时变,观乎人文以化成天下";如西汉刘向的《说苑·指武》里"凡武之兴,为不服也;文化不改,然后加诛";如《后汉书·荀悦传》的"宣文教以章其化,立武备以秉其威"。

20 世纪初,文化成为人类学的核心概念。然而,文化是一个十分复杂的问题,不同的学者从不同的角度进行研究和界说,目前还没有一个完全被大家认可的文化定义。我们倾向于接受的文化概念是"一个特定社会中代代相传的一种共享的生活方式,这种生活方式包括技术、价值观念、信仰以及规范。"(Scupin,1992:46)

进入后现代,学科之间的壁垒不断被打破,相关学科综合化的趋势日益突出。人类学以文化研究而见长。因而在探讨文化传播问题时,我们可以借鉴人类学的研究成果。如文化的特点:"文化是共享的;文化是习得的;文化是整合的;文化是以象征符号为基础的;文化是适应性的;文化是变迁的"(Haviland,1993:30—39),以及 Boas 的文化相对主义观点,都可以成为我们探讨文化传播方法、构建文化传播原则的基础。

国际汉语教学中的文化可分为广义文化和狭义文化。广义的文化是相对于自然的宽泛的概念,它涵盖社会生活的方方面面。而狭义的文化是与汉语教学密切相关的文化,首先是知识文化,如四大发明:造纸、印刷术、指南针、火药。对于知识文化,根据学习者汉语水平的高低不同,应区别对待。针对初级汉语学习者,可传播一些易于用图片或实物展示的文化元素,如名胜古迹或剪纸等。针对中高级汉语学习者,可以利用影视资源,展现中国人的生活方式和精神情操。另外,教学对象的可接受能力也是要重点考虑的。向少儿汉语学习者与向成年汉语学习者传播文化的内容和方法是有所不同的,要充分考虑受众的年龄特点和心理特点。狭义文化中更重要的部分是影响汉语得体运用的交际文化的内容,如中国有尊老敬老的传统,称呼年老的男子时,不能直接叫"老头儿",而应该称"老大爷"。这种语言的文化内涵在汉语教学中必须加以讲解,以减少学生在交际时的语用错误,提高汉语的交际能力。

三、语言教学与文化传播

众所周知,语言与文化关系极为密切,二者你中有我,我中有你。美国杰出的语言学家 Sapir 指出:语言有一个环境。使用语言讲话的人们属于某个或多个种族,……语言不能脱离文化而存在,不能脱离社会传承下来的决定我们生活面貌的风俗和信仰的总体。……文化可以解释为社会所做的和所想的,而语言则是思想的具体表达方式。中国著名的语言学家罗常培和吕叔湘先生,对于语言与文化的关系都有精彩的论述。如:一时代的客观社会生活,决定了那时代的语言内容;也可以说,语言的内容足以反映出某一时代社会生活的侧影。社会的现象,由经济生活到全部社会意识都沉淀在语言里面。(罗常培,1996:88)

应该说,社会性是语言的本质属性。离开其赖以生存的文化土壤,语言将失去价值。特别是词义的出现离不开孕育其产生的社会文化背景。比如汉语的"龙",人们赋予其丰富的文化意义:它代表中国古代传说中的一种神异动物,能兴云降雨,同时在封建社会也用作封建帝王的象征,而且中国人认为龙是一种祥瑞的动物,能给人们带来欢乐,在喜庆的日子里,人们喜欢舞龙。反映在汉语里,和龙有关的成语很多,比如"望子成龙"、"龙飞凤舞"、"龙马精神"等。在中国带"龙"字的山名、水名、地名更是多得数不清。这些都表现出中国人对龙的喜爱,也反映出龙在中国社会文化中的地位。

由此可见,离开文化的语言只能算是一些干巴巴的符号,无生命力可言。脱离文化的语言教学既是无味的,也是不科学的。正如学习汉语的留学生所说:如果不了解中国文化,我不能领略唐代的诗歌,这不是语言的问题而是文化的障碍。如果没有文化背景,我什么都不懂。文化和语言是不能分离的。如果要深入地了解一个国家的文化,应该先学会这个国家的语言;同样,如果要学一种语言,必须要掌握使用这一语言的人们的历史、文化、文学……[①]

文化和语言是密不可分的,讲解语言时不让学生理解最基本的文化是巨大的错误。非常明显,所有好的语言老师也应该是目的语文化的内行,当然,讲语言的时候也可以不介绍文化方面的知识,但这样让学生很难学会这种语言。不理解文化背景,学习者在很多情况下用词不

[①] 摘自笔者 2006 年对法国留学生心莲的访谈。

正确,比如请同事吃饭、结婚祝福、送礼物时,不知怎样表达才恰当。他们同样也搞不清楚"福"字为什么是倒着贴的。我认为讲语言的时候,这些东西应该是一起讲的。这样做,第一是为了让学生更好地理解目的语;第二是吸引他们的注意力;第三是使学生在学习过程中收获知识。总的来说,任何语言教学都无法避免文化教学,不能使学生学习语言的同时习得文化的老师是不称职的。如果世界上真有这样的老师,我个人希望,没有任何地方聘用他教学生。[①]

语言的得体就是文化的规范。语言的使用受到文化的制约。在实际教学或日常生活中,我们常常能够发现,学习者对于一些汉语形式和表达已经烂熟于心,但在交际时仍不知所措。这是因为语言的习得,不单纯是语码的转换,更重要的是文化语码的转换。如果只追求形似,不能深切领悟文化语码中的神韵,其结果难免搬硬套、词不达意。因此充分认识语言和文化的关系,明确国际汉语传播中语言教学和文化传播的关系,对语言教学进行研究的同时,多角度、多方位地探索文化传播的途径和方法,这不仅能提高汉语教学的效果,激发汉语学习者的动机,良好地促进汉语国际传播的可持续发展,同时它也是汉语教学所肩负的责任。

当然文化传播对于促进汉语教学至关重要,但在国际汉语教学中,提高汉语的交际能力是第一位的,文化教学不能喧宾夺主,它可以在辅助汉语教学方面大展拳脚。

四、文化自然传播的方法

基于对文化特性的理解和对语言教学与文化传播关系的认识,在非目的语环境中,应该采用沉浸式自然传播法。所谓"自然"是指文化传播中的自然原则。具体包括创设自然环境(外部文化环境和交际文化情境)和遵循自然规律的传播方法。

母语环境中成长的儿童,潜移默化地受到母语文化的濡染,在习得母语的同时,自然而然地习得了本族文化。在目的语环境中学习第二语言,同样有自然习得文化的条件。在非目的语环境下,最大限度地营造自然的文化环境,将有利于文化的自然传播。

此外,许多研究者指出:影响第二语言习得的首要因素是情感因素。事实的确如此,有一位日本留学生学习汉语的起因就是喜欢她的汉语老师。从对来华外国人学习汉语目的的调查统计中可以看出,相当一部分人学习汉语是因为对中国文化感兴趣。有人说,文化和语言是不可分的,语言里包括很多使用者的文化。学习语言的同时也要学习它的文化。如果对所学语言的文化有合不来的感觉,或者怎么也无法适应的话,那肯定会影响语言学习。所以一边学习文化,一边学习语言,然后会喜欢那个文化,对语言水平的提高有很大的帮助。[②] 因此,要提高语言的学习效果,首先要让学习者对目的文化感兴趣。要使学习者越发喜爱目的文化,在传播

---

① 摘自笔者2010年对捷克籍汉语国际教育硕士生王安瑞的笔谈。
② 摘自笔者2005年对日本留学生三科的访谈。

时切忌不能硬性灌输,而是应该恰到好处地自然输入,以免引起受众的反感。文化自然传播的具体操作方法如下:

(一)营造自然的文化环境

1.摆放实物或张贴图片

在教室里张贴或摆放介绍中国的图片或实物,如名胜古迹或反映中国人生活实况的图片、水墨画或书法作品、剪纸、中国结、文房四宝等。如果是初级班的教室,图片或实物下方最好配有学生母语的说明文字,若是中高级班的教室,可以用汉语解释说明,这样有助于学生更好地理解。此外,初级班里,可以挂和汉语学习相关的挂图,如声母挂图、韵母挂图、图文并茂的挂图等等。

2.播放中国音乐

虽然有时语言不通,但音乐是相通的。在休息时间播放中国歌曲或乐曲,可能会令学生产生强烈的共鸣。音乐能拉近中国与世界的距离,而且,通过学习中国歌曲来学习汉语,也不失为一个好方法。

3.准备中国的小食品

中国特色的小食品很多,如干果、果脯等。教师可以将这些小食品作为学习奖品备用。课堂表现好或作业完成得好的同学,就可以获得一份奖品。这一办法更适于中小学教师使用。相对于成年人来说,中小学课堂不太容易管理和控制。儿童生理和心理的特点,都决定了他们很难长时间集中精力,所以利用奖励的方式促进教学的方法值得尝试。

4.利用非言语行为

汉语教师本身就是中国文化最好的传播者,课堂内外,老师的行为举止、装束打扮都会给学生带来影响。教师在上课或参加活动时,可以穿一些简单的别具中国特色的中式服装,如旗袍等,这样很容易引起学生的兴趣,但同时也要注意着装应符合教师身份,要简洁大方,避免过于花哨繁琐,特别注意在一些信奉伊斯兰教的国家和地区不能穿得太暴露。

(二)教学中自然融入文化元素

1.模拟文化情境

教学时,在介绍中国人的日常交际,如打招呼、邀请、感谢、分别、送礼时,让学生现场模拟这些带有文化色彩的交际情境。使学生在轻松愉快的气氛下,既掌握了汉语,又学会了中国人的文化规范。

2.影视文化教学

教学中,根据情况可适当运用影视文化进行教学,但要注意教学对象与影视文化内容的匹配。针对儿童、青少年这样的教学对象,适于选择轻松的影片,而教学对象为成年人时,就需要选择一些反映中国人社会文化生活和精神情感的视频。影视文化教学不能停留在走马观花地看热闹。观看后,教师应要求学生表演其中的部分片段。

3.介绍语言背后的文化内涵

语言的教学离不开文化,特别是词汇教学时,如果教师恰当运用文化知识进行教学有时会起到事半功倍的效果。比如讲解成语时,顺带讲解词语背后的故事,会加深学生的印象,有助于更好的记忆,也有助于学生恰当地运用。因此,学生们常说,要掌握一种语言,无论是汉语、法语还是英语,应该先了解那个国家的文化,这样才能够深深地进入这种语言,要不永远不可能真正地掌握该语言。拿汉语来说,如果不懂中国的文化,包括它的历史,有些成语,不管学了多少次也记不住。比如坐山观虎斗,只有了解了它的背景故事才可以掌握。①

4.运用身势语

课堂上恰到好处地运用身势语,既能增强语言学习的趣味性,又能形成直观的理解,同时也自然地融入了非言语行为的文化内容。如讲解数字时,可以加进汉语中表示数字的手势;打招呼时点头、握手等身势语也可以融入教学中。此外,进行汉字教学时,通过感官的形象刺激,使学生加深对汉字理解的同时,能够更好地记忆、书写汉字,克服汉字难学的心理。比如,学"人"的时候,可以把两脚叉开,摆出人的样子。

(三)体验文化活动

1.利用社区文化

在很多国家或地区都有华人聚居区,许多华人聚居区都很好地传承了中华文化。周末或假期,带领学生深入当地华人聚居区,与华人进行交流,去中国人家庭做客,体验华人生活方式,能够自然地感受中国文化的魅力。另外,也可以去中餐馆品尝中国美食,学习菜里所用材料的名称,并趁热打铁,举办一个中华饮食文化大会,让学生学做中国菜,了解中国饮食。同时,传授给学生中国的茶文化、请客文化、就餐礼仪等与生活密切相关的文化内容。

2.开设汉语文化角

有条件的学校可以开设汉语文化角。开设汉语文化角的目的是给汉语和中国文化爱好者提供一个交流的平台,也是给社区周围更多的人提供接触中国文化的场所。在文化角可以练习汉语,阅读汉语书籍、观看汉语视频,也可以学习书法、太极拳、剪纸等中华才艺。

3.展示才艺

中华才艺的传授是汉语教学的一部分,有条件的教师应该充分展示才艺方面的特长,有时才艺能够成为吸引学习者的法宝。学习者对中华才艺产生兴趣,自然而然就会对汉语和中国文化感兴趣。学生在学习书法、剪纸、山水画等才艺后,教师也可以组织一个展览会,给学生提供展示中华才艺的机会,这样能够增强学生的成就感,也能促进汉语文化的进一步学习。

4.同庆佳节

---

① 摘自笔者2006年对加拿大留学生的访谈。

节日来临之际,教师向学生介绍中国的传统节日,如春节、元宵节、端午节、中秋节等。以春节为例,快过春节的时候,老师可以带领学生一起装扮教室。写春联、贴春联、贴年画、贴福字,让学生感受到浓郁的节日气氛。还可以通过倒贴福字,介绍中国的谐音文化。大年初一那天,大家要互相拜年,并借此机会告诉学生,中国人十分重视团圆。春节一般都要与家人团聚。

5.组织游戏比赛

根据学生的特点,游戏比赛能够起到很好的激励作用。游戏比赛的形式多种多样,比如汉语汇报演出,在排练的过程,学生语言文化水平都会得到提升。另外,教师可定期举行有奖问答活动,调动学生学习中国文化的积极性。下面就是非目的语环境中的一次别开生面的文化大赛:

2010年1月30日下午,缅甸曼德勒福庆孔子课堂举办了首届"迎新春包饺子"大赛,中国驻缅甸曼德勒总领事馆的领事们,以及福庆孔子课堂的领导们都应邀出席。本次大赛共有八个队参赛,每队不超过10人,均由初、中、高级水平的汉语学习者组成。从和面、拌馅、擀皮儿、包、煮、摆盘到上桌,完全由学生自己完成。比赛规定了味道、外观、摆盘、数量、时间五个评比项目。由领事们和福庆学校的几位老师担任评委,最后评出特等奖、一等奖、二等奖、三等奖和鼓励奖。参与此次活动的人数超过一百人。大大出乎预料的是,每位参赛选手都热情高涨,表现出非凡的创造力。尽管只学过一次(比赛前一星期,学生们听了孔子课堂中方院长关于饺子的讲座,也观看了饺子制作的整个过程),但无论从味道还是外形,绝不亚于熟手的水平,特别是摆盘,更是花样迭出,令人耳目一新。这样的活动大大提升了福庆孔子课堂的声誉,也大大提高了学生学习汉语的热情和对孔子学院的认同感。[①]

(四)文化对比法

文化具有多样性。绚丽多姿的文化使我们的生活变得丰富多彩,并增添了学习的趣味。中外文化有很多不同之处,有时正是这些不同,引起了学习者的兴趣。比如,有些中国人习惯用"吃了吗"、"去哪儿啊"打招呼。其实打招呼的人并不是真的想知道"你去哪儿?""吃饭了没有?"这只是一种礼貌的问候,表现对对方的关心。

有一个法国留学生说他的邻居老大娘,每次他从家里出来,都会问他:"你去哪儿?"而且,每次他回家,她会问:"你从哪儿回来的?"原来他觉得这个老大娘的好奇心有点强,她为什么什么事都要知道?在法国,不认识的人不会问你这样的问题。后来,他的中国朋友告诉他,这没什么不好的,这是一种礼貌,可以简单地回答:"出去了。"从那以后,每次他看见老大娘,他先问"你去哪儿"、"干什么去"这些问题。对于中国人的文化行为,这位留学生渐渐入乡随俗、身体力行。

很多时候,我们对习以为常的文化现象缺乏敏感,以为对方也会按照我们的思维方式行事。对比文化的差异,并不是为了找出双方文化到底有多少不同,而是为了更好地理解对方文

---

① 上述文化大赛的内容由缅甸籍国际汉语教育硕士生林仙珍提供。

111

化,更深刻地认识自身文化。更重要的是,对比不是要争高低、分上下。不能说目的语文化好,学生母语文化不如目的语文化。文化没有高低优劣之分,文化只有不同。除此之外,文化对比的运用应该适度,以不引起学习者的焦虑和畏难情绪为前提。有些国家和地区的文化与中国文化相差较大,如果一味强调差异,有时可能适得其反,使学习者对中国文化产生距离感,甚至视汉语和中国文化为异类。

文化对比,宜于采用启发式提问的方法,引导汉语学习者找出目的语文化和母语文化的异同。比如介绍问候的礼仪时,教师可以示范中国人的语言伴随动作,如点头、握手、摆手等。然后学生表演他们问候时的身势语言。有的国家是鞠躬;有的国家拥抱;有的国家合掌于胸前鞠躬;有的国家亲吻面颊……

(五)寻求文化认同

虽然文化的某些方面千差万别,但不可否认,人类是具有普遍性的。认识到这一点对于通过寻求文化认同来顺利传播文化很重要。文化的认同有助于文化的传播。

广义的文化认同包括族群内部的文化认同和对外来文化,即他者的文化认同。在传播文化的过程中,这两种文化认同同样值得重视。目前,在非目的语环境中学习汉语的大军里,有相当一部分是华裔,他们在海外依然保留着中华传统文化习俗、生活方式和思想观念。对于华裔汉语学习者,应该利用天然的原生情感纽带,强化他们的文化认同,从而激发接受中华文化的热情。

另一方面,从某种角度说,文化的发展可以看作是不同社会民族之间的文化相互传播的结果。文化的传播和采借由来已久,伴随着全球化进程的脚步,文化的传播更加广泛,它潜移默化地影响着人们的思想观念和行为方式,不少地区文化越来越趋同。因此,对于非华裔的汉语学习者,努力找寻汉语文化与其母语文化的相似之处,引发他们的文化认同,进而能够自然地推动文化传播。

五、结　语

文化自然传播的途径和方法有很多,以上内容仅提供一些思路。此外,有时受传播国教学条件的限制,如一些欠发达地区教学设备不齐全,无法使用多媒体教学等因素的影响,有些方法可能不容易操作,但只要精心设计准备,很多困难还是可以克服的。教师在设计文化内容和传授方法时,应充分考虑学习者的兴趣爱好、汉语水平和心理特点等因素,在操作上,遵循内外兼顾、语文同步、循序渐进、因材施教、自然输入的原则;在理念上,遵循文化相对主义和文化双向适应的原则。

参考文献：

罗常培(1996)《语言与文化》，北京：语文出版社。
日本大辞典刊行会(1975)《日本国语大辞典》，东京：小学馆，第17卷。
庄孔韶(2002)《人类学通论》，太原：山西教育出版社。
Haviland, W. A. (1993) *Cultural Anthropology*, Orlando, Florida, Harcourt.
Sapir, E. (1921) *Language: An Introduction to the Study of Speech*, Harcourt, Brace & Co.
Scupin, Raymond(1992) *Cultural Anthropology: A Global Perspective*, Englewood Cliffs, New Jersey: Prentice-Hall.

作者简介：

李朝辉，女，中央民族大学国际教育学院副教授，文化人类学博士。

《语言学与第二语言习得理论》出版

《语言学与第二语言习得理论》是中央民族大学国际教育学院推出的"国际汉语教学研究生系列教材"中的一部，由中央民族大学出版社出版，刘玉屏、孙晓明编著。该书分上、下两编。上编介绍对语言教学与研究具有指导意义的若干语言学理论，主要包括历史比较语言学的理论、索绪尔的语言理论、布拉格学派的语言理论、哥本哈根学派的语言理论、美国描写语言学派的语言理论和生成语言学理论。下编系统介绍第二语言习得理论，包括学习者的语言特征、影响第二语言习得的外部因素、影响第二语言习得的内部因素、学习者的理论和模式等内容。

《语言学与第二语言习得理论》的主要对象为汉语国际教育硕士专业研究生以及从事国际汉语教学实践与相关研究的教师和其他人员。

菲律宾华语教学现状与教师培训需求分析

林 秀 琴

内容提要：菲律宾华语教学不同于中国的语文教学，也不同于第二语言教学，教学模式具有独特性。菲律宾华语教师专业背景不同、教学水平不一，但培训需求比较明确。调查发现，他们对汉语语法知识、写作教学、网络多媒体技能和教学辅导材料方面的培训需求更迫切，建议相关部门组织培训时予以考虑。

关 键 词：菲律宾；华语教师；培训

An Analysis of the Current Situation of Chinese Language Education in Philippines and Needs of Teacher Training

Lin Xiuqin

Abstract: Chinese language teaching in Philippines is different from that in China and is also different from second language teaching in general, with its own particular instructional models. The academic background and instructional competence of teachers vary, though training requirements are relatively clear-cut. Studies show that Chinese language teachers in Philippines emphasize more on the training of Chinese grammar, writing instruction, internet/multimedia capabilities, and designing of supplementary teaching materials. This paper therefore suggests that related institutions take those factors into account in the training of Chinese language teachers.

Key words: Philippines; Chinese language teachers; Training

受菲律宾华教中心和华校联合会邀请，受国家汉办和北京市教委委派，本人于2007年、2010年两次赴菲律宾参与华语教师培训工作。在菲期间，通过听课、与教师座谈、实地考察华校以及问卷调查，对菲律宾华语教学和师资情况有了初步了解，随后通过分析调查问卷对教师培训问题进行了较深入的理性思考。笔者认为，菲律宾华语教学界正在探索适合菲律宾当地特色的教学模式与方法，菲律宾华语教学正朝着适应现代社会需要的方向发展。同时也应该看到,菲律宾华语教学还有一些尚待提高的空间,他们对教师培训的广泛需求,也应引起相关部门的足够重视。

一、菲律宾华语教学与教师现状

(一)菲律宾华语教育的历史与现状

菲律宾华语教育的历史可以追溯到19世纪,发展至今可谓历经坎坷。自1899年创办了第一所华侨学校,到上世纪60年代菲律宾华校已经发展到上百所。在华校,华语和英语、菲语可以平分秋色,学生大半在校时间可用来学习华语。然而到了上世纪70年代,政府针对华人华侨实行菲化政策,中学学制由六年改为四年,华文课时每天不能超过两小时,而且只能安排在下午英语、菲语教学之后,华文教学时间被大大缩短。此外,由于上大学不必考华文,学生学习华文的积极性不高。这些政策上的变化对菲律宾华文教育冲击很大,发展受到了限制,华文教育日渐处于边缘化的地位。

中国改革开放之后,随着中国综合国力和世界影响力的提高,汉语热在菲律宾又逐渐升温,很多菲律宾华人更深刻地认识到学好汉语、了解中华文化对个人发展和华界未来的重要意义;也有本土菲律宾人认识到华语学习可以为孩子未来择业提供更多的机会,把孩子送到华校接受华文教育。20世纪90年代开始,华人社区开展了"挽救华文教育"大讨论,就如何提高师资水平、改编教材、改进教学方法等进行了讨论,此后,菲律宾华文教育重现生机。

(二)菲律宾华校体制与师资构成

菲律宾华校大部分实行从幼稚园、小学部到中学部的多层次教育体制,有的学校甚至包括大学部和研究所这样整套的教育体系。这种大而全的教育体制在菲律宾环境中对华校可持续发展起到了积极作用,华文教育整体上是朝着积极方向发展。不过在考察中我们也发现,中小学华文教育仍然面临一些问题,比如,相当一部分华文学校的校长并不懂中文,这在一定程度上影响了华文教学的发展;再如,由于待遇低,华文教师候选人才数量有限,水平也参差不齐。他们之中绝大部分是菲律宾自己培养的本土教师,也有一部分是从中国大陆、台湾去的新移民,近年还有国家汉办派遣的志愿者。这些教师各有所长,但问题各异。有些本土教师虽然非常努力,在管理学生或教法方面有一技之长,但存在学历偏低、专业知识不足的问题,华语本体知识、第二语言教学专业知识都有待提高;有些教师,比如志愿者教师,教学热情高,但多数缺少正规完整的师范教育训练,专业知识不足,尤其对菲律宾当地社会、文化不熟悉,不善于管理中小学生,教学开展并不顺利。

(三)菲律宾华校教学模式与教师现状

在教学模式上,菲律宾华语教学应是一种介于母语教学和第二语言教学之间的模式,它既不同于中国的语文教学,也不同于汉语之在英语国家或韩国、日本的二语教学。在菲律宾,学校教育以英语为主导,华语处于从属地位。不过,由于历史积淀的原因,菲华社会交际场合相对独立,华语新闻媒体对华人有长期影响,华语在菲律宾还具有一定空间。受诸多因素影响,华校学生的华语水平,明显高于英语国家或韩日的学生。在这种背景下,其华语教学就表现出了既不同于第二语言也不同于母语教学的"菲律宾特色"。

然而目前所见,很多教师对此并没有充分的认识,在课堂教学中,虽然很专注、敬业,课堂管理井井有条,但没有利用学生的语言能力与背景,自己说得多,学生练得少,没有启发学生运用语言进行交际,仅是要求学生死记硬背,学生开口度较低;也有学校的教学方式类似于中国的语文教学,老师分析文章体裁、主题思想、段落大意、修辞手法等;还有的教师知识结构陈旧,不能给教学注入现代化元素,比如年龄较大的教师畏惧或回避多媒体资源的使用,教学活力不足;另外也有学校由于历史的原因,学生还在学习旧式"注音符号"而非汉语拼音;也有一些教师不能正确定位学生水平,教学内容与学生能力明显错位,高级班课堂仅仅练习初级的"点菜",而初级班却讲授较有难度的华语作文。

以上问题除了学校总体计划、体制或教材等原因外,最重要的是教师自身专业素养与教学能力问题,因此,对菲律宾大批在岗的华语教师而言,他们需要系统、专业的教师教育和及时、有效的业务培训,在与当地华语教师的接触中,他们也表达了对有效培训的强烈愿望。因此,有必要对此进行专门研究和针对性设计。

二、菲律宾华语教师培训需求调查与分析

为进一步了解菲律宾华语教师综合状况和对教学业务培训的需求,我们在考察学校、与教师座谈的同时,对参加培训的华语教师也进行了问卷调查,发出问卷90份,回收有效问卷60名份。调查的对象全部为菲律宾华语学校中小学教师。下面是对本次调查结果的分析。

(一)教师背景与工作情况分析

1.华语教师学历一半以上为大专以上水平

从学历结构看,受调查的教师中拥有大专以上学历的占57.6%;有21人拥有高中学历,占总调查人数的35%;拥有高中以下学历的是4人,占6.7%。

尽管拥有高中学历的教师的人数最多,但是也可以发现拥有大专以上(含大专)学历的教师仍然占到了的大多数(57.6%),这应是一个比较令人欣慰的结构。不过,它也提示我们对菲律宾教师培训应注意不同学历结构教师的不同需求,并应分别进行。另外,教师中还有少部分是高中以下学历,连同高中学历教师,占了41.7%,比例不小,这是菲律宾华语教师较为紧缺、可选择性很低的一个反映。他们可能存在知识、学识、素养等综合问题,对这一部分教师的培训也应格外关注,如可能,应考虑给予时间进行学历进修。详见表1。

表1:受调查教师学历结构

学历	高中以下	高中	大专	本科	硕士	博士及以上	未作答
人数	4	21	16	13	4	1	1
百分比	6.7%	35.0%	26.7%	21.7%	6.7%	1.7%	1.7%

2.华语教师大部分母语为汉语,专业背景以中文、教育专业为主

关于语言背景,有49位教师以汉语作为母语,占全体受调查者的83.1%;10人以非汉语作为母语,占16.9%;1人为双语背景。这提示我们,在教师培训中应考虑少数教师的汉语语言能力。

从专业背景看,60名教师中有21人专业为中文,占总数的35%;12人的专业是教育学,占20%;2人的专业是心理学,1人的专业是其他语言文学,另有13人的专业类型属于其他。此外,有11人选择了两个以上(含两个)专业,其中10人的专业中包括中文,1人包括第二语言教学。全体接受调查人员中有超过半数的教师是中文专业(31人,51.7%)。

对于教师业务培训而言,这样的专业背景结构至少需要将培训分成三类:(1)针对中文专业背景的教师,(2)针对教育或心理专业背景的教师,(3)针对其他专业背景的教师。三种培训在内容方面应各取所需,各有侧重,培训时间也应有所不同。

3.华语教师多数任职于私立华语学校,教学经验比较丰富

绝大多数受调查的教师任职于私立学校,共51人,占全体受调查教师的85%;7人在公立学校,占11.7%;另有1人任职的学校属于"其他",1人未作答。这提示我们在考虑对菲律宾华语教师培训师应了解菲律宾私立华校的特点和需求,突出培训的针对性。

据了解,由于待遇较低等原因,菲律宾华语教师有"高龄化"特点,有些教师六七十岁还不得不坚守教学一线。本次调查虽未涉及教师年龄,但从教学经历方面有一定反应。在受调查的教师中,从事中文教学时间五年以上的最多,有42人,占了70%;中文教学经历不足一年的约仅11人,占18.3%。因此,在设计培训计划时应把这些经验丰富教师的需求作为重点加以考虑。详见表2。

表2：受调查教师教学经历

教学经历	半年以下	半年至一年	一年至三年	三年至五年	五年以上
人次	1	10	4	3	42
百分比	1.7%	16.7%	6.7%	5.0%	70.0%

4.教学工作量较大

有63.3%的受调查学员每周课时在8课时以上；有10人每周课时在4—8课时，占16.7%；有6人每周课时在2—4课时，占10.7%；2人的每周课时在2课时以下，占3.57%；另有4人未作答。

菲律宾华语教师教学工作量比较大，在安排培训量和培训时间时应予考虑，否则，教师压力大、负担重，则将会影响培训效果，可能事倍功半。

(二)对华语教师培训需求的分析

1.教学中遇到的主要困难是写作教学问题

在回答在教学中主要遇到什么困难时，华语教师们反映写作教学方面的问题最多，占到52.6%，其次是听力教学的问题，最后是口语、阅读和综合教学。据我们在菲律宾华语课堂所见，他们的教学不分课型，是统一的华语综合课，教师教学的重点就是通过口语表达和阅读提高学生的汉语综合能力，而写作能力是书面表达能力，需要特别设计。这说明，由于长期教学实践，当地教师擅长综合课以及口语和阅读教学，而写作教学是比较棘手的一个方面，可以看作是他们最期待的培训内容之一，也应是培训的重点。

表3：受调查学员反映的主要授课困难

教学困难类型	人次	反应次数的比例	选择此项的学员比例
口语	8	10.5%	14.3%
听力	14	18.4%	25%
阅读	7	9.2%	12.5%
写作	40	52.6%	71.4%
综合	7	9.2%	12.5%
Total	76	100.0%	135.7%

2.在汉语本体知识方面最需要语法知识，其次是词汇知识

作为华语教师，语言技能教学能力固然重要，但知识本身是立足课堂的根本。在汉语教学中，语法教学具有统领教学的作用，语法知识对教师也就非常重要，具有特别意义，受调查教师在这方面的需求反映了他们对教师知识结构的一种认识。从学历背景看，由于教师中高中学历的教师所占比例最大，对本体知识的强烈需求也就自然而然了。

表4:受调查教师反映的最需要的汉语本体知识(4人未作答)

知识类型	人次	反应次数的比例	选择此项的学员比例
语音	9	12.3%	16.1%
词汇	18	24.7%	32.1%
语法	42	57.5%	75.0%
汉字	4	5.5%	7.1%
Total	73	100.0%	130.4%

3.最希望培训的是网络多媒体方面的内容,其次是教学法(7人未作答)

对网络多媒体资源的利用,是现代教育的发展方向,它将影响未来语言教学模式的创新。菲律宾华语教师认识到了这一趋势,并希望与时俱进,迎头赶上;另外,不断吸收新的理念,改进教学法,是所有专业教师的共识,这是教师们选择教学法作为最需要培训的一个内容的原因所在。以上两个方面应是今后培训工作考虑的重点。

表5:受调查学员反映的需要培训的其他内容

内容类型	人次	反应次数的比例	选择此项的学员比例
教材编写	11	13.9%	20.8%
教学法	23	29.1%	43.4%
网络多媒体	30	38.0%	56.6%
测试	9	11.4%	17.0%
中国文化	6	7.6%	11.3%
Total	79	100.0%	149.1%

4.教师希望培训的语言教学技能是写作教学技能

这与前述内容一致,说明我们需要加强对菲律宾华语教学中的写作教学研究,加大这方面的培训力度。

表6:受调查学员希望培训的语言教学技能(5人未作答)

技能类型	人次	反应次数的比例	选择此项的学员比例
听力	15	20.0%	27.3%
口语	18	24.0%	32.7%
阅读	10	13.3%	18.2%
写作	32	42.7%	58.2%
Total	75	100.0%	136.4%

5. 教师希望的培训形式是系统授课

这说明菲律宾华语教师更看重培训的系统性,他们希望得到的培训更专业、更科学,这与菲律宾华语教师学历背景和专业背景相关,他们需要真正意义的进修、充电。

表7:受调查教师希望的培训形式(6人未作答)

技能类型	人次	反应次数的比例	选择此项的学员比例
系统授课	23	37.7%	42.6%
专题讲座	19	31.1%	35.2%
研讨互动	19	31.1%	35.2%
Total	61	100.0%	113.0%

6. 教师希望的培训时间是三周以上

关于培训时间,排在首位的是三周,占21.7%,其次是四周和四周以上,都占20%,三项合起来,共占61.7%。这说明菲律宾华语教师更期待较长时间的集中培训,而不希望仅是蜻蜓点水式的简单讲座,这与前面关于培训系统性的需求相一致,系统性培训需要一定的时间保证,因此教师们认为三周以上时间较为合适。

表8:受调查教师希望的培训时间(8人未作答)

希望培训时间	一周	两周	三周	四周	四周以上
人次	6	9	13	12	12
百分比	10.0%	15.0%	21.7%	20.0%	20.0%

7. 教师最希望得到的帮助是提供教学辅导材料

由于环境原因,菲律宾华语教学资料相对匮乏。我们知道,近年来国家汉办向很多国家赠送教材,但如何使用这些教材,与教材配套的教辅材料就成为新的需求,因此,编写配套的教辅材料并进行相应的培训应是未来我们要重视的一个方向。

表9:受调查教师希望提供的帮助(6人未作答)

内容类型	人次	反应次数的比例	选择此项的学员比例
教材	12	14.6%	22.2%
参考书籍	16	19.5%	29.6%
教学辅导材料	21	25.6%	38.9%
业务培训	18	22.0%	33.3%
网络教学辅导	15	18.3%	27.8%
Total	82	100.0%	151.9%

三、对菲律宾华语教师培训工作的建议

通过上述调查与分析可以看出,菲律宾华语教学有自身的特点,华语教师对业务培训也有自身的需求,因此相关部门应根据当地实际情况组织具有实效的华语教师。建议注意以下几个方面的问题。

(一)强调适合菲律宾华语教学的培训理念

充分认识菲律宾华语教学不同于母语语文、不同于第二语言教学的特殊性,在教师培训时,结合菲律宾的社会环境和华语在社会生活中的地位,考虑多数教学对象具有家庭语言背景的实际情况,在如何建立菲律宾特色的华语教学模式方面下工夫,引导教师转变教学理念,突破传统教学模式。

(二)对菲律宾教师实施分层培训

根据教师不同的背景,宜分三个层次进行培训:大专以上和大专以下学历教师分别培训;中文专业和非中文专业教师分别培训;经验丰富的教师与新教师分别培训。

(三)培训内容突出三个重点

1.内容教学方面,对部分教师强调汉语本体知识,尤其是语法和词汇知识的培训。
2.技能教学方面,加强写作教学的培训力度。
3.教学手段方面,强化多媒体技术和多媒体资源的利用,突出基于现代教育技术的新教学法的融入。

(四)采取适合菲律宾教师特点和需要的培训形式

1.培训形式:以系统培训为主,培训时数累计至少达到三周。鉴于多数菲律宾教师每天工作、时间较紧的实际情况,可制定系列课程规划,安排定期专题培训(比如每月两个上午,菲律宾华语课在每天下午),这样在多门课程完成后,积累起来是一个完整的系列。

2.培训方法:鉴于多数菲律宾教师常年工作在教学一线,教学经验丰富,很多教师在教学方法方面有自己的优势,最好采用讲授与工作坊相结合的方式,挖掘教师自身潜能,以取得在交流中互相启发、共同提高的效果。

3.培训机制:通过需求调研,发挥中菲汉语教学专家各自的优势,组成中、菲专家组进行专题培训,取长补短;或者国内高校与菲律宾华教机构结成"对子",定期互访、研讨,使双方有比较深入的了解,使培训更具针对性,提高培训效率。

(五)培训结合教辅编写与供给

在培训的同时,由相关部门开辟一条教辅材料(包括纸本材料和多媒体材料)的编写与供给通道。在材料编写时,邀请菲律宾一线教师、专家共同合作,材料内容贴近菲律宾社会现实,符合教学需要;应特别注重多媒体材料的提供、使用与培训,这样既可以开拓教师视野,又能够丰富教学内容、保证教学内容与时代发展同步,同时还训练了计算机使用技能,一举多得。

参考文献:

蓝小玲(1999)菲律宾华文教育的现状与改革,《世界汉语教学》第2期。
李奇瑞(2003)菲律宾华文教育的现状与前景,《九江师专学报(哲学社会科学版)》第3期。

作者简介:

林秀琴,女,首都师范大学国际教育学院副院长。

《国际汉语课堂教学研究——课堂组织与设计》出版

《国际汉语课堂教学研究——课堂组织与设计》是汉语国际传播与国际汉语教学研究丛书之一,田艳著,中央民族大学出版社2010年出版。该书从教学实效出发,探讨了国际汉语教学理论及教学实践两个层面上的问题。全书共十四章,在对国际汉语教学学科特点进行分析的基础上,分别就国际汉语教师的定位与自我呈现、课堂教学的互动模式、课堂教学过程的处理、国际汉语课堂上的跨文化应对、课堂教学的组织与设计进行了多个层面的阐述与分析。

来华泰国中小学汉语师资培训情况调查

〔泰国〕黄德永

内容提要：本文采用了调查问卷和深入访谈的研究方法，对来华泰国中小学汉语教师培训的基本情况、汉语学习情况及泰国中小学开设汉语课的情况进行了调查和研究，分析了调查对象对2009年天津大学泰国中小学汉语教师培训项目的预期目标的实现情况，提出应当在课程设置和教学法上有所创新；同时，本文根据调查结果对泰国汉语教师培训提出了一些建议。

关 键 词：泰国；中小学汉语教师；来华培训

Experiences of Being Trained in China: A Case Study of Chinese-language Teachers from Thai Elementary and Secondary Schools

(Thailand) Prateep Wongverayut

Abstract: This article investigates Chinese-language teacher training in China of elementary and secondary schools in Thailand, as well as the Chinese study situation and Chinese courses set-up in elementary and secondary school. It also analyzes respondents' expectation and teaching demands towards the training in Tianjin University in 2009, proposes to pursue innovation both in curriculum provision and teaching methods. Meanwhile, suggestions of Thai teacher training be put forward according to the results of this investigation.

Key words: Thailand; Teacher of elementary and secondary school; Chinese-language teacher training in China

一、调查目的

中国改革开放以来，随着经济和社会的发展，国力日益增强，尤其是中国成功地加入世贸组织后,汉语越来越受到世界各国的重视,全世界学习汉语的人数一直呈现上升的趋势,并由此出现"汉语热"的现象。据统计,目前全世界学习汉语的人数已超过 4 000 万,汉语推广处于一个良好的发展势态。①

早在 1992 年,泰国就出现了"汉语热"。泰国政府开始对汉语教学放宽政策,允许所有的中小学开设汉语课程。1998 年,泰国教育部批准汉语成为大学入学考试的一门外语课程,指出凡是报考大学人文学科和社会学科的学生,可以选择报考汉语代替法语、德语等其他外语。2003 年以来,泰国教育部进一步加大了推进汉语教学发展的力度,鼓励大、中、小学校开设汉语选修课程,力争在五年内将汉语教学发展成为大学和中学的外语选修课之一。在 2005 年,教育部制定了五年汉语教学发展的新政策,②其目标是:2009 年以前在泰国各地的 2 000 多所中小学开设汉语课程。因此,泰国汉语教学的发展是令世界瞩目的。

在泰国汉语教学快速发展,形势喜人的同时,其发展过程中所存在的问题也逐渐凸现出来——汉语教师严重短缺,且泰国汉语教师的质量有待提高。究其原因,是由于泰国的汉语教学在短期内大规模增长而引发的汉语教师需求上的结构性失衡。目前,汉语师资短缺及质量不高已成为制约泰国汉语教学进一步发展的突出问题。为此,泰国教育部与中国国家汉办以及国务院侨办合作实施了"国外汉语教师培训项目",此项目分为两个子项目,即"国外汉语教师来华研修项目"和"派遣汉语教学专家组赴国外培训汉语教师项目"。其中,"国外汉语教师来华研修项目"是邀请国外汉语教师到中国的有关院校参加短期汉语教学培训的项目。2009年,笔者参加过类似的汉语教师培训,认为此项目对泰国汉语教师教学水平的提高起到了很大的作用。因此,本文尝试在这方面做一些探讨,对泰国的汉语教学培训项目进行了问卷调查,目的是了解泰国汉语教师的现状,总结出其中的规律,并对今后的泰国汉语教师培训工作提出一些积极的建议,使该项目更有效地促进泰国汉语教师教学水平的提高,以推动汉语国际传播的发展。

二、调查对象、调查方式和调查内容

(一)调查对象

本次调查的对象为 2009 年天津大学泰国中小学汉语教师短期培训班的学员。具体分布情况如表 1 所示,被访对象分别来自中学、小学和私立培训机构。对于具体学校的选择,笔者

---

① 见国务院侨办公室网站 http://www.gqb.gov.cn/news/2009/0203/1/12330.shtml
② 吴应辉、龙伟华、冯忠芳、潘素英译(2009)泰国促进汉语教学,提高国家竞争力战略规划,《国际汉语教育》,北京:外语教学与研究出版社,第39—47页。

主要考虑到学校所在地域和性质等因素,尽可能在同一类型的机构中选择不同性质、不同地区的学校,以扩大调查的覆盖面。

表1:被访泰籍汉语教师的分布情况

学校类别	学校	性质	所在地	被访者数量	共计
小学	SriWittaya	民办	曼谷	2	11
	Sri-Sawang	公立	宋卡	2	
	Suwanawong	民办	武里南	1	
	Khok-Pho Wittaya	公立	乌隆	2	
	Sri-Nakorn Wittaya	民办	合艾	2	
	Pachawit	民办	南邦	2	
中学	Hadyai-Wittayalai	公立	合艾	2	19
	Phol Wittaya	民办	北揽	2	
	Rajvinit	公立	曼谷	2	
	Satree-Nontaburi	公立	暖武里	2	
	Navaminrachutit	公立	巴吞他尼	1	
	Satit-Ramkamheang	公立	曼谷	1	
	Kanarajsadornbumrung	公立	也拉	1	
	Vanij-Wittaya	民办	呵叻	2	
	Samchai-Witthetsuksa	民办	龙仔厝	2	
	Wutwittaya	民办	春武里	3	
语言培训机构	OKLS	民办	曼谷	2	2

本次调查对象共32人。其中男性6人,女性26人;小学12人,中学18人,语言培训机构2人。

调查涉及的学校有:小学6所(公立2所,民办4所),中学10所(公立6所,民办4所)。从学校的分布地区来看,6所小学为:曼谷1所、北部1所、东北部2所、南部2所;10所中学为:曼谷2所、中部4所、东部1所、东北部1所、南部2所;语言培训机构为:曼谷1所。

(二)调查方式

本调查是对泰国汉语教师培训项目做出初步的调查。[①] 因此,发放问卷仅有32份,作答

[①] 迄今无人对来华的泰国中小学汉语教师培训项目进行调查与分析,本文只是在这方面进行初步探索,抛砖引玉。

时间10—15分钟。题型以客观选择题为主,占80%,其余20%为主观问答题。为了增强问卷设计的科学性,兼顾调查对象的特点,题干和选项全部带有泰语翻译,部分选择题设有"其他"选项,被调查者可以自由补充这一选项的内容。

(三)调查内容

问卷共设计了38个调查问题。主要内容为:

1. 汉语教师的基本情况
2. 汉语教师的学习目的与方式
3. 汉语教师所在学校的基本情况与汉语教学情况
4. 对此次培训汉语课程的需要与要求
5. 今后的学习与汉语教学工作计划

三、调查结果分析

(一)汉语教师的基本情况

本次调查的受访对象具有以下三个特点:(1)从分布情况看,他们来自泰国各个不同地区。从学校的性质看,他们分别来自各种性质的学校,如小学、中学以及汉语语言中心,且民办小学比较多。这些学校都是以前留下来的华校,它们直接跟中国侨办建立了关系,每年都得到侨办的资助,因此民办的中学和小学教师可以来华参加汉语教师培训。(2)从年龄上看,他们的年龄结构可分为三个等级,即年轻教师(24—26岁)有5位,中年教师(35—38岁)有10位,年长教师(53—58岁)有17位。其中年长汉语教师人数占总人数的比例最高,年轻汉语教师占总人数的比例较低。(3)泰籍华侨占较大比例,高达78%,泰国本地人仅占22%。华人的文化背景使他们对汉文化有熟悉感和认同感,这对他们的汉语学习有积极作用。

(二)教师的汉语水平、学习目的及学习方式

这些汉语教师都是在泰国国内学的中文,其中学过3—5年汉语的教师占72%,学过5年以上汉语的教师只占28%。调查结果表明受访者的汉语水平与教学经验参差不齐。学过十年以上汉语的都是年长的学员,因此,后者的汉语口语能力比前者强,教学经验比较丰富。关于调查对象的教育背景,具有学士学位的占71%,有28%的人低于学士学位。虽然受访者都具有较高的学历,但是仅有7人在国内获得汉语专业的学士学位,其他25人是非汉语专业,他们仅有在泰国华校或汉语培训中心(汉语补习学校)学过中文的经历。自从泰国出现"汉语热"以来,泰国对汉语人才的需求量越来越大,促使很多人改行从事汉语教学工作。目前泰国还没

有一套通用的汉语教师能力标准,可用来对泰国汉语教师进行测试。参加过汉语水平考试的人占总数的43%,这其中所有人都通过了HSK5级考试,达到了汉语中级水平,而有57%的人没有参加过HSK考试。这不利于汉语教师自觉提高汉语水平,当然也给汉语教学造成了一定困难。另外,即使是学习汉语时间较长的学员,其学习过程也很复杂,很少有人接受过正规的汉语培训。

此外,有85%的学员表示是因为"爱好和兴趣"而学汉语,只有15%是"工作需要"的原因。从调查及个别访谈的情况来看,许多受访者表示,由于自己学习汉语的方式不够规范,导致汉语水平不够理想,其接受汉语教师培训带有较高的自觉性和较强的目的性。

(三)汉语教师所在学校的汉语教学情况

1. 学生规模

在本次调查中,57%的学员在小学教汉语,28%在中学教汉语,另15%则是家教。平均每一所学校学习汉语的人数约为400人左右,其中只有3所办学规模较大,学习汉语的人数将近2 000人。究其原因,自从2008年泰国基础教育部颁布大力发展汉语教育的有关规定以来,全泰国大约有2 000所中小学开设汉语课,导致学习汉语的人数迅速增加。

2. 师资情况

以本次调查为例,21所学校只有泰籍汉语教师,另外11所既有泰籍汉语教师,也有中国汉语教师。这些中国汉语教师大多是每年被派遣到泰国各校的中国汉语教师志愿者。目前,这些志愿者可暂时缓解泰国汉语师资缺乏的问题。

3. 课程设置

在这些学校中,各学校汉语课开设的情况是:有24所学校把汉语设为外语选修课之一,并规定每周上2—4节汉语课(每一节课50分钟)。另外8所中学将汉语设为必修课,每周规定学生学习汉语的时间为6—8课时。从学习时间上来看,这是很理想的学习时长。

4. 教材

关于汉语教材的选用,根据本次调查,这些汉语教师所在中小学所使用的教材中,有57.2%是中国出版的,如北京语言大学出版社出版的《汉语教程》等,另外42.8%是泰国本土出版的。受访者普遍认为目前所用的中国出版的教材缺乏趣味性与系统性。他们更希望能有一套针对性、趣味性较强,适合泰国学生学习汉语的教材。

5. 教学难点

关于教学的内容,大多数受访者认为"语法"是最难教的部分,占总数的71%;认为"汉字"与"汉语拼音"最难教的受访者各占14%。通过个别访谈,认为"汉语语法"最难教的有22人,他们大部分都是非汉语专业的教师,他们更希望中国政府能提供短期汉语培训的机会。这为培训机构提供了信息,以便其在今后的培训中提供更好的服务。同时需要注意的是应为这些泰国汉语教师提供加强和巩固汉语语法知识的培训,为泰国汉语老师胜任教学工作提供保障。

我们可以预计,只要教学水平合格、教材选用得当,未来汉语教学在泰国会发展得越来越好。

(四)对培训课程的需求

被调查的汉语教师都认为"一个月"的培训时间很合适。在回答"通过参加此次培训希望哪方面得到提高"的问题时,72%的教师希望能学习汉语教学法、多媒体与教具制作方面的知识。除此之外,另有28%的受访者希望能提高自己的口语交际能力。对此类培训的期望方面,受访者除了普遍希望学到更多汉语知识外,有57%的人希望能观赏到中国舞蹈与音乐的表演,28%的人希望培训机构能提供HSK辅导。他们认为理想的HSK成绩,有利于他们今后申请到中国高校进一步学习深造。此外,如果有机会参加下次培训的话,有75%的教师希望培训单位能按照不同的汉语水平进行分组,并希望多就汉语教学相关问题进行探讨,有25%的教师渴望能有更多的教学互动。笔者对这一点进行了深入访谈,受访者都认为此次培训班的人数过多,没有机会提问,缺乏互动环节,培训结束之后没有系统的教学评估。有些课都是老师一个人讲课,上课的气氛非常枯燥。

下面是针对培训中的每一门课进行的调查:

1.普通话正音与汉语拼音:85%的受访者对这门课的教学很满意,15%觉得无所谓。满意的主要原因是教学方法与手段很好,课堂教学生动有趣。调查显示,泰国年长的汉语教师认为自己的发音不够标准,潮汕口音很重。因此,部分受访者认为这门课是很好的练习机会,可以纠正发音。

2.汉语语法:57%的调查对象对汉语语法课的教学很满意。他们认为内容很丰富,针对性与运用性很强。有两位在其他选项提出了一些意见,认为这门课对他们在泰国的汉语教学工作有很大的帮助,遗憾的是这门课分配的课时较少,只有两次课(6个小时)。大多数受访者希望能多学习一点关于汉语语法的知识。28%的教师不满意,原因是教学方法与手段单一,缺乏趣味,没有提供课件与教材。汉语语法是汉语教学的主干内容之一,要教好汉语,首先要掌握汉语语法。今后安排培训课程时,可以考虑适当增多。

3.朗读课:调查结果明确地显示出,85%的调查对象都觉得很满意。主要原因是内容针对性与实用性很强,教学方法与手段多样,很有趣味,并提供了很多课件与课外材料。

4.儿童心理理解课:85%的人都对此门课不满意,有15%的人觉得无所谓。不满意的主要原因是内容深奥复杂,很难理解,教学方法与手段单一,缺乏趣味。事实上,这门课对以后的汉语教学非常重要,因为了解学生的心理更有助于针对少年儿童进行汉语教学。应在今后的课程安排中增加趣味性,采用浅显易懂的方式使泰国老师掌握相关知识,并与实际教学相结合,以提高汉语教学水平。

5.中国文化课(书法、剪纸):受访者对此门课都很满意,主要原因是教学方法与手段多样,很有趣味性,有练习机会,并可以展示各位老师的作品。受访者对文化课积极的反应主要是因为他们大多数都是华侨华裔,对中国文化有认同感。此外,他们都认为文化课可以引用到泰国汉语教学的课堂上,有利于使汉语教学气氛更有趣味性,使泰国学生更多地了解中国文化。

除了上述所提及的课程,受访者表示还希望能学到一些实用技能。调查显示,57%的教师希望能学到汉语教学法与课件、教具制作的相关知识。尤其是年轻教师,他们大学刚毕业,从事汉语教学不久,所以渴望能多学一点有关这方面的知识。选择语言学基础知识的占28%,选择此项的多为中年教师,虽然她们从事汉语教学多年,可是都是非汉语专业毕业,没有受过系统的、规范的培训,所以他们更希望补充这方面的知识,以利于提高今后教学工作的成效。

对"此次培训的哪些方面亟待改善"这一问题的调查显示,57%的调查对象认为每班人数太多。为了使汉语教师培训更有效果,培训单位应该根据受训者的汉语水平来分小组,这样才能提高培训的效果。28%的调查对象认为课程安排方面应提供多样性的课程,如中国文化讲座等类似课程,课程时间安排方面有待调整,课程安排时间太紧,没有时间复习所学过的内容。

(五) 今后的学习与汉语教学工作计划

调查和深入访谈的结果显示,受访者对今后的学习计划都有相对积极的反应。他们都打算回国后继续学习汉语,并参加汉语水平考试。对"今后你会选择哪种方法提高自己的汉语水平"这一问题,85%的调查对象选择需要参加类似的短期教师培训,15%打算来中国留学。显然,他们都对今后提高汉语水平的学习计划有相对积极的反应,笔者认为这对泰国汉语传播工作是非常有促进作用的。

对目前工作的满意度问题,通过本次调查,我们了解到,大部分人认为在泰国的汉语教学工作中所承担的课程较多,但总体上对自己的职业较为满意。此外,他们希望能够有机会到中国深造,也希望政府和有关部门能够多提供培训机会,以不断提升自己的专业水平。

(六) 参加培训的原因

调查显示,受训者参加此次培训的主要原因是:(1)参加教师培训对其今后汉语教学的工作有很大的帮助,针对性与实用性很强;(2)一个月的培训时间很合适,不会影响所在学校或工作单位的教学。长期到中国留学的可能性则很小。原因包括:第一,要自己承担所有的费用,学校或单位不会提供奖学金;第二,要招聘新老师来代替其工作也是一个难题,很可能会引起所在学校师资更为缺乏的问题。

四、对短期培训中小学汉语教师模式的几点建议

通过本调查,笔者对中小学汉语教师短期培训模式有几点建议:

(一)了解学习者需求

为了提高泰籍汉语教师的汉语教学水平,我们应先了解学习者,知道他们究竟希望进一步学习汉语的哪方面知识,程度如何,强度怎样。培训班级如果人数太多(每班50—60人),就不能很好地保证培训效果,培训单位应根据每个教师的汉语水平和需求进行分组培训。

(二)课程设置

1.可考虑开设必修课

汉语知识课:内容主要涉及现代汉语的语音、语法、汉字等语言知识,目的是全面掌握现代汉语各方面的语言知识。另外,可增加汉泰语言对比分析以及泰国学生学习汉语语法的特点,会使教师培训更丰富、实用。

汉语课程及课堂教学法课:内容涉及汉语的综合课、听说课、阅读课、写作课等汉语具体课程的教学方法与技巧。

口语课:依据学员汉语水平高低分为日常生活会话、课堂会话、话题会话等,目的是提高汉语教师的口语水平。

拼音课:内容是巩固汉语拼音方案及发现并纠正学员的错误读音。

2.可开设选修课:中国中小学概况、中国民族音乐与舞蹈课以及中国书法与绘画等课程。进行这些文化课的讲授时,应注重培养学员的实际动手能力和操作能力。

(三)编写有针对性的教材

培训单位可考虑为泰国教师开设教材编写方面的专门课程,可根据课程设置分门别类地进行,应该凸显背景针对性,是指使用教材的地区为东南亚,对象是泰国汉语教师;科学实用性,既遵循第二语言习得与教学的规律,又体现汉语教学与汉语学习过程中的实用性;灵活多样性,是指教材内容的选材和题材是多样的,表现形式是灵活的;时代趣味性,是指教材使用的语料既生动活泼有趣,又有时代感,不落后。

五、结语

泰籍汉语教师是泰国汉语教学师资的最主要和稳定的来源,从泰国汉语教学的实际情况来看,即使聘请再多的外教也难以让汉语教学得到稳定持续的发展,缺乏本土教师已成为制约泰国汉语传播迅速发展的"瓶颈"。本文调查显示,目前泰籍汉语教师队伍不仅数量上亟待扩充,整体素质也有待于进一步提升。这一问题与泰国汉语教学与推广的质量、规模息息相关,然而这一问题又不可能在短时间内得以解决,希望本次研究的结果能对日后泰国本土化汉语教师培养工作具有一定的参考价值。此外,笔者认为如果要培养高素质的泰籍汉语教学人才,我们可考虑积极调动中泰两国政府各个部门、机构的力量,加深相互之间的交流与合作,协同开展泰籍汉语教师的培养培训工作,使今后在泰国的汉语传播工作能实现可持续发展。

参考文献:

刘　珣(1996)关于汉语教师培训的几个问题,《世界汉语教育》第2期。
刘晓雨(1996)对对外汉语教师业务培训的思考,《北京大学学报》第4期。
范开泰(2000)对外汉语教学学科的队伍建设和人才培养,北京:外语教师与研究出版社。
林浩业(2007)浅谈泰国汉语教师现状及其对汉语教师的要求,《湖北广播电视大学学报》第11期。
王振来(2006)韩国高中汉语教师培训情况介绍及思考—以韩国京畿道为例,《云南师范大学学报》第5期。
曾文吉(2004)浅谈小学英语师资培训体系的构建,《基础英语教育》第3期。
易长发(1999)外国中小学教师继续教育培训模式例析,《比较教育研究》第3期。
吴应辉、龙伟华、冯忠芳、潘素英(2009)泰国促进汉语教学,提高国家竞争力战略规划,《国际汉语教育》第1期,北京:外语教学与研究出版社。

作者简介:

黄德永,男,泰国也拉人,中央民族大学国际教育学院语言学及应用语言学专业汉语国际传播研究方向在读博士。现任泰国玛希隆大学(Mahidol University International College)国际学院汉语教师。

案例教学法在汉语国际教育硕士培养中的应用

央 青

内容提要：师资不足是汉语国际传播当前面临的突出问题之一，保质保量的国际汉语师资培养成为当务之急。汉语国际教育硕士专业的设立是解决师资问题的一项对策，其目标是培养高层次、应用型、复合型、国际化的汉语国际推广人才。案例教学法作为理论与实践紧密结合的一种教学方法，有助于这一培养目标的实现，可用来训练未来的国际汉语教师分析问题和解决问题的能力，获得替代性的经验。当前，规范化、系统化的国际汉语教学案例的缺乏是开展案例教学最大的局限。

关 键 词：汉语国际教育硕士；案例教学法；国际汉语教师

Case Methods in MTCSOL Training

Yangqing

Abstract：Teacher resource shortage is one of the main problems in Chinese Globalization. Quality and quantity guaranteed training of international Chinese teacher is an urgent task. The setting up of specialty for the Master degree of teacher of Chinese to speakers of other language(MTCSOL) is one of the countermeasures. The aim of MTCSOL is to cultivate high-level, application-oriented, interdisciplinary and international talents. Case methods will be useful to achieve this aim. It could be used in future training for international Chinese teachers to improve their ability of problem-analyzing and solving, and to get vicarious experience. Current limitation in Case methods use is the shortage of systematic and standardized cases.

Key words：MTCSOL；Case methods；International Chinese teacher

案例教学法以训练学习者发现问题、分析问题和解决问题的能力及培养批判性思维见长，汉语国际教育硕士专业的目标是培养高层次、应用型、复合型、国际化的汉语国际推广人才。因此，探讨案例教学法在汉语国际教育硕士专业教育中的应用具有重要的现实意义。

一、关于案例教学法

案例教学法(case methods)是一种利用案例作为教学工具的教育方法,是搭建在理论与实践间的桥梁,教师利用案例作为授课的题材,以案例教材的具体事实和经验作为讨论的依据,通过师生互动来探讨案例事件的行为和原由,引导学习者去探讨案例中复杂深层的意义及争议性问题。(Wassmer maan,1994;Shulman,1992)自1920年在哈佛大学法学院和商学院全面实行以来,案例教学法的教学成效普遍受到了肯定,也被证实是一种较为有效的、理论结合实践、训练学习者决策思考和解决问题能力的教学策略。

案例教学法特别强调的是学习者积极主动地参与学习和讨论过程,教师扮演引导者、启发者的角色。这种教学法的优点在于案例提供了多功能的教学媒介,所提供的真实场景有助于学习者从多个角度去分析问题,引发不同的意见和看法,有助于培养分析能力和决策能力,从而促进自我学习,获得替代性的经验。

许多教育学者建议将案例教学法运用于职前师资教育课程中,以克服其在实习情境所面临的实际问题,协助其专业成长。(Shulman,1987)基于教育专业化的理念,师资教育领域的案例教学[①]研究在国外已有20多年的历史,有较为成熟的研究成果。国内的案例教学法从20世纪80年代才开始从国外引入,推行一直比较慢,其原因是多方面的,比如:中国的应试教育体制决定了单向传授成为最重要的授课形式,课堂常常是数十人的大班,案例教学对教师的要求较高,有代表性的案例缺乏系统的收集管理,国内教育界学术界对案例教学法研究不够等等原因。汉语国际教育中的案例教学法是一个新概念,其应用的探索尚处于初期阶段,尝试使用案例教学法的教师也是一边摸索、一边学习、一边改进,由于受客观条件(如案例缺乏)和个人因素的局限,对教学实践中遇到的一些问题还不能很好地加以解决。案例教学法怎样才能更有效地应用于汉语国际教育硕士的教学中?目前十分需要同行的经验交流和成功案例的参照。

二、汉语国际教育硕士的培养目标

(一)当前汉语国际传播面临的师资问题

师资问题一直是汉语国际传播的瓶颈,据国家汉办发布的统计数据,截至2010年12月,

[①] 曹长德(2008)《教育案例教学》,北京:中国科学技术出版社,第3页。

96个国家和地区已经建立了322所孔子学院和369个孔子课堂,世界上100多个国家开设了汉语课程,学习汉语的人数达4 000多万。然而,在海外从事汉语传播的各级各类教师不足4万,其中不少人的资质还达不到应有的要求。[①]

合格的国际汉语教师不论在数量上还是质量上都非常缺乏,世界各国对汉语教师的需求量远远大于国内的培养量。有些外派教师往往因为知识结构单一、适应性差、缺乏创新能力应变能力等原因而出现水土不服的情况,教学效果不尽如人意。教师资源质量参差不齐的问题突出,师资的培养培训成为当前汉语国际传播过程中最迫切的问题之一,"国际汉语教学要想真正在国际上产生影响,必须把定位定到最高处,要与国际接轨,吸取国际上成功的做法,找到高效、创新的路子,培养出大批合格的国际汉语教师,使他们具备在不同环境下从事国际汉语教学所应具备的素质、能力和知识,能够做到从容上岗。"[②]海外多层次多类型的学校教育是汉语国际传播的根本,师资则是学校教育必不可少的条件。如何保质保量地培养出合格的国际汉语教师,建设一支高素质的教师队伍是汉语走向世界的关键之一。

(二)汉语国际教育硕士的培养目标

政府有关部门对师资问题一直十分关注,2007年汉语国际教育硕士专业的设立,正是为了适应汉语国际传播新形势需要的重要举措。作为与国际汉语教师职业相衔接的专业学位,目前在全国已经有63家培养单位,要求培养出来的汉语国际教育硕士不仅能适应海内外各种汉语教学工作,而且能够熟练地在海外进行开拓性的工作,既突出职业要求,也兼顾汉语国际传播的客观需要。可以认为,汉语国际教育硕士的培养目标定位准确,重点突出,针对性强。[③]作为一门新的专业,综合性、开放性、应用性和国际视野是其突出的学科特点,而这些学科特点对国际汉语教师的职业教育提出了新的挑战。

1. 综合性与国际视野

汉语国际教育硕士专业是为了培养具有熟练的汉语作为第二语言教学技能和良好的文化传播技能、跨文化交际能力,适应汉语国际传播工作,胜任多种教学任务的高层次、应用型、复合型、国际化专门人才,这一目标决定了本专业具有汉语语言学、教育学、心理学、社会学、文化学等多学科综合、交叉的特点,尤其强调实践环节。拟培养出来的硕士不仅能够承担针对不同国家、不同母语学习者的汉语教学任务,而且要有国际视野,放眼世界,具备较强的汉语国际推广、文化交流的能力。这要求我们在培养过程中要注意加强国际理解教育,加强学生对不同国家、不同文化的认知,要求培养的内容、标准日益国际化。

2. 开放性

---

① 周小兵(2007)海外汉语师资的队伍建设,《云南师范大学学报(对外汉语教学与研究版)》第5期。
② 刘骏(2009)第八届世界汉语教学学会主题发言,《世界汉语教学学会通讯》第4期。
③ 李泉(2009)汉语国际教育硕士培养教学理念探讨,《语言文字应用》第3期。

汉语国际教育硕士的招生放宽了范围,生源包括对外汉语、中文、外语、教育、心理等不同专业的本科毕业生。(见表1)跨专业招收上来的学生,水平参差不齐,有些甚至缺乏基础的汉语知识,对教学法和教育理论知之甚少,这无疑会加大培养工作的难度。然而,吸收不同教育背景的人才,从长远来看,有利于促进汉语国际教育人才的多样化,有利于适应海外汉语教学的多层次需求。[①] 考虑到生源的多元化、差异化的现实情况,我们的教学不能是一刀切,应该因材施教,关注跨专业能力的培养,以传授方法和能力训练为重点。

表1:2007年全国汉语国际教育硕士专业背景[②]

专业背景	对外汉语、中文、汉语言文学	外语专业	教育专业	其他
比例	2.7%	57.4%	4.6%	14.2%
毕业院校	教育部直属高校	"211"工程院校	师范院校	外国语大学
比例	20.1%	30.9%	39.2%	7.5%

3.应用性

汉语国际教育硕士专业的培养目标直接面向世界范围内的汉语教学第一线,着重培养学生对海外教学环境的适应性,教新手像专业教师那样思维,这其中本身就包含许多实践的内容。将来的毕业生无论在知识结构、能力,还是社会阅历等方面,都应该能够胜任汉语和中华文化国际传播的任务。因而,本专业的课程设置和教学原则以实用为基本,广度相对重于深度。

从汉语国际教育的以上几个学科特点来看,案例教学法能够发挥较好的作用。作为应用型人才的培养,本专业对课程设置、教学方法和培养方式提出了新的挑战,对学生的汉语教学技能、文化传播技能、独立思考能力、判断能力和反省能力提出了更高的要求。案例教学法正是以实践和创新为基本价值取向,与传统教学中突出教师的权威地位、单向交流、一本教材打天下的做法不同,它强调以学生为主体,是一种培养开放型、应用型人才的教学法,与我们国际汉语教师的培养方向一致,此其一。其二,案例教学法突出的功能在于增进师生互动,使理论密切结合实践,通过对实际情境的感受,培养学习者主动建构知识的能力和批判性思维的能力,这些恰恰是缺乏实战经验的准教师们最需要的。如果能恰当加以运用,案例教学可以对症下药,提高教学效果,促进实现"应用型"汉语国际教育人才的培养目标。

为切实保证培养的质量,全国汉语国际教育硕士专业学位教指委制定了《汉语国际教育硕士专业学位研究生指导性培养方案》,从下表可看出,培养的各个环节都强调理论与实践紧密结合,案例教学作为能力培养的有效途径之一受到了相当的重视。

---

① 陈青妮(2009)论汉语国际教育硕士专业的课程设置,《曲靖师范学院学报》第27卷。
② 2007年全国汉语国际教育硕士录取情况,数据来源:MTCSOL教指委工作通讯第2期。

表2：MTCSOL培养方案中对案例教学的要求[①]

项目	要求
培养方式	课程学习与汉语国际教育实践相结合 汉语国际教育与中华文化传播相结合 校内导师指导与校内外导师联合培养相结合
课程设置	以实际应用为导向，围绕汉语教学能力、文化传播和跨文化交际能力的培养，形成以核心课程为主导，模块拓展为补充，实践训练为重点的课程体系。
教学方法	运用团队学习、案例分析、现场研究、模拟训练等方法，力争研究生在课程学习期间能接触到100个以上不同类型的案例，提高教学技能和国外适应能力。
学位论文	形式可以是专题研究、教学实验报告、典型案例分析、教学设计等，紧密结合汉语国际教育实践，有应用价值。

三、案例教学法与汉语国际教育硕士培养

（一）在汉语国际教育硕士培养中推广案例教学法的必要性

近年来，全世界100多个国家开设有汉语课程，孔子学院和孔子课堂分布在欧洲、美洲、亚洲、非洲、大洋洲等不同的地方，国际汉语教学呈现出多元化、多层次的特点，非华裔和华裔学生持续增加，在部分国家汉语教学与当地学历教育体系逐渐接轨，学习汉语的人群从以往的大学生为主扩展到更广的年龄阶段，这就使得汉语国际推广的范围不断扩大，方式逐渐多元化。[②] 作为一名国际汉语教师，需要面临许多新处境、新问题和新挑战。因此，必须具备丰富的知识储备，采取各种专业的专业判断，才能游刃有余地应对各种各样的困境，如课堂管理、针对不同母语学习者的语言点处理、汉语教学中的文化点处理、不同文化背景学习者的认知风格……这些困境的解答不是单纯在课堂上通过讲授就可以完成的。不少新教师认为大学里所得到的训练和准备没有教给他们处理课堂中常见难题的能力。而案例教学是一个提供种教学情境的思考的学习过程，不仅能传达出观察和判断的重要观念，而且能够更好地帮助准教师们加深对学校、教学环境、教学对象等相关因素的整体性理解，然后才有可能做出恰当的决策。

Klienfeld、Sudzina、Kourilsky等学者研究发现：案例教学法确实能提升准教师诊断、分析教育问题及采取替代方案的能力，提升与他人合作的能力，提升个人及专业知识和技能的成

---

① 汉语国际教育硕士培养方案，数据来源：MTCSOL教指委工作通讯第2期。
② 冯丽萍(2009)论汉语国际教育专业硕士培养中的若干问题，《长江学术》第1期。

长,促进教学的有效性。通过案例教学呈现出国际汉语教学中的各种真实情境,让未来的国际汉语教师们了解将来任教可能面临的情境及问题,并加以讨论、分析和反思。这种教学法有助于培养他们由表及里、分析问题和解决问题的能力,学会将所学的理论运用于实践。

汉语国际教育硕士的培养强调使用认知导向的培养方式,也就是说,知识需要学生主动去建构,他们不仅要学习陈述性知识,也需要了解情境性知识。案例教学传授的是用真实教学事件来架构的知识,符合情境认知的学习理论,有助于联结单个的知识元素,形成知识系统,从而促进认知弹性的发展,从生手教师逐渐上路。

从目前汉语国际教育硕士试点院校的实际教学情况看,虽然不再走培养学术型人才的路子了,但是,短平快、"直奔目标"的做法似乎正成为汉语国际教育专业硕士培养的主流倾向。[①]我们面临的现实情况是:生源的跨专业背景、国际汉语教学的多层次和复杂化、探索期培养方式的有限性等,考虑到这些因素,积极研究案例教学法是十分必要的,可以把它作为克服汉语教师培养缺陷的策略之一。案例教学法是情境化和本土化的,案例将原本分离的部分整合在一起,内容与过程、思维与情感、教学与学习在理论上不再是截然分开的,它们所提出的议题以及对未来教师提出的挑战,需要他们运用自己的知识加以分析判断,[②]这个过程有利于加强教学针对性,接近培养目标。

(二)案例教学法在汉语国际教育硕士培养中的应用

目前,系统的国际汉语教学案例库还在建设中,案例还没有整合成为一种共享的教学资源,多呈分散和不规范状态,因而加大了案例教学法的难度。此外,在起步阶段,大多数试点院校尚未形成一支稳定的、专业性很强的师资队伍,授课教师(包括外聘专家)未必都很清楚汉语国际教育硕士的培养目标,有些老师仍习惯沿用传统的教学方法。因此,大多数培养院校开设单独一门案例教学课的条件尚不成熟,然而,这并不影响我们在相关课程的讲授中使用案例来辅助教学,以提高应用型硕士培养的有效性。案例教学法目前在汉语国际教育硕士培养中可加以如下灵活应用。(Kleinfeld,1992;Richert,1991;Shulman,1992)

1. 以案例为范例

用案例做例子,凸显某一课程教学所需的原则、理论或教学技巧。抽象的语言教学理论容易让学生感觉枯燥,特别是非汉语专业背景的学生。如果能结合一些具有代表性的教学实境问题加以讲解,学生就能获得感性认识,加深对理论的理解,记忆效果也会比较好。案例展现的是课堂中师生的真实活动及其行为方式导致的真实后果,一方面可以避免教学环境的过分简单化,另一方面可以展示各种不同的教学情境。比如在讲授语言教学法和教学理论时,可结合针对不同国家、不同母语、不同学习环境和不同水平学习者的汉语教学案例进行讲解,让学

[①] 李泉(2009)汉语国际教育硕士培养教学理念探讨,《语言文字应用》第3期。
[②] 朱迪思.H.舒尔曼(2007)教师教育中的案例教学法,上海:华东师大出版社。

生了解有针对性地确定教学法、因人因地制宜灵活运用教学技巧的重要。[①]

2. 通过案例分析提高学生分析和解决问题的能力

根据莱文的迁移假设理论,当一个人在解决问题的过程中,会提出和检验一系列的假设,形成一套解决问题的思考顺序和假设范围,这些将影响以后类似问题的解决,迁移到以后的问题解决活动中去。[②] 课堂上,老师讲解完某种理论学说和概念后(如二语习得的正负迁移、显性知识和隐性知识、学习风格与学习策略、可懂输入假设等),可以留出专门的一段时间,选择与主题相吻合的案例,组织学生分组讨论,要求学生用所学的理论和概念对案例进行分析。每个案例都是真实的教学事件或教学情境,学生将从中发现问题,加以分析,然后做出决策,这个过程能够帮助他们像"有经验的老师"一样去思考,把理论知识和现实的问题结合起来,尽早地熟悉和了解类似的问题,在实习阶段就能够较好地融入到真实情境中去。

3. 以案例促反思

汉语国际教育通常采用大班上课,学生人数过多,课堂时间有限。在这种情况下,分组讨论的操作性较差。那么,可在讲解完基本理论学说后,布置任务,要求学生课后阅读、思考相关案例,并要求递交一份案例学习报告。这种方式同样有助于给学生提供前人的经验,促使他们从各自不同的角度,认真加以反思,从中获得替代性经验。因为写案例的老师也是把案例撰写当成一种个人经验的总结,写作过程本身就是反思教学的过程。(Kleinfield,1991;Richert,1991)反思能增进教师技能、改进教学,使之成为一个更有能力、思想性更强的专业人员。

(三)运用案例教学法的关键

案例教学强调的是师生互动与生生互动,讨论是非常重要的一个环节,如果没有认真探究的态度和包纳的心态,很可能出现"冷场",无法实现预期的案例教学目标,尤其当教学对象的性格偏内向,学习策略偏保守的时候(如东南亚学生)。那么,如何避免这种情况发生呢?提问是关键之一。可以把提问作为是一种讨论策略精心加以设计,针对性强、目标明确的问题通常会使每位参与者产生表达和交流的欲望。一些比较典型的问题如:

1. 本案例中呈现了哪些(二语习得、跨文化交际、汉语作为第二语言的教学法、教师综合素质、现代教育技术辅助语言教学……)理论观点或学说?
2. 案例中的老师有哪些教学行为是积极的?哪些是消极的?
3. 如果你是案例中的老师,你会有什么不同的做法?为什么?
4. 本案例中出现的问题和困境是什么原因造成的?
5. 你建议采取哪些行动解决本案例中的问题?为什么?各有什么利弊?
6. 你从本案例中学到了什么?

[①] 陈青妮(2009)论汉语国际教育硕士专业的课程设置,《曲靖师范学院学报》第5期。
[②] 傅永刚、王淑娟(2008)管理教育中的案例教学法,大连:大连理工大学出版社,第47页。

运用的关键之二是案例的质量。一个好的案例应该具有表达清楚、可读性高、困境突出、易产生共鸣、引发讨论等特点，这些越明显越有利于案例教学的进行。所用的案例应与汉语国际教育硕士的课程主题相吻合。当然，选择了好的案例，并不代表教学一定成功，因为某些文化背景和宗教信仰的学习者含蓄内向，习惯接受传统的单向讲授的形式，不习惯当众发表自己的观点，更不习惯分析和批评别人；此外，如果教师不善于引导，使用案例不规范，也会使案例教学的效果大打折扣。

（四）应用案例教学法的限制因素

如前所述，案例教学法对汉语国际教育硕士培养的好处较多，但在其使用过程中也会受到不少限制。最大的限制是缺乏合适的、现成的教学案例，汉语国际教育硕士专业起步刚三年时间，各培养点的工作尚处于摸索阶段，虽也在零星地收集和发展案例，但由于案例的开发推进较慢，目前尚未形成一个涵盖所有相关学科的案例库可供自由选择，资源共享就更不用说了。其次，案例教学有很多互动和讨论环节，耗费时间和精力多，不仅对教师的要求高，而且学生也需要下较多功夫去准备和设计。此外，案例教学法属于一种高级学习，如果学生水平偏低，实施起来就很难。比如，同时入学的两个汉语国际教育硕士班，一个是中国学生班，一个是泰国、缅甸、越南、马来西亚、韩国学生组成的国际学生班，在前一个班能较顺利地实施案例教学法，在后一个班就相对困难。外国学生汉语水平毕竟有限，在讨论环节容易冷场，耗费较多时间。

结　语

目前在汉语国际教育硕士培养中要顺利地推行案例教学法，还需要加大案例开发的力度，重视国际汉语教学案例库的建设，相关教师应加强对案例教学法的了解，注意课程目标的设计与案例教学的功能结合等等。有了这些配套的支持，案例教学法才能真正发挥作用。

当然，提倡案例教学法的应用并非轻视理论的作用，相关理论的学习对多元背景出身的汉语国际教育专业硕士生尤其重要，没有理论的吸收也就谈不上案例教学。案例教学法的目的是在理论与案例之间建立联系，在普遍的规则与各个国家的汉语教学事件之间建立联系。我们的期望是用具体的案例给未来的国际汉语教师提供一些情境体验的机会，让他们关注未来教学中可能出现的困境，当他们进入海外的真实课堂时，就能够比较好地运用所学的理论。

参考文献：
曹长德(2008)《教育案例教学》，北京：中国科学技术出版社。
陈青妮(2009)论汉语国际教育硕士专业的课程设置,《曲靖师范学院学报》第 5 期。
傅永刚、王淑娟(2008)管理教育中的案例教学法，大连：大连理工大学出版社 MTCSOL 工作通讯第 2 期，全国汉语国际教育硕士教指委。

冯丽萍(2009)论汉语国际教育专业硕士培养中的若干问题,《长江学术》第1期。

刘　骏(2009)第八届世界汉语教学学会主题发言,《世界汉语教学学会通讯》第4期。

李　泉(2009)汉语国际教育硕士培养教学理念探讨,《语言文字应用》第3期。

朱迪思·H·舒尔曼(2007)教师教育中的案例教学法,上海:华东师大出版社。

周小兵(2007)海外汉语师资的队伍建设,《云南师范大学学报(对外汉语教学与研究版)》第5期。

高薰芳(2006)《师资培育:教学案例的发展与应用策略》,北京:九州出版社。

Kleinfeld, J. (1991, 1992) Learning to Think Like a Teacher: The Study Cases. (ERIC Document Reproduction Service No. ED308039)

Rechert, A. E. (1991) Case Methods and Teacher Education: Using Cases to Teacher Education. In B. R. Tabachnich & K. Zeichner (Eds.), *Issue and Practices in Inquiry - oriented Teacher Education*. London: Falmer.

Shulman, L. (1987) Knowledge and Teaching: Foundations of the New Reform. *Harward Educational Review*, 57(1), 1-23.

Shulman & Colbert. (1989) *The Intern Teacher Casebook*, San Francisco: Far West Laboratory for Educational Research and Development.

Shulman, L. (1992) Toward a pedagogy of cases. in J. h. Shulman(ED.) *Case methods in Teacher Education*. New York: Teachers College Press, 155-174.

Wassmer maan, S. (1994) Introduction to Case Method Teaching: A Guide to the Galaxy. New York: Teachers College, Columbia University.

作者简介:

央青,女,中央民族大学国际教育学院讲师,语言学及应用语言学专业汉语国际传播研究方向在读博士。

英美大学 TESOL 专业研究生课程设置考察与思考

李晓琪

内容提要：为适应国际汉语推广新形势对师资培养提出的新要求，"汉语国际教育硕士专业"（MTCSOL）于 2007 年设立并招生，成为培养高层次、应用型、复合型对外汉语专业教学人才的主要途径。本文通过考察英美大学"英语第二语言教学专业"（TESOL）的课程设置，希望能为"汉语国际教育硕士专业"课程设置提供参考与借鉴。

关 键 词：汉语国际教育硕士；TESOL；课程设置

Reflection on the TESOL Curriculum in British and American Universities

Li Xiaoqi

Abstract: With the development of the promotion of Chinese language world-wide, to meet the requirements of teacher training, Master of Teaching Chinese to Speakers of Other Languages (MTCSOL) has been established and enrolled since 2007. It became the main way to train high-quality, applied and versatile personnel of teaching Chinese as a second language. This article will review the TESOL curriculum in British and American universities, and provide the reference to MTCSOL curriculum.

Key words: MTCSOL; TESOL; Curriculum

2005 年第一届"世界汉语大会"的举行，标志着汉语国际推广新形势的到来，对外汉语教学已由传统的针对来华留学生的教学转向全世界众多领域的汉语教学。这一变化对教师、教材、教学方法都提出了新的挑战，其中师资缺乏的问题严重制约着汉语国际推广的发展。2007 年"汉语国际教育硕士专业"（MTCSOL）设立并招生，其目的就是培养高层次、应用型、复合型的对外汉语教师，以适应汉语国际推广新形势的要求。为顺利实现这一培养目标，MTCSOL 专业需要放眼世界，了解和借鉴其他国家语言推广的经验，取长补短，加快自身学科建设。

英语作为全球使用最广泛的语言,其第二语言教学早在16世纪就已出现,19世纪因殖民扩张而迅速发展。上世纪60年代,英语第二语言教学(Teaching English to Speakers of Other Languages,以下简称TESOL)作为一个专门学科的地位得到确立。与此同时,英国和美国一些大学也开始设立相关专业培养英语第二语言教学人才。TESOL专业是英语第二语言教学学科发展和人才培养的集中体现。较之汉语第二语言教学,TESOL在师资培养方面起步早得多,已经取得了丰富的经验。因此,了解TESOL专业的发展现状对汉语国际推广的师资培养有着较大的参考价值。

一、英美大学TESOL专业硕士课程设置考察

英国是英语第二语言教学的发源地,上世纪60年代以后,美国的英语第二语言研究发展迅猛,逐渐取代了英国的大本营地位,但英美两国始终位于英语第二语言教学的前沿。本文考察了10所美国大学和5所英国大学的TESOL专业硕士课程,希望从课程设置方面为"国际汉语教育硕士专业"提供参考。

(一)十所美国大学TESOL专业硕士课程设置考察

经过网络搜索统计[1],美国有136所大学开设TESOL相关专业并授予硕士学位。统计表明[2],美国TESOL专业70%以上都设在教育学院或相应的院系下。因此,本文以U.S. News发布的美国大学研究生院教育学院2009年排名和英语专业排名为主要参考依据,同时考虑其在英语二语教学界的影响,选择了以下10所大学[3]的TESOL专业研究生课程进行考察:

(1)夏威夷大学马诺分校　　第二语言研究硕士(语言教学方向)

此专业设在第二语言研究系(SLS[4])下。该系成立于1961年,现在仍是美国乃至世界上最大的TESOL人才培养机构之一。

(2)匹兹堡大学　　外语教育硕士(获得TESOL证书)

此专业设在应用语言学系下。匹兹堡大学的应用语言学系成立于1964年,其规模和在二语教学界的影响也较大。

(3)范德堡大学　　英语语言学习者教育硕士(国际英语教学方向)

(4)哥伦比亚大学教师学院　　TESOL硕士

---

[1] 主要参考网站:www.matesol.info。
[2] 李晓琪、黄立、刘元满、刘晓雨(2002)《英语、日语、汉语第二语言教学学科研究》,北京:中国大百科全书出版社。
[3] 十所大学的英文校名见网站。前两所大学排名并不靠前,入选原因是这两所学校在英语二语教学界的地位和影响,具体说明见上文。
[4] 即过去的ELS系,美国第一批专门培养第二语言教学人才的机构之一。

(5)威斯康星大学麦迪逊分校　英语应用语言学硕士(获得 TESOL 证书)

(6)宾夕法尼亚大学　TESOL 教育硕士

(7)纽约大学　TESOL 硕士(大学和成人英语教学方向)

(8)印第安纳大学伯明顿分校

(9)亚利桑那大学　TESOL 硕士

(10)宾夕法尼亚州立大学　TESOL 硕士

通过各校的网站,我们分别考察了这些大学 TESOL 专业硕士课程设置情况,具体情况如下:

1. 必修课考察

这 10 所大学的 TESOL 专业硕士课程中,必修课的总数是 81。其中某些为限选课程,即在规定课程中选择规定数量的课程。凡此类课程,每门都以"规定选修数÷可选课程数"计算。所有必修课按课程性质分为 9 类,每类课程的比重和主要内容如下:

表1:美国 TESOL 专业硕士课程分类

课程类别	数量	百分比
普通语言学	6⅓	7.82%
英语语言学	10	12.35%
第二语言习得理论	9⅔	11.93%
第二语言教学理论	13	16.05%
英语教学理论与实践	30	37.04%
教育学	5	6.17%
研究方法	5	6.17%
文化	1	1.23%
其他	1	1.23%

表2:美国 TESOL 专业硕士课程举例

课程类别	主要课程举例
普通语言学	语音学和音韵学 美国语言多样化 语言分析 应用语言学导论 语篇功能语法

(续表)

英语语言学	英语结构 英语音韵学 英语句法导论 使用中的英语 现代英语语法 英语语言学
第二语言习得理论	第二语言习得 第二语言习得理论和研究 第二语言习得模型
第二语言教学理论	第二语言学习和教学中的语言概念 第二语言教学理论与实践 外语学习者和教学 第二语言测试 第二语言句法 二语教学中的教材开发
英语教学理论与实践	英语学习者教育基础 英语学习者测试 英语教学实习 英语教学语法 课堂实践 英语二语教学法 专门用途的英语二语教材 国际环境下的英语作为外语教学 TESOL 成人教学法 美国英语语音教学 TESOL 技巧与程序 实习
教育学	教育中的社会语言学 语言多样化和教育 教育心理学和教育发展 教育与社会
研究方法	研究方法导论 应用语言学的定性研究
文化	课堂多元文化教育
其他	沉浸式外语学习课程

2.必修课分析

如表1所示,上述9类硕士课程的排序为:

  (1)英语教学理论与实践   37.04%

  (2)第二语言教学理论   16.05%

(3)英语语言学	12.35%
(4)第二语言习得理论	11.93%
(5)普通语言学	7.82%
(6)教育学	6.17%
(7)研究方法	6.17%
(8)文化	1.23%
(9)其他	1.23%

英语教学理论与实践类课程占37.04%,超过三分之一,远远多于其他各类课程;其次是第二语言教学理论,占16.05%;接下来是英语语言学和第二语言习得理论,两类课程比重相当,分别是12.35%和11.93%;普通语言学类课程占7.82%;教育类和研究方法类课程比重均为6.17%,文化类和其他课程各占1.23%。

大约10年前,我们曾做过一个类似研究①,考察的是当时美国大学TESOL专业硕士课程设置情况,并将分析结果总结为"3+1格局",即"3类主干课程+其他",具体见表3:

表3:美国TESOL专业硕士课程总结(2001)

		课程类别	百分比
主干课程	1	普通语言学+英语语言学	21.59% + 5.66% = 27.25%
	2	第二语言习得理论+第二语言教学理论	14.15% + 13.47% = 27.62%
	3	英语教学理论与实践	31.45%
其他		教育学+文化	9.28% + 4.4% = 13.68%

我们将此次考察的美国TESOL专业必修课也按照2001年的课程类别做了如下总结,见表4:

表4:美国TESOL专业硕士课程总结(2010)

		课程类别	百分比
主干课程	1	普通语言学+英语语言学	7.82% + 12.35% = 20.17%
	2	第二语言习得理论+第二语言教学理论	11.93% + 16.05% = 27.98%
	3	英语教学理论与实践	37.04%
其他		教育学+研究方法+文化+其他	6.17% + 6.17% + 1.23% + 1.23% = 14.8%

对比表3和表4,可发现在这近10年间,美国TESOL专业硕士的必修课结构发生了如下

---

① 李晓琪、黄立(2001)美国TESOL专业硕士学位课程结构考察及思考,《语言教育问题及研究论文集》,北京:华语教学出版社。

变化：

(1)当时的三类主干课程比重相当，其中"英语教学理论与实践类"略高；而现在，三类课程的比重已有了明显的排序：英语教学理论与实践类37.04%＞第二语言习得理论与教学理论类27.98%＞普通语言学及英语语言学类20.17%，每类课程之间的比重差距约为7—9%，形成较规律的梯度。

(2)三类课程占全部必修课的总比重变化不大，两次考察结果分别为86.32%和85.2%；其中，"第二语言习得理论与教学理论"类课程所占比重变化也不大(27.62%：27.98%)。造成主干课程内部结构变化的主要原因是："英语教学理论与实践类"课程的受重视程度增加(+5.59%)，而"普通语言学和英语语言学类"课程的比重相应减少(-7.08%)。

(3)在"第二语言习得理论和教学理论类"课程中，过去是习得理论和教学理论平分秋色(14.15%：13.47%)，而现在第二语言教学理论的比重已超过第二语言习得理论(16.05%：11.93%)。

(4)在"普通语言学和英语语言学类"课程中，过去是普通语言学课程比重明显高于英语语言学(21.59%：5.66%)，而现在英语语言学类课程比重已明显高于普通语言学类(12.35%：7.82%)。

(5)三大类课程以外，其他课程总体比重变化不大，但内容却更加丰富，在过去的教育学和文化类课程外，新增的研究方法类课程比重已超过文化类，与教育学类课程持平。

总之，美国大学TESOL专业硕士必修课中越来越突出与教学密切相关的理论和实践课程，也更注重对学生研究能力的培养；普通语言学课程的比重则有所下降。

3. 实习课考察

在上述10所美国大学TESOL专业硕士课程中，明确将实习作为必修课程的有8个。这些学校实习课的总结如下：

表5：美国TESOL专业硕士实习课

学校	课程	主要内容
范德堡大学	英语学习者教育实践	对当地移民社区进行访谈和调研，在此基础上完成一个至少3节课的课程计划。
哥伦比亚大学	专业实习	教龄少于2年的学生必修。
	实习1	在哥大的教师学院下的社区语言项目里任教。
	实习2	
宾夕法尼亚大学	TESOL实习、研讨、论文	导师指导下的和毕业论文相关的实践和研讨。
	语言教育实地考察	为进入TESOL领域进行的实地观摩或实践。

(续表)

纽约大学	课堂实习	关注大学环境下针对成人的教学方法和技巧。
	实地经验：二语观察	分配到不同学校对二语课堂进行观摩和分析。
	实地经验：外语教学	参观幼儿园到中小学二语课堂、资料中心、文化中心及教材出版社等，形成观察结果。
	实习	参与大学里成人二语/外语环境下的英语教学，关注课程设置，20天左右，每周一次教学实践。
印第安纳大学	TESOL实习	第3学期开设，在导师指导下参与对成人的教学，同时关注测试、分级和教材等方面。
亚利桑那大学	实习	无教学经验者必修，教师给予特别指导。
宾夕法尼亚州立大学	实习	一学期指导下的按计划实习。
匹兹堡大学	二语教学实践	指导下实习，需参加教学会及讨论会、接受课堂观察，并提交课程评估。

这些大学的TESOL实习有如下特点：

(1)实习形式丰富多样，除了常见的课堂观摩和课堂教学外，还有实地参观、访谈、调研等。

(2)实习的内容不局限于课堂教学，而是涉及英语作为二语/外语教学的各个环节：如课程设置、教材开发、学生分级、课程评估等等。

(3)实习接触的学习者范围广泛，包含各年龄段和各种环境下的学习者。

(4)某些大学有多次实习。

(5)实习多是在专门指导下进行的，学生容易获得相关支持。

(二)五所英国大学TESOL专业硕士课程设置考察

网络搜索显示[1]，英国有54所大学开设TESOL专业并授予硕士学位。作为英语第二语言教学理论研究的发源地，英国爱丁堡大学、利兹大学、伯明翰大学最早设立了应用语言学院或研究机构，同时也最早将英语第二语言教学归入应用语言学学科[2]。因此，我们主要根据guardian.co.uk[3]对英国大学语言学专业的排名，参考其教育学专业排名，选择了以下五所英国大学的TESOL专业硕士课程进行考察：

(1)伯明翰大学　英语作为二语/外语教学硕士

(2)爱丁堡大学　TESOL教育硕士

(3)约克大学　TESOL硕士

---

[1] 主要参考网站：www.matesol.info 以及 www.studyin-uk.com。

[2] 李晓琪、黄立、刘元满、刘晓雨(2002)《英语、日语、汉语第二语言教学学科研究》，北京：中国大百科全书出版社。

[3] British Council 推荐的英国大学排名网站之一。

(4) 兰卡斯特大学　TESOL 硕士
(5) 利兹大学　TESOL 研究硕士

1. 必修课考察

英国的这 5 所大学,每所大学的 TESOL 专业硕士课程必修课的数量都是 4,必修课总数一共是 20。按 9 类课程考察其比重和主要内容如下：

表 6：英国 TESOL 专业硕士课程分类

课程类别	数量	百分比
普通语言学	0	—
英语语言学	3	15%
二语习得理论	0	—
二语教学理论	3	15%
英语教学理论与实践	8	40%
教育学	0	—
研究方法	5	25%
文化	0	—
其他	1	5%

需要注意的是,英国大学开设的 TESOL 专业课程通常称为"模块"(module,或译成"单元"),其必修课程数量不多,但有些学校的课程模块实际包含的内容却很丰富。我们根据课程模块的名称和相关的课程描述,将各类课程主要内容归纳如下：

表 7：英国 TESOL 专业硕士课程举例

课程类别	主要课程举例
英语语言学	语言导论(包括英语词汇、教学语法) 英语语言学 语言研究
二语教学理论	第二语言教学和学习(包括二语习得) 课堂语言测评 语言教学导论(包括语言教学理论和理解)
英语教学理论与实践	教学大纲及教材设计 TESOL 方法论 TESOL 课程大纲 TESOL 和学习者 TESOL 方法 语言教学导论(包括课堂管理、技能教学和实践) 英语教学中个人经验的发展 TESOL 教学与学习

(续表)

研究方法	应用语言学研究方法
	应用语言学研究议题
	语言教育研究方法
	思辨式学习(包括与语言学和语言教学相关的文献阅读和研究方法学习)
其他	研究讨论会和报告

可以看出,英国大学TESOL专业必修课程中"第二语言教学理论类"课程实际上也包含了第二语言习得理论,而其"研究方法类"课程中也含有普通语言学的内容。

2. 必修课分析

如表6所示,英国TESOL专业硕士必修课排序为:

(1)英语教学理论与实践　　40%
(2)研究方法　　　　　　　25%
(3)英语语言学　　　　　　15%
(4)第二语言教学　　　　　15%
(5)其他　　　　　　　　　5%

英国大学TESOL专业必修课中"英语教学理论与实践类"课程占40%比重,远在其他类课程之上;位列第二的是"研究方法类"课程,占25%;"英语语言学类"和"第二语言教学理论类"课程比重均为15%;其他课程占5%。

将英国大学TESOL专业硕士必修课与美国的对比,则更能看出它的特点:

表8:英美大学TESOL专业硕士课程比较

美国大学TESOL硕士必修		英国大学TESOL硕士必修	
类别	百分比	类别	百分比
英语教学理论与实践	37.04%	英语教学理论与实践	40%
第二语言教学理论	16.05%	研究方法	25%
英语语言学	12.35%	英语语言学	15%
第二语言习得理论	11.93%	第二语言教学理论	15%
普通语言学	7.82%	其他	5%
教育学	6.17%	—	—
研究方法	6.17%	—	—
文化	1.23%	—	—
其他	1.23%	—	—

可以看出,英美两国大学TESOL专业硕士必修课最大的区别在于,英国大学对"研究方法类"课程的重视程度远远超过美国大学,两者比重为25%:6.17%。除此以外,两者在课程

设置上的重点较相似,都将"英语教学理论与实践类"课程放在了最突出的位置,随后是"第二语言教学理论类"和"英语语言学"类课程。

3. 实习课考察

上述5所大学TESOL专业研究生网页上都没有对实习做出明确的要求。

二、关于英美大学TESOL专业硕士课程设置的思考

从1986年对外汉语教学方向开始招收硕士研究生到2007年"汉语国际教育硕士专业"设立并招生,对外汉语教学的硕士课程也经过了很大变化。据统计[①],传统的对外汉语教学硕士课程(即研究型硕士课程)设置中,语言学理论,即本体研究课程,比例占到了57.4%,教学理论与实践方面的课程只占21%。而目前的汉语国际教育专业硕士研究生课程中,不论是核心课程还是拓展、训练课程,都没有开设单独的语言学理论课,而是把课程比较集中在了汉语教学理论与实践方面[②]。两类课程设置的不同,鲜明地体现出了研究型硕士课程与应用型硕士课程的区别,体现出了应用型的学科特点。那么,同样是应用型的第二语言教学学科,起步较早的TESOL专业的课程设置发展轨迹对"汉语国际教育硕士专业"课程设置又有什么启示呢?下面是我们的一些思考:

(一)语言学类课程

美国大学TESOL专业课程设置10年来的对比显示,语言学类课程在三大类必修课程中的地位有所下降。在"国际汉语教育硕士专业"课程设置中,语言学课程又该处于什么样的地位呢?

1. 语言学类课程的地位

对外汉语教学是一门综合性学科,涉及多门学科知识,但语言学和心理学、教育学作为对外汉语教学的重要基础理论,在学界早已形成共识。语言学的研究对象——语言,也是语言教学中的客体。对教学客体的了解,是教学成功的先决条件。在赵金铭总结的汉语作为汉语教学能力标准的四方面描述中,也将语言学知识和对汉语的掌控能力作为对外汉语教师必备的基础知识[③]。本文认为语言学课程仍应该是"汉语国际教育硕士专业"的基础必修课程之一,目前的汉语国际教育专业硕士培养方案中的设计是十分合适的。

2. 语言学类课程的指导思想

---

① 李晓琪(2008)新形势下的师资培养研究,《第九届国际汉语教学讨论会论文集》,北京:高等教育出版社。
② 参见汉语国际教育硕士专业学位论证专家小组《关于〈汉语国际教育硕士专业学位设置方案〉的说明》。
③ 赵金铭(2007)汉语作为外语教学能力标准试说,《语言教学与研究》第2期。

语言学课程作为基础课程的地位不变,但其课程内部结构和重点却可以调整。上面说到美国大学 TESOL 专业中语言学课程比重下降,但在其内部,英语语言学课程的比重却由 10 年前的 5.66% 提高到了现在的 12.35%。这说明二语教师需要的,更多的是与教学结合紧密的语言学知识。

"汉语国际教育硕士专业"的很多学生本科并非汉语言专业,对汉语语言学知识的了解缺乏系统性。因此,在"汉语国际教育硕士专业"的语言学课程中,与教学相关的汉语语言学知识补给十分必要。这不是简单的本体语言学课程照搬,而是切切实实为指导汉语教学服务。

近年来,第二语言教学领域的不断发展,使得二语教学的重点已经从传统的对语言结构的教学转向运用语言来表达意义、进行有效的沟通与交际的教学。语言学知识是进行语言交际的手段这个观念已经成为第二语言教学界的共识,这应该是"汉语国际教育硕士专业"语言学课程的指导思想。

总之,语言学类课程是必不可少的,但学习语言学课程的目的是为专业学习打下基础,是在语言学课程的基础上,培养学习者分析、解决教学问题的能力。因此,学习语言学课程不是目的,是实现最终目的的桥梁。有了这个认识,就能够自觉地摆正语言学课程的位置,能够在语言学课程的学习中自觉地与解决教学实践中的问题相结合,这是开设语言学课程的最终目的。

(二)"汉语教学理论与实践"类课程

美国大学 TESOL 专业课程设置的变化表明,10 年前的三类主干课程比重接近的局面已经不在,而现在的 TESOL 专业硕士课程明显将教学类课程放在首要位置。英国大学的 TESOL 专业课程中,教学类课程的比重也远在其他课程之上。可见,英美大学 TESOL 专业都注重对教学能力的培养,这体现了第二语言教学学科的"应用型"性质。MTCSOL 中的"汉语教学理论与实践"类课程,正是作为应用型学科区别于其他专业的关键所在,我们曾论述过①,这类课程应关注:

1. 教学方法和教学策略

教学方法指的是语言教学的某些规律性的、分为若干步骤的、系统的技巧和做法,是较为宏观的规律性的教学方法。教学内容应该包括:

(1)语言教学流派的发展历史及特点,特别是近年来较为流行的交际法和任务型教学法;

(2)某些有规律的具体教学方法,如:3P 法(展示、训练、输出)、PWP 法(阅读前、阅读中、阅读后)等。

教学策略指教学活动的顺序安排和师生间连续的实质性交流,为实现预期效果所采取的一系列有用的教学行为,是微观层面的具体的教学技巧。包括:

---

① 李晓琪(2008)新形势下的师资培养研究,《第九届国际汉语教学讨论会论文集》,北京:高等教育出版社。

(1)课堂教学策略,如课堂组织策略、激励策略、提问策略、评估策略等;
(2)教学内容策略,如词汇教学策略、语法教学策略、阅读教学策略、听说教学策略等。

教学方法、教学策略的学习,不仅可以帮助学生了解语言教学的发展脉络,而且有助于他们将这些方法、策略应用于具体的实践,提升教学质量。

2.不同语言要素研究

语音、词汇、汉字、语法,对不同语言要素的掌握和研究,包括该要素的基础内容、学习难点、教学重点和教学方法等,是汉语国际教育专业硕士应该必备的基本能力。特别是汉字教学,是汉语特点之一,关注针对外国人学习汉字的研究,关注如何有针对性地进行汉字教学,是汉语教学理论与实践课程不可回避的重要内容之一。这一领域有丰富的研究成果可以学习和借鉴。

3.跨文化交际

跨文化交际研究的是"对社会事物和看法方面的文化差异,只有了解和理解了这些文化因素的差异,并且具有成功地与他文化成员交流的真诚愿望,才能最大限度地克服这种看法差异制造的交流障碍。"[①]研究跨文化交际的目的是提高人们对文化差异的敏感性,促进文化间的交流与理解。"汉语国际教育硕士"的工作地在海外,在非汉语环境,尤其是多种语言多元文化的环境下,具备一定的跨文化交际能力是他们生活和工作的必要条件。

4.其他

近年来,国内外汉语教学都呈现出多元化发展,使得对外汉语教学研究领域也出现相应变化。

在汉语教学理论方面,除了汉语要素及技能教学研究外,文化教学研究、汉语教材研究、汉语测试研究等也已经成为研究重点,且都与"汉语国际教育硕士"的培养目标有着紧密联系。"汉语国际教育硕士专业"的教学类课程中需要吸收这些研究的相关成果,并结合实践来学习。

(三)需要关注教师发展研究

上面分析的美国大学 TESOL 专业硕士的其他课程中,教育学、研究方法、文化等理论都有一定的位置。赵金铭将一名教师除必要知识外的基本素质概括为:高尚的品行操守,良好的人际关系及一定的教育学修养和心理学素质[②]。这些都说明了在基础知识和专业知识以外,一名合格的对外汉语教师还需要吸取其他学科的养分。要培养可持续的、全面发展的汉语教学人才,"汉语国际教育硕士"课程应该从以下几方面关注教师发展研究:

1.教师行动研究

教师行动研究是一种系统的反思性探究活动,它由教师针对自己教学中的问题直接参与

---

① 胡文仲(1990)《跨文化交际学选读》,长沙:湖南教育出版社。
② 赵金铭(2007)汉语作为外语教学能力标准试说,《语言教学与研究》第2期。

和开展调查与研究。行动研究需要一系列的步骤来完成,其目的是不断改进自己的教学,使教学达到最佳的效果,同时提高对教学过程的理解和认识。教师行动研究包含以下领域:

(1)对自身所从事的社会或教育事业的理性认识和正确评价;

(2)对自己的工作过程的理性认识和正确评价;

(3)对自己的工作环境的理性认识和正确评价。

总之,行动研究是一种倡导在教学中开展研究的方式,通过教师的反思,以探究自身的教学实践,从而改进教学。这一研究在英语第二语言教学界已经开展起来,"汉语国际教育硕士专业"应该尽快跟上,建立起相适应的课程。

2.研究方法

"汉语国际教育硕士专业"要求对汉语教学人才的培养由"学术型"转向"应用型",但并不是培养只会照搬照套的教书匠。美国大学TESOL专业硕士课程的"3+1模式"近十年间基本稳定,增加的就是研究方法类课程;英国大学TESOL专业硕士课程更是将研究方法放在仅次于教学的第二位。"汉语国际教育硕士"如能具备一定的研究能力,对其毕业论文写作,将来教学中的难题解决,及自身的职业发展都会有很大帮助。课程中的研究方法应涉及对语言和教学的研究方法,包括定性、定量研究,课堂观摩分析,数据统计分析等等。

(四)教学实习

对外汉语教学是一门紧密结合实践的学科,只停留在理论上的空谈没有任何意义。实习是让学生在实践中深入理解、运用所学理论的好机会。而实习又不同于工作,因为它的目的还在于在实践中更清晰地认识到自己的特点与不足,从而回过头来更有针对性地补充所缺乏的知识。

有学者对"汉语国际教育硕士专业"的教学实习提出过如下建议[①]:

实习总时间一般不少于7—8周;

实习地点最好是国外;

实习对象应覆盖不同年龄层次、不同汉语基础和不同文化背景的学习者;

实习需要有正确引导;

实习需要及时总结。

结合前文对美国大学TESOL专业实习的小结来看,这些建议都是很中肯的。此外,关于实习,本文还有以下思考:

1.实习时间和次数需要合理安排:实习时间需要考虑相关教学类理论课程的时间安排;而次数上,可考虑多次实习,以便学生能在两次实习之间进行反思,并在后来的实习中寻求改进;

---

① 朱永生(2007)有关汉语国际教育硕士专业课程设置与教学实习的几点设想,《云南师范大学学报(对外汉语教学与研究版)》第6期。

2.实习形式和内容应该更加丰富多样:除教学实习外,课堂观摩分析、项目参与、实习参观等都可作为实习的形式;实习内容也应该从课堂教学扩展到二语教学的各个环节。

通过对英美大学 TESOL 专业研究生课程的考察,我们了解到英语二语教学的发展变化,清楚地看到教学理论和教学实践类课程在二语师资培养课程中的突出地位:教学理论已经成为英语二语教学学科的最主要理论。同时,我们也更加清楚地了解到其他各相关学科与英语二语教学的关系。

同样作为第二语言教学学科,对外汉语教学和英语二语教学存在着共性。考察 TESOL 专业硕士课程设置,能为起步较晚的"汉语国际教育硕士专业"课程设置和改进提供一些参考。只有吸取国际经验,看清当前形势,立足自身特点,对外汉语教学的师资培养才能培养出适应汉语国际推广新形势的"高层次、应用型、复合型"对外汉语专业教学人才。

参考文献:

胡文仲(1990)《跨文化交际学选读》,长沙:湖南教育出版社。
李晓琪(2000)研究生培养与对外汉语教学学科建设,《北大海外教育(第3辑)》,北京:华语教学出版社。
李晓琪(2008)新形势下的师资培养研究,《第九届国际汉语教学讨论会论文集》,北京:高等教育出版社。
李晓琪、黄立(2001)美国 TESOL 专业硕士学位课程结构考察及思考,《语言教育问题及研究论文集》,北京:华语教学出版社。
李晓琪、黄立、刘元满、刘晓雨(2002)《英语、日语、汉语第二语言教学学科研究》,北京:中国大百科全书出版社。
王蔷(2002)《英语教师行动研究》,北京:外语教学与研究出版社。
王笃勤(2002)《英语教学策略论》,北京:外语教学与研究出版社。
肖礼全(2006)《英语教学方法论》,北京:外语教学与研究出版社。
张和生(2006)对外汉语教师素质与培训研究的回顾与展望,《北京师范大学学报(社会科学版)》第3期。
张和生主编(2006)《对外汉语教师素质与教师培训研究》,北京:商务印书馆。
赵金铭(2007)汉语作为外语教学能力标准试说,《语言教学与研究》第2期。
朱永生(2007)有关汉语国际教育硕士专业课程设置与教学实习的几点设想,《云南师范大学学报(对外汉语教学与研究版)》第6期。

作者简介:

李晓琪,女,北京大学对外汉语教育学院教授、博士生导师,《汉语教学学刊》主编,"商务汉语考试"研发办公室主任,中文教学现代化学会会长。研究领域为现代汉语语法和对外汉语教学。

对韩国大学中文专业商贸方向课程设置的几点思考

〔韩国〕宋珉映

内容提要：商贸汉语的教学是对外汉语教学中的一支新军。为了适应韩中贸易的需要,为了培养韩中贸易所需人才,韩国很多高校的中国语、中国学专业都开设了商贸汉语课,有的学校在这些专业中,又细分出商贸汉语方向。但是课程设置的目的性不够明确,课程设置繁杂,缺少一定的科学性。本人在此文中就商贸汉语方向应培养什么样的人才,课程应如何设置,怎样培养,需要什么条件等问题提出了自己的一些粗浅的认识,供同行参考。

关 键 词：商贸汉语；企业要求；人才培养；课程设置；教材开发

Reflections on the Curriculum of Business-oriented Chinese Major at College-level in South Korea

(R. O. Korea) Song Min Young

Abstract: Teaching Business Chinese is a new field of Chinese language education. Most of Chinese language departments in Korean universities have already opened Business Chinese curriculum to raise specialists who can meet the trade demands between South Korea and China. Some departments even have a separated track in their Business Chinese curriculum. But even now, the goal of the curriculum hasn't been well defined and the curriculum itself has been troublesome. A More systematic and methodical approach are definitely required. This study therefore explores the expected qualities of specialists in this field, the means by which these specialists are trained, and required conditions for such a training.

Key words: Business Chinese; Demands of company; Training of specialists; Curriculum design; Textbook developing

随着中国与世界各国经济贸易合作的日益频繁,越来越多的外国学生开始选择学习商务汉语课程。韩国是中国的近邻,是中国最大的贸易伙伴,因此,韩国学汉语的人数最多,学生要求学习商务汉语的愿望也最为迫切。为了满足社会这一需求,为了解决更多学生的就业问题,韩国很多专科学校开设了商贸汉语专业,不少本科大学中文专业也开设了商贸汉语方面的课程,或直接在汉语言专业分出侧重点不同的专业方向。如,商贸汉语方向、观光汉语方向等等。那么,这些院校是怎样开设商贸汉语课的,商贸汉语方向的课程怎样设置更科学,应开设哪些课程,开设优质的商贸汉语课程的必备条件是什么,需要什么样的教材,本人想就以上几个问题谈谈自己的看法。

一、韩国大学开设中国商贸课程的现状

1946年首尔大学首次开设中文系以来,开设中文系的学校逐渐增加。20世纪70年代末开始的中国改革开放给中文专业带来了生机,到1991年韩国开设中文系的学校增加到59个。1992年中韩建交拉开了中文专业辉煌时代的序幕,到了2000年中文专业增加到106个。[1] 2009年全国4年制大学里开设有关中国语文学专业的达到130个,与2000年相比增加了24个。

从专业的名称来看,在中文专业中开设商务汉语课程的情况大致有以下几种:第一类,以中语中文、中国语、中国语言文化等为专业名称,开设个别商务方面的课程,但开设的课程比较零散,目前国内属于这样的情况最多;第二类,以中国学为专业名称开设较多的商务课程,这种类型的学校大约有26所。[2] 这一类开设的科目比第一类专业多了些,但各学校开设的课程内容差距较大;第三类,以中国商务为专业名称开设具有针对性的商务课程,这些课程的设置专业性较强,不过为数不多,目前只有8所,其中一所的专业名称为中国观光通商,有一所的专业名称为通商翻译,也有一所以韩中通商为专业名称的,其他都是中国通商专业。

从商贸课程设置的比例看,汉语课程与商贸课程的比例大致可以分为三种情况:一种情况是以汉语课程为主,在此基础之上再加几门商贸汉语方面的课程,如:商务礼仪、商务汉语、贸易汉语等。目的是让学生们大概了解一些商务方面的基础性常识,培养学生商贸方面的语言运用能力,属于这种情况的大部分是上述的第一类专业。第二种情况是,以与商贸有关的理论性课程为主,汉语课程占的比例偏少。属于此类的大部分是以中国通商为专业名称的学校,中国通商专业把教学的重点放在传授商贸知识上,因此有关培养汉语表达能力的课程开设得并不多。此外,以中国学为专业名称的学校开设的商贸课程与其他中文专业相比多一些,但是中国学专业所开设的课程内容具有广泛性,涉及中国政治、经济、社会、历史、文化等,范围非常广,因此其专业名称虽然相同,但所开设的课程内容差别明显。这些学校开设的有关商贸课程的比例也参差不齐,有的侧重于商务方面的课程,有关汉语的课程没有几门;有的开设的课程比较杂,有关商贸或汉语课程没有几门。属于第二种情况的学校,其师资队伍构成比例也是商

---

[1] 郑锡元(2000)从全国大学与中国有关专业的课程分析中归纳出来的问题及其对策,《中国学报》第41期。
[2] 专业名称的统计来自各学校的网站。

贸等其他专业方面的专家占多数,只有一两名汉语教师,因此,汉语课自然开得不多。第三种情况是,一年级以汉语课程为主,从二年级开始逐步增加商贸方面的课程。属于这种情况的大学大部分在中文专业里开设几个就业方向,其中之一就是商贸汉语方向。商贸汉语虽然不是独立的专业,但是其开设的课程相对而言具有系统性。由于先打好汉语基础之后,再学中国商贸方面的知识,所以能达到预期的教学目标。

就各大学所开设的有关商贸课程的内容来看,可以分为三大类:一类是以提高商务汉语沟通能力为目的的课程,如:通商贸易汉语、商务汉语、公司汉语、商贸写作、汉语实务写作、贸易实务汉语等。第二类是商贸理论知识方面的课程,主要有:国际实务基础、中国贸易实务、现代中国经济论、中国投资论、中国市场营销、中国经济理论与实际、中国经济与经营、中国企业论、中国企业与市场、中国人的商务惯例、中国商务、中国市场开拓实务、中国经济法、中国地区特点分析、中国经济结构理解、中国经济地理理解、中国投资环境与市场、中国经济研讨、中国经济史、中国产业论、企业进入中国市场案例研究、现代韩中经济关系、韩中贸易实务、韩中经济理解等课程。第三类是与商贸活动有关的一些边缘性的课程,有:现代中国概况、中国商人文化、中国地区文化、中国人的思维方式与文化、中国大众文化论、现代韩中关系、韩中文化比较、中国改革开放政策理解、中国政治制度论、中国社会理解、中国社会主义经济论、中国社会调查实习、中国地区社会研究、中国外交与国际关系、中国外交政策、中国对外经济理解、中华经济圈理解等课程。从总体上看所设的课程比较杂,有的课程难度比较大,如果用汉语授课是很难的,只能用韩语授课。

那么,商贸汉语方向的课程到底应该怎样设计呢?本人认为首先应解决的问题是我们到底要把学生培养成什么样的人才,解决了这个问题才能合理地安排商贸方面的课程,才能科学地处理汉语课与商贸汉语方面课程的课时比例等一系列问题。

二、商贸汉语方向的课程设置与培养目标的定位

汉语专业商贸方向课程开设的内容、汉语课与商贸知识方面课程二者所占课时的比例与培养目标有着直接的关系。现在越来越多的学校是在中文专业中明确地分出了商贸汉语方向,那么商贸汉语方向的培养目标是什么,应该开设什么课程呢?

(一)商贸汉语方向的人才培养目标

如上所述,从目前韩国大学中国商贸方向的课程设置来看,有的学校是要培养会说一点汉语的商贸专业人才,除了汉语课、商贸汉语课外,还设置了很多经济学方面的课程。学生学习汉语本来就有难度,加之要学习经济学等方面的专业课程,难度进一步加大。如果商贸方面的专业知识使用汉语讲授,学生会很难接受,即便是中国学生学习这些知识也是有一定的难度

的。如果只用韩国语讲授这些课,学生在学习期间能接触汉语的机会就会变少,这样对学生打好汉语基础会有一定影响的。笔者认为,无论如何,我们最终需要的还是商贸型的汉语专业人才,"汉语"的基础不可以削弱,这是学好商贸知识的平台。如果汉语言专业培养的是会说一点汉语的商贸专业的人才,那么在商贸专业里开设几门汉语课就可以了。中文专业商贸方向培养的目标不是商贸专业的人才,也不是一个纯粹的翻译,而是两国商务活动中的沟通者,能够在中韩两国之间的商务活动中进行有效的沟通,来促进中韩经济交流与合作向前发展。他不仅汉语表达得准确、流畅,同时对商贸活动的基本知识、流程,包括一些专业术语也要通晓,比如议价、交货、支付、运输、保险、合同的签订、市场份额、生产利率等商贸活动各阶段出现的有关术语。此外,还应深入地了解中国,如中国的社会、文化、经济的基本特点及中国各地区的特点、各地商人经商的特点等方面的知识,商贸汉语方向的学生并不一定要掌握多么高深的商贸专业知识。这样的人才才能在商务活动中既是翻译又是领导的参谋,从而使两国的商务贸易能顺利愉快地进行。

(二)商贸方向的课程设置

很多专家指出,目前国内中文专业毕业的学生每年多达6 000名左右,而很多企业却感到符合需求的人才不多,这种现象的出现是因为课堂教学脱离了企业需求。其主要原因之一就是国内中文专业的课程设置多偏向语言和文学方面,而不适合培养企业所需要的中国专门人才。[①] 如何设计课程,才能满足企业的需要,是我们需要着力思考并认真解决的问题。

为了培养商贸企业真正所需的人才,本人认为商贸汉语方向的课程设置应该分为三个部分。第一,为了培养高水平的中韩两国商贸活动中的沟通者,必须要不断地提高他们的汉语表达能力。因此汉语的学习应放在首位,而且要贯穿大学四年的学习。第二,应该开设具有针对性和系统性的商贸汉语课程,目前各大学所开设的商贸汉语方面的课程比较少,大多数属于商贸汉语会话以及应用文写作之类。为了加强汉语商务沟通能力,应开设有关专业术语的理解、商贸活动中的表达艺术、商贸谈判、商贸写作、跨文化沟通等课程。第三,为了让学生具备有关商贸方面的基本知识以及加强对中国的了解,也应该开设一些基本商贸知识(贸易术语的运用、合约磋商以及合同条款的确立等专业知识)、中国商贸特点、韩中经济合作、中国概况、中国社会文化、中国地区特点等方面的课程。总之,课程的核心还是要放在培养汉语沟通能力与加强对中国的深入了解,其次是商贸方面的理论知识,否则培养出来的人才只是一个会说一点汉语的商贸人才,而不是商贸型的汉语人才。据此,笔者认为所设课程可以分为这样几个层次:

1. 初级阶段的课程设置

初级阶段主要是指大学一年级。对于刚入学的学生,他们的汉语水平很低,有的甚至是零

---

① Seung Chan Park(2007)Demand for Chinese Business Experts and Forecast on Future Supply and Demand Focusing on Surveys on Companies Investing Locally in China,《中国学研究》第41期。

起点。因此这个阶段主要应开设基础汉语课程,如:汉语综合课、汉语口语课、汉语听力课、汉语语法课等,不要涉及专门的商贸方面的知识,但可以开设一些基础性的课程,如:国际礼仪、中国概况(简单的)等。这个阶段主要是提高学生的汉语水平,提高学生听说读写的能力,提高学生用汉语进行交际的技能,为以后的学习打下良好的基础。

2. 准中级阶段的课程设置

准中级水平阶段主要是指大学二年级。这一阶段的学生基本掌握了汉语基础知识,能进行一般的汉语会话,掌握了一定数量的汉语单词,在此基础之上,可以增添一些商贸汉语方面的课程和商贸有关的边缘性课程,如:基础商务汉语口语、现代中国社会、中国文化、中国地区特色等课程。这个阶段课程的重点还是放在培养汉语能力,因此一年级所开设的汉语课程应该继续开设,其原因,一是一年不可能完全掌握汉语的基础知识;二是学生所掌握的汉语单词仍很有限,需进一步扩大词汇量,为商贸知识的学习创造条件。如果二年级就大量地摄入商贸方面的课程以代替基础汉语课程的话,学生所学的汉语知识会出现断层。此外,对商贸专业知识的学习、理解、运用等方面都会很吃力,最后的结果是欲速则不达。总之,一、二年级的汉语课要保证充足的课时,要让学生在低年级时在听、说、读、写、译各方面打下坚实的基础,在把汉语作为一种交际工具来使用时基本不存在障碍。在学生语言功底扎实的前提下,进行其他理论知识的教学,才能达到预期的教学目标。

3. 中级阶段的课程设置

中级阶段主要是指大学三年级。这一阶段的学生汉语水平有了较大的提高,课程的设置应逐步向商贸知识方面过渡。在继续开高级汉语课程的同时,加强商贸汉语课程的教学,如:商贸汉语精读、口语、听力与阅读课程,来增强学生在商务方面的沟通能力。在此基础上可以开设中国通商惯例、中国各地商人经商特点及思想观念、中国商务知识、中国区域经济、公文写作等课程。与此同时还可以开设一些讲座课,如中国人的思维方式与文化、中国经济概况、中国市场营销、韩中贸易实务等。这些讲座可以根据内容的深浅和学生的水平来决定用汉语还是韩语讲。有的内容虽然难一点,但可以适当地用汉语讲,这样也可以提高学生的语言能力。在此特别需要注意的是实践课的开设。实践课可利用暑假或寒假的时间进行,要学生亲自去体验商务贸易方面的工作,真正将书本知识运用到实践中去。这一课程必须要有计划地去组织,事前必须和实习单位加强联系,共同设计好实习计划,并要有专门的老师负责指导,要经常反馈学生实习的信息,学生也要认真撰写实习报告,这样才能保证实习不流为一种形式,真正起到学用结合的作用。

4. 高级阶段的课程设置

高级阶段主要是指大学四年级。这一阶段的学生汉语水平较高,因此需要增加商贸知识方面的课程比重,但是商贸汉语口语方面的课程还应继续开设,并增加难度。这一阶段应该开设商务谈判的技巧、商务汉语报告技巧(用汉语制作 PPT 来进行各种商务活动的技能)、商务翻译(口译、笔译)、公文写作(高级的如,国际函电的写作、合同、协议书的写作等)。与此同时还可以开设更多的讲座课,如:中国消费者的心态及观念、中韩商贸案例分析、韩国企业进入中国市场的案例分析、中国经济法、中国市场分析、中国经济、中国对外通商政策等课程。此外,为了增强学生的就业竞争力也还应教中文简历写作技巧与汉语面试策略等应聘技巧。

总之,商贸汉语方向的课程设置应该本着在不断提高汉语应用能力的基础之上逐步开设。课程的设置应该是循序渐进的,某个阶段各种课程的难易度应该尽量一致起来,不同阶段课程的衔接应该是科学的,课程的内容应该是与学生将来的工作紧密结合的。讲座课的内容应该是难度较大的;专业性较强的,但又是最需要了解的一些商贸方面的知识。

三、开设优质商贸汉语课所必备的条件

中文系商贸汉语方向开设商贸汉语课不应是在学中文的基础之上添加一点商贸方面的色彩,而应真正实现上述培养目标即培养中韩两国商贸活动中的沟通者,这是商贸汉语方向培养学生的最终目标。要达到这一目的,开设的商贸汉语等课程必须是优质的。那么具备什么条件才能称得上是优质的商贸汉语呢?

(一)必须正确了解有关企业对人才的具体要求,根据实际需要,开设具有针对性的实用型课程

根据有关研究表明,目前进军中国市场的 200 家韩国企业中 78.2%的企业因为找不到合适的专业人才而遭遇过金钱上的损失或事业上的困难。[①] 这些企业认为会说汉语的人很多,但很难找到在具体工作上,熟练地运用汉语并主动地应对中国市场的变化与要求的人才。这就是课堂脱离实际的严重后果。课堂教学必须与实际要求接轨,否则学生在就业问题上就无法具有竞争力。为了培养备受欢迎的实用型人才,首先要分析商贸企业的实际工作需要,之后,根据分析结果,开发相应的课程内容与教材。[②] 在此基础上,根据教学内容的难易度与教学范围设计整套的教学计划。特别要提出的是,应注重现场实习这一课程,目的是增强学生在商务活动中的汉语交际能力及应变能力,这样培养出来的学生能更快地投入工作,更能适应工作岗位的要求。

(二)授课的汉语教师必须掌握商贸方面的基本知识

教师的责任是要把知识很好地传授给学生。教授商贸汉语课的教师如果对商贸方面的知

---

① Seung Chan Park(2009)进军中国市场的韩国企业缺乏中国专业人才而遭遇到损失,中央日报,8月3日。
② 多采用工作内容分析方法(DACUM:Developing A Curriculum)。Norton,R. E.&Mclennan,K. S.(1997) *DACUM:Bridging the gap between work and performance*,The Ohio State University and Dafasco Inc.

识不了解,就会把商贸汉语课开成一般的汉语课,不可能使学生在学习汉语的过程中很好地去了解商贸方面的知识。因为教师对商贸方面的知识不了解,所以也不可能把课上得生动活泼,不可能很好地训练学生在商务活动中的交际技能。从目前状况来看,既能教汉语又懂商贸方面知识的教师很少,有不少人把商贸汉语方向所开设的一些应该开展商务交际活动的课程上成了一般口语课或者阅读课。由于教师不知道商贸汉语课如何去组织课堂教学,所以教学效果大打折扣,学生掌握不了商贸活动中的交际技能,因此对这种课程也慢慢失去了兴趣。为解决这一问题,教商贸汉语的教师必须掌握商贸方面的知识,必须对商务活动有一些了解,这样才能把课教好,才能使学生掌握了不仅汉语,而且能够很好地把所学到的知识转化成为交际技能,知道在商务活动中如何得体地用汉语跟对方交流。总之,教师既应注意所要传授的内容及传授方法,也应该注意学生的求知需求及学习方法,做好教学内容的组织以及教学过程的调控。

(三)教师在课堂教学组织中必须努力营造交际氛围,创作交际条件

徐正龙在《对外汉语教学理论》一书中说:"课堂是帮助学生学习和掌握知识的主要战场,是帮助学生学习交际的场所。"学生的语言交际能力主要是"通过课堂教学这一基本形式来实现的。"因此,商贸汉语课的课堂教学组织工作十分重要。商贸汉语方向培养的学生是两国贸易中的沟通者,他要能准确地传递双方所要表达的意思,为自己的上司出谋划策。要达到这样一个目的,学生不仅要掌握书本的知识,而且要把学到的知识运用到实际交际中去。因此教师在商务汉语的课堂教学中必须很好地把握所教的内容,并根据内容去努力营造一种真实的交际氛围,创造交际的条件。例如,模拟商务活动的场景,让学生在这种语境中用所学的知识进行交际,让学生有亲临实际的感觉,这样才能尽快地、较好地将所学的知识转化为商务场合中的交际能力。

(四)教材建设必须跟上,应该有形式多样的精品教材

教材是教学活动中的一个重要环节,它是教师和学生学习的依据。徐正龙在《对外汉语教学理论》一书中说:"教材水平的高低不仅反应教学理论和教学方法研究的水平及其所达到的程度,又在相当程度上决定课堂教学质量和教学效果的好坏。"因此,要开设优质的商贸汉语方面的课程,必须要有优质的教材。但目前的状况是商贸汉语方面课程的教材很少,教材内容的安排、生词的分布不是很科学。有些初级阶段的教材课文内容较难,生词量较大,有一定难度的生词也较多,学生学习起来有一定的难度。如果把初级阶段要学的商务汉语教材的难度与初级阶段所学的基础汉语的难度对应起来,对提高学生的学习效果会更有好处。此外,成系统的商务汉语方面的教材不够,现在从初级商务汉语教材到高级阶段的教材虽然有,但挑选的余地很小。现在最大的问题是有很多课程的设置很好,但是还处在没有教材的阶段。亟待有关专家学者尽快地编写教材,本人认为带有学习者母语译注的教材更适应教学及学习者的需要。

综上所述，本文认为商贸汉语方向的设定是正确的，随着中韩经济合作的不断发展，商贸汉语的市场将不断扩大，为了适应时代需求，商贸汉语方向教学的总体设计则需要认真地思考，使其不断成熟、完善，以实现最高的教学目标。这些则需要从事汉语教学人员的共同努力。

参考文献：

徐正龙(2005)《对外汉语教学理论》，南京：东南大学出版社。

郑锡元(2007)从全国大学与中国有关专业的课程分析中归纳出来的问题及其对策，《中国学报》第41期。

Seung Chan Park(2009)进军中国市场的韩国企业缺乏中国专业人才而遭遇到损失，韩国《中央日报》，8月3日。

Norton, R. E. & Mclennan, K. S. (1997) *DACUM: Bridging the gap between work and performance*, The Ohio State University and Dafasco Inc.

Seung Chan Park(2007) Demand for Chinese Business Experts and Forecast on Future Supply and Demand Focusing on Surveys on Companies Investing Locally in China, 《中国学研究》第41期。

作者简介：

宋珉映，女，韩国人，建阳大学中国语言文化学系副教授，主要从事对外汉语教学研究。

马来西亚汉语水平考试(HSK)调查与分析

〔马来西亚〕叶婷婷

内容提要：中国汉语水平考试(以下简称 HSK)是专门为测量母语非汉语者的汉语水平而设立的国家级标准化考试。目前 HSK 在马来西亚已经举办了 16 次。本文首先简要介绍了 HSK 在马来西亚的渊源与概况，然后分析了 HSK 考生人数、类别和报考目的；进一步调查了非华裔大学生对 HSK 的态度，最后对 HSK 和汉语作为第二语言教学在马来西亚推广的问题总结了几点看法和建议。

关 键 词：马来西亚；汉语推广；HSK

A Survey and Analysis of Chinese Proficiency Test(HSK) in Malaysia

(Malaysia) Ye Tingting

Abstract: Hanyu Shuiping Kaoshi (Chinese Language Proficiency Test)(abbreviated as HSK) is a state-level standardized test, which devotes to evaluate non-native speakers' proficiency of Mandarin Chinese. HSK has already been held in Malaysia for 16 years. This paper first briefly introduces the situation and origin of Hanyu Shuiping Kaoshi(HSK) in Malaysia, and then analyzes numbers of enrollment, categories and purposes of these testees. It then further investigates on attitudes of testees without Chinese origin towards Chinese. It finally summarizes the existing problems in the promotion of HSK in Malaysia and brings out some suggestions.

Key words: Malaysia; the Promotion of Chinese language; Hanyu Shuiping Kaoshi

一、HSK在马来西亚的渊源与概况

HSK在马来西亚的考点是由马来西亚董教总[①]承办的。马来西亚董教总是马来西亚华文学校和华文教育的领导机构。1994年,董教总组团前往新加坡访问该国HSK承办单位——新加坡中华总商会,向该会HSK负责人卢绍昌教授了解承办HSK的途径、历程及经验,并开始着手进行筹备工作。1994年9月成立"董教总教育中心汉语水平考试组",积极联系中国国家对外汉语教学领导小组办公室(简称汉办),成立HSK在马来西亚的考点,并邀请HSK办公室委派代表莅临马来西亚一些主要城市进行巡回介绍。1994年12月6日,董教总时任主席郭全强和汉办教学业务部主任杨国章共同签署了承办HSK的协议书。1995年3月,马来西亚正式举办了第一届HSK,至今已经办了16次。最初HSK在每年3月份与8月份各举办一次考试。后来由于考生人数不理想,改成每年5月中旬只举办一次考试。

2004年,汉办通过中国驻马来西亚大使馆致函马来西亚华校董事联合会总会(简称董总),免除马来西亚60所华人独立中学(简称独中)[②]HSK证明,凡毕业于华文独立中学并参加马来西亚华文独立中学统一考试或技职科统一考试合格的独中生[③],到中国大学就读可以免考HSK。

一直以来,马来西亚华文教育在东南亚乃至全世界均处在领先地位,是除了中国大陆、台湾、香港和澳门地区以外唯一具备幼儿园、小学、中学、大专等完整华文教育体系的国家[④]。华人占马来西亚总人数的24%,约有600万人。马来西亚与中国建交以来,两国关系现正处于全面发展的好时期,也是汉语推广重要的机遇期。本文探讨了在全球汉语热的背景下,马来西亚人民对汉语学习的态度及对HSK考试的态度,主要针对马来西亚的HSK考生中非华裔(如马来族、印度族或其他少数民族)的考生人数等问题进行了调研,着重分析了马来西亚HSK历届考生人数、考生类别及考生报考目的等情况,并进一步调查马来族大学生对HSK的态度,最后笔者对HSK和汉语作为第二语言教学在马来西亚的推广问题上总结了几点看法和建议。

[①] 朱亚荣(2006)马来西亚董教总是非营利的民间教育机构,也是推动争取各民族语文教育公平合理地位,具有"社会运动"性质的民间组织。董教总是"董总"与"教总"的合称(即华校董事联合会总会和华校教师总会,他在马来西亚民间被称为"马来西亚第二教育部")。董教总教育中心本着"推广华语文的应用,促进马来西亚华文教育的发展"的宗旨,弘扬中华文化,积极配合国内需求,举办各种长短期课程,同时也创办以华文作为媒介语的大专院校——新纪元学院。

[②] 华人独立中学是马来西亚华文教育事业的主要基地,全国有60所。东马有37所,西马有23所。汉语为主要教学媒介语。学生来源于主要以汉语作为教学媒介语的华文小学。独中开设的课程2/3与中国相同,尤其是华语课,多是参照中国的语文课本制定的。独中的老师,或从中国大陆的北京大学、南京大学、暨南大学等名校学成归来,或从中国台湾的各大学毕业,都拥有较高的中文水平。

[③] 在华人独立中学的学生。马来西亚的独中生人数逐年增长,2009突破了6万人。

[④] 中华人民共和国国务院侨务办公室(2009)马来西亚华文教育考察报告,引自侨工作研究网。

二、HSK 考生人数、种类和报考目的

（一）考生人数

马来西亚报考 HSK 的考生多集中在初中等级和高等级，而基础等级的考生人数最少。根据董教总教育中心提供的历届考生报考数据（见表1），历年 HSK 的考生人数，最少的一年只有29人，最多的一年有292人。从报考总人数来看，报考 HSK 初中等级的考生人数是948人，报考 HSK 高级的考生人数是636人，而基础等级考生的报考人数却只有286人。2009年 HSK 初中等级的考生报考人数是 HSK 高级报考人数的三倍，创下历届最多考生报考记录。从 HSK 各级考试的总及格率来看，初中等级的及格率最高，为92.40%，高等级的及格率是87.74%，而基础等级的及格率最低，为87.06%（请参考表1）。

调查发现，最初五年（1995—2000）的 HSK 考生人数每年不足100人，最多是97人，最少为29人。通过对这五年有关情况的分析，可以看出两个现象：第一，没有考生报考基础等级，第二，报考高等级的考生人数比初中等级的人数多。调查分析还显示，在这五年里，初中等级的及格率是100%，高等级的及格率最高是95%，最低则为85%。据统计，最初五年（1995—2000）报考 HSK 的考生绝大部分是当地的独中生。这也说明独中生普遍都具有一定的汉语水平。

表1[①]：马来西亚 HSK 历届（1995—2009）考生人数和及格率

届次	考试日期	考生人数（及格率）		
		基础	初、中等	高等
1	1995-3-19	—	43(100%)	54(92.59%)
2	1995-8-20	—	42(100%)	52(94.23%)
3	1996-4-14	—	14(100%)	21(95.24%)
4	1997-3-23	—	8(100%)	21(90.48%)
5	1998-3-22	—	19(100%)	20(85.00%)
6	1999-3-28	—	21(100%)	22(86.36%)
7	2000-3-26	—	14(100%)	20(95.00%)
8	2001-3-24 2001-3-25	1(100%)	14(92.86%)	19(89.47%)
9	2002-5-18	13(100%)	71(100%)	36(91.67%)

---

① 表1、表2、表3资料摘录并整理自董教总教育中心。

(续表)

10	2003-6-14	4(100%)	115(99.13%)	58(96.67%)
11	2004-5-15	10(100%)	71(94.37%)	56(87.50%)
12	2005-5-15	21(87%)	71(94.37%)	26(100%)
13	2006-5-14	35(82.86%)	74(91.89%)	53(84.91%)
14	2007-5-20	70(84.28%)	105(93.33%)	74(91.89%)
15	2008-5-18	44(93.18%)	116(75.86%)	50(64.00%)
16	2009-5-17	88(82.95%)	150(84.66%)	54(72.22%)
总计		286(87.06%)	948(92.40%)	636(87.74%)

(二)考生类别

马来西亚HSK考试的考生类别是多元化的。表2是最近两年(2008、2009年)的HSK考生类别,主要针对考生的国籍来分析。调查发现,共有10个不同国家的考生参加马来西亚HSK考试,这些不同国家的考生多为外国留学生和来马来西亚工作者。

调查分析显示,华裔和非华裔(主要是马来族)的报考情况有很大的差距。从各个级别来看,华裔考生人数均比非华裔考生多。两年来各个等级的华裔考生人数均有增长,其中基础等级的考生人数从2008年的13人增至2009年的30人,初中等级阶段的考生人数从2008年的57人增加到2009年的77人,而高等级的人数则从40人增至48人。非华裔的考生人数在基础等级中也从2008年的15人增加到2009年的20人。但在初、中等级阶段,非华裔考生却有下降的现象,从7人降至4人。而到目前为止还未发现有非华裔考生报考高等级,这个现象是值得关注的。

调查还发现,在马来西亚报考HSK的外国考生人数比当地非华裔考生报考人数多,其中以韩国考生人数居冠。韩国考生在2008年报考初中级的人数是22人,2009年人数增至35人。分析结果显示:韩国、泰国及印度尼西亚(以下简称印尼)三个国家的考生人数多集中在初中等级。而马来西亚非华裔考生报考人数却以报考基础等级居多。由此可见,马来西亚非华裔考生无论是在人数或水平方面远远不及韩国、泰国和印尼的考生。对马来西亚报考HSK的外国考生类别分析之后,笔者发现:1.在马来西亚报考HSK的泰国和印尼的考生大部分是在马来西亚华人独立中学和私立中学报读的留学生。2.在马来西亚,韩国考生人数比其他国家的都多,笔者分析其中原因之一是由于韩国是继中国和以色列之后第三个拥有众多海外侨民的国家(张西平,2008)。目前,韩国学习汉语的人数超过100万,在韩国的300多所大学中,至今已有三分之二的大学开设了中文课[①]。韩国人学习汉语的热潮也传到了马来西亚的韩国

---
① 李勇强(2009)全球汉语教学总会2009年发展研讨会在沪召开,引自教育人生网。

侨民中来。

表2：2008—2009 汉语水平考试(HSK)在马来西亚的考生类别

国籍	基础 2008	基础 2009	初、中等 2008	初、中等 2009	高等 2008	高等 2009
马来西亚	华裔—13 非华裔—15	华裔—30 非华裔—20	华裔—52 非华裔—7	华裔—77 非华裔—4	华裔—40 非华裔—0	华裔—48 非华裔—0
韩国	11	32	22	35	11	7
泰国	—	—	30	21	—	—
印尼	2	2	5	10	—	—
中国大陆	—	1	—	—	1	—
法国	3	1	—	—	—	—
日本	—	2	3	6	—	—
新加坡	—	1	—	2	—	—
德国	1	—	1	—	—	—
波兰	—	—	—	—	1	—
中国台湾	—	—	—	—	1	—
共计	45	89	120	155	54	55

(三)考试目的

据调查显示，考生的考试目的大致分为以下四类：

1.马来西亚超过一半的考生人数是为了测试自己的汉语程度而报考 HSK 的。马来西亚教育体系中(不包括华人独立中学在内)对学生汉语程度的测试也有自己的等级标准:分为初级教育文凭（PMR）的华文程度、马来西亚教育文凭（SPM）的华文程度及高级教育文凭（STPM）的华文程度。除了独中生，很多华裔学生在参加了当地各个等级标准的考试后，为了进一步测试自己的汉语程度而报考 HSK，他们主要报考 HSK 的初中等级和高等级。表3 的数据显示，2008 年以测试自己汉语程度为目的的考生有 118 人，到 2009 年增加了 46 人，达到 164 人。

表3：马来西亚 2008—2009 年汉语水平考试(HSK)考生报考目的

考试年度	国内考生人数(%)	国外考生人数(%)	与考人数	参与考试目的 测试程度	到中国学习	就业	其他
2008	124 (59.05%)	86 (40.95%)	210	118 (56.20%)	71 (33.80%)	9 (4.29%)	12 (5.71%)
2009	180 (61.64%)	112 (38.36%)	292	164 (56.16%)	103 (35.27)	11 (3.77%)	14 (4.80%)

2.另外,为了到中国深造而报考HSK的人数亦有增长的迹象。在2008年以来中国学习为目的的考生有71人(33.80%),2009年人数增至103人(35.27%)。近年来,大多数考生报考HSK是为了到中国学习。根据董教总资料显示,2004年,赴中国留学的学生总数只有841人,而2008年则高达1800人,堪称"大跃进"。马来西亚东方新闻网报道,到2009年,来中国留学的马来西亚学生人数已达2800人,增速可谓惊人。目前,马来西亚来华留学生人数在中国总留学生人数中排名第十三位。据了解,中国政府决定在"十一五"期间大幅增加中国政府奖学金以扩大来华留学规模,从2008年到2010年的三年间,每年增设3000名左右[①]。目前来华留学人数已突破20万人,到2010年底有2万名来华留学生获得中国政府奖学金。因此,相信未来会有更多考生为了到中国留学而报考HSK,尤其是HSK的高等级考试。

3.此外,为了就业而参与HSK的人数最少,究其原因是马来西亚的国营或私营的工作单位与机构目前在招聘时并无需通过HSK的要求。从相关资料来看,以就业为目的的考生绝大部分为当地私立幼教中心的老师。由此看来,当地一些私立的幼教中心在招聘汉语教师时,会逐渐开始参考HSK的证书。

4.还有其他少数考生报考的原因是为了兴趣以及自我提高。

三、非华裔对HSK的态度与看法调查

从上文的表2中,我们可以看出马来西亚非华裔报考HSK的人寥寥无几。为了进一步探讨其原因,笔者做了一项小型调查研究。调查内容主要是针对非华裔对学习汉语和对HSK的态度与看法的研究。所调查的大学是玛拉工艺大学总校。玛拉工艺大学是一所专门为马来族培养人才的大学,以提高马来族的经济地位,因此学生90%以上都是马来族。并且此大学是马来西亚所有大学中开设汉语班最多的大学,也是马来族大学生选修汉语课最多的大学。该大学总校选修汉语的马来族大学生每个学期就有8000名(庄兴发,刘香伦2006)。在这所拥有众多非华裔汉语学习者的大学中做调查,可以更全面地反映大多数非华裔对HSK的态度与看法。调查方法是在该大学总校的本科生一年级的汉语零起点班抽样选取50名马来族大学生来做调查。调查问卷主要分为三个部分,第一部分是个人资料,第二部分是调查马来族大学生对学习汉语的态度与看法,最后一个部分则调查非华裔学生对HSK的态度与看法。

为了重点研究非华裔对HSK的态度与看法,本文只对调查问卷的第三部分进行了分析。调查结果显示(参阅表4),有47名(约占调查总数94%)学生,完全不知道也没有听说过HSK。在问及对HSK重要性的看法时,他们之中有29名学生(58%)表示不知道HSK的重要性,有19人(38%)认为HSK是重要的,只有2名学生(4%)觉得HSK是不重要的。在问到

---

① 夏俊(2008年7月7日)来华留学生人数已突破19万,每年以3000的数字增加,解放日报。

是否需要考 HSK 考试时,有 26 人(52%)认为需要考,另外 24 人(48%)却表示没有必要考 HSK。在如何应对 HSK 的问题上:有 40 人(80%)认为若要报考 HSK,他们需要上汉语密集培训课程,7 人(14%)认为要靠自修,3 人(6%)则认为需要汉语家教。

  调查中笔者发现,非华裔报考 HSK 不够积极的原因主要有:1.他们不知道有 HSK 的存在,也不了解 HSK 的重要性。当他们阅读了问卷中针对 HSK 的说明后,才了解了 HSK 的价值与重要性。因此,超过一半(52%)的学生认为有必要报考 HSK。2.非华裔学生很难通过 HSK。庄兴发认为:华裔学生主要是成年学生很难通过 HSK 基础级的第一级,因为他们无法掌握 HSK 所要求的 1 033 个甲级词、800 个甲级汉字及 129 项甲级语法(庄兴发,2006)。另外,笔者通过本次调查也发现了一些值得探讨的问题,如:为何这么多非华裔不知道 HSK,为何他们无法掌握一定要求的词汇数量,他们在课堂内是如何学习汉语的等问题都值得我们在以后的研究中做更进一步的探讨。

表4:非华裔对学习汉语及 HSK 的态度与看法调查报告

对学习汉语的态度与看法	对 HSK 的态度与看法
1.学习汉语? 很有趣,50 人(100%)	1.有听说过 HSK 吗? 有,3 人(6%)　　没有,47 人(94%)
2.为什么要学习汉语? 与人沟通,36 人(72%) 累积学分,10 人(20%) 学习新知识,4 人(8%)	2.认为 HSK 重要吗? 重要,19 人(38%) 不重要,2 人(4%) 不知道,29 人(58%)
3.目前学习的汉语课程觉得? 挺有用,50 人(100%)	3.需要考 HSK 吗? 需要,26 人(52%) 不需要,24 人(48%)
4.觉得市场上学习汉语的教材? 很多种类,9 人(18%) 很缺乏,26 人(52%) 不容易找到,15(30%)	4.考 HSK 的原因? 就业,38 人(76%) 到中国留学,2 人(4%) 为了文凭,4 人(8%) 测试汉语程度,6 人(12%)
5.毕业后,会继续学习汉语吗? 会,45 人(90%) 不会,5 人(10%)	5.若需要,要如何应考 HSK? 自修,7 人(14%) 家教,3 人(6%) 上汉语课程,40 人(80%)

四、对马来西亚 HSK 的几点看法和建议

综上所述,笔者对马来西亚汉语水平考试(HSK)与当地的汉语作为第二语言教学和汉语推广等方面总结了以下几点看法和建议:

(一)对 HSK 的肯定与认同

马来西亚 HSK 考试已经举办了 16 次,考生人数逐年增加。虽然独中生免考 HSK,但是依然还有很多华裔学生为了测试自己的汉语程度而报考 HSK 的初、中等级和高等级。这个现象说明了当地华裔对 HSK 的肯定与认同,同时也说明了 HSK 在海外的重要性。另外,在马来西亚参加 HSK 的外国考生人数多于当地的非华裔的考生人数。外国考生在当地学习汉语,然后报考 HSK,这样既可以融入当地华人聚居的社会圈子以促进彼此交流,又可以继续到华语国家主要是中国留学深造。由此可见,除了两岸四地等传播汉语的重要地区,马来西亚也逐渐成为传播和推广汉语的重要国家之一。

(二)以 HSK 为测试标准

从马来西亚报考 HSK 的人数来看,当地非华裔的考生人数显然少之又少,究其原因,主要是大部分非华裔大学生并不知道有 HSK 的存在。再者,他们的汉语水平还未达到 HSK 的基础等级要求。尽管如此,调查显示大部分非华裔学生对学习汉语所持的态度还是正面的。由此可见,只有通过积极推广 HSK 才能进一步引发马来西亚非华裔学生包括汉语教师对 HSK 的关注。2010 年 5 月,随着中国新 HSK 正式推广到世界各地,马来西亚董教总教育中心已在全国各所公立大学及各有关语言学习单位宣传并积极鼓励非华裔学生报名参加 HSK 考试。同年,当地一所公立大学——博特拉大学开设了汉语作为第二语言教学的语言技能课,共有 90 名非华裔考生免费参加了新 HSK 的单项考试。笔者建议有关部门在推广汉语的战略中可以把 HSK 介绍到公立大学的相关语言科系,让广大非华裔大学生能以 HSK 作为学习汉语的能力测试标准,这将有助于提高非华裔学生学习汉语的积极性。

(三)尚需积极推广 HSK

众所周知,马来西亚的汉语教育发展了将近两个世纪,汉语作为母语教学的测试标准(包括华人独立中学的华文统考和国家教育体系的华文测试)已自成体系。然而,对于马来西亚非华裔学生学习汉语这个领域的发展,即汉语作为第二语言教学的发展才刚起步。无论如何,HSK 只是其中一种汉语水平测试的方法,还不能完全取代和否定马来西亚现有教育体系里汉语作为母语教学的测试标准。但笔者认为,不管是 HSK 还是马来西亚的华文测试,两者都应

该并驾齐驱,各自扮演好自己的角色,如果两者都能发挥自己应有的作用,这对马来西亚汉语教学必将产生巨大的推动作用。2009年7月,马来西亚第一所孔子学院——马来亚大学孔子学院(以下简称马大孔子学院)已经正式成立。到2010年7月,在短短一年里,马大孔子学院已经吸引了众多非华裔汉语学习者(招生人数中90%为非华裔),而该院也将在明年承办HSK。马来西亚高教部副部长何国忠指出,孔子学院承办汉语水平考试也是当地华社(马来西亚华人社会)所希望看到的。

综上所述,HSK对于马来西亚汉语作为第二语言教学工作的开展发挥了一定的指导作用和积极的推动作用。

参考文献:

张西平、刘若梅编(2008)《世界主要国家语言推广政策概览》,北京:外语教学与研究出版社。
朱亚荣(2006)马来西亚华文教育机构简介,《国际汉语教学动态与研究》第4辑。
庄兴发(2006)《华语文作为第二语文在马来西亚的教学问题》,马来西亚:新纪元学院马来西亚族群研究中心出版社。
庄兴发、刘香伦(2006)马来西亚(马来人)对外汉语(华语)词典运用的探讨,见郑定欧、李禄兴、蔡永强主编《对外汉语学习词典国际研讨会论文集(二)》,北京:中国社会科学出版社。

作者简介:

叶婷婷,女,马来西亚人,中央民族大学国际教育学院语言学及应用语言学专业汉语国际传播研究方向在读博士。

泰国高校汉语教育专业课程设置研究

〔泰国〕冯忠芳

内容提要：本文通过对泰国四所高校汉语教育专业课程设置的分析发现，目前泰国高校汉语教育专业课程设置存在的主要问题是重在汉语技能及教师专业知识的学习，缺乏汉语作为第二语言教学理论和跨文化交际方面的课程，导致汉语教育专业培养出来的学生知识结构不够全面，综合能力有待提高；尤其缺乏汉语作为第二语言教学的相关技能，不得不在工作以后再对其进行系统的、连续的、具有弥补性的培训。

关 键 词：泰国；汉语教育；课程设置；本土教师

On Curriculum of Chinese Teaching Major at College-level in Thailand

（Thailand）Kiattisak Saefong

Abstract: This investigation analyzes the curriculum of Chinese teaching major in four universities of Thailand, and points out a main problem of such curriculum, i. e., the shortage in courses of theories of teaching Chinese as a second language and cross-cultural communication, since it emphasizes more on Chinese language skills and professional knowledge of teachers. The problem, again, causes that graduates in this major have not comprehensive knowledge, comprehensive capacity, and related skills in teaching Chinese as a second language and have to be trained further.

Key words: Thailand; Chinese education; Course setting; Local teachers

一、引言

泰国是世界汉语热的典型国之一，其汉语教学规模在短时间内的飞速发展是汉语国际传播的奇迹。目前的师资由本土教师和输入式教师组成,两者数量相当。输入式教师以汉语教师志愿者为主,人数每年保持在 1 000 人左右,居世界第一。本土教师主要由国内高校所培养。截至 2008 年,泰国已有 79 所高校开设了汉语课[1],其课程类型分为"专业汉语"和"公共汉语",专业汉语分别为教育系"汉语教育专业"的学生和人文系或社会系"汉语专业"的学生开设。汉语教育专业均为五年制教育,毕业后可直接获得教师证。非教育系的汉语专业为四年制教育,毕业后需要参加为期一年的教师资格培训,通过考试后才可担任汉语教师。由于汉语教育专业的开设时间比较短,从目前各校开设的课程来看都或多或少地存在一些问题,且没有相关的研究。因此本文拟对泰国高校汉语教育专业的课程设置进行分析研究。

二、泰国高校汉语教育专业课程设置情况

目前,泰国近 80 所开设汉语课的高校当中,有四所开设了"汉语教育专业",这四所高校承担着泰国本土汉语教师培养的任务,它们分别为清迈皇家大学(简称"清皇")、庄甲盛皇家大学(简称"庄皇")、拉查纳卡林皇家大学(简称"拉皇")和东方大学(简称"东大")。下文中所提到的四所大学均指这四所大学。这四所大学都将汉语教育专业课程分为三大类,即公共课、专业核心课和自由选修课。其中,公共课和自由选修课为选修课,专业核心课又分为选修课和必修课两种[2]。见图 1:

```
汉语教育专业
├── 公共课 ── 1.语言与交际类 2.人文学 3.社会学 4.数学与科技
│              5.体育(庄皇)  6.跨学科整合(庄皇、东大)
├── 专业核心课 ── 教师专业课 ── 教师专业必修课
│                               教师专业选修课
│                汉语专业课 ── 汉语专业必修课
│                               汉语专业选修课
└── 自由选修课
```

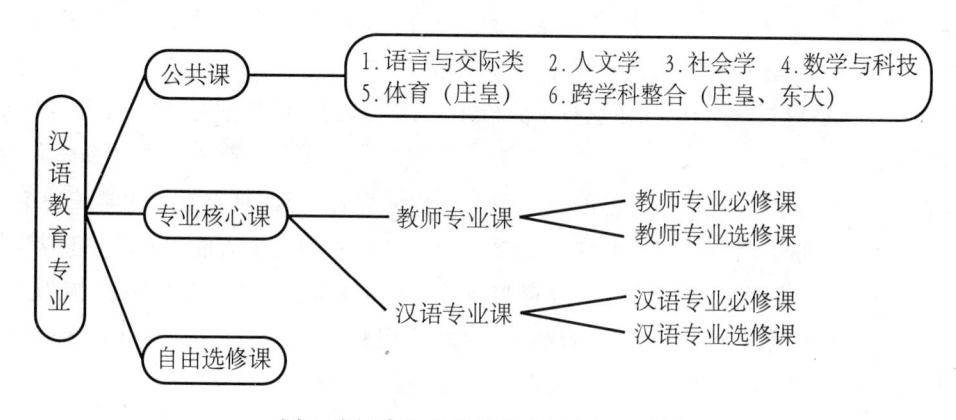

图 1:泰国高校汉语教育专业课程结构图

---

[1] 朱拉隆功大学亚洲研究所中国研究中心(2008)《泰国华文教学研究/高等教育》,第 40 页。
[2] 虽然四所大学的课程都分为公共课、专业核心课、自由选修课,但是东大的分类则把专业核心课细分为教师专业课和汉语专业课两类。

(一)公共课

公共课在清皇、庄皇、拉皇和东大四所大学中所占的学分比例差不多,分别占各校总学分的 19.8%、17.8%、17.6%、17.9%。各校公共课的内容也大同小异,相同之处是各校都包括以下四类:1.语言与交际类(如:泰语和英语);2.人文学类(如:人生意义、人类行为自我发展等);3.社会学类(如:当今世界概况、泰国人的行为方式);4.数学与科技类(如:科学与生活、日常数学、生活信息技术),不同之处是庄皇设有体育课、东大设有体育类和跨学科整合课(Interdisciplinary Integration)。

(二)专业核心课

专业核心课在清皇、庄皇、拉皇和东大四所大学依次占总学分的 76.6%、78.7%、78.8%、78.6%。各校的专业核心课都包括教师专业必修课、教师专业选修课、汉语专业必修课、汉语专业选修课四种课程。下面我们将一一对这四种课程进行介绍。

1.教师专业必修课

四所大学都开设的课程有:教师原则、课程设计、教学(课堂)测试与评估、教学研究(又称教育发展研究、教育研究、课堂实践研究)、学习组织(又称学习组织原则、学习活动组织原则)、教育心理学(又称教育心理学应用、教师心理学);仅三所学校开设的课程有:学习者指导与发展;仅两所学校开设的课程有:集体式教学、汉语学习经验设计过程、教育技术应用、学校及教学管理、教师英语、教师泰语。此外,各大学还有一些特色课程:清皇开设了地方智慧与学习资源、教学质量保障;庄皇开设了教育研究方法与规范、课堂管理;拉皇开设了童子军辅导员基础知识;东大开设了教育哲学与观念、信息技术分析技能、特殊教育、终生学习、汉语学习管理整合。

2.教师专业选修课

教师专业选修课是各校根据自己的实际情况开设的课程,因此具有鲜明的学校特色,其课程数量也从 18 门到 37 门不等。这些课程主要是为了培养教师的个人能力和职业素养,例如:教师的人事关系、小学教育、教师道德、教育与政治、泰国教育史、学校心理健康、互联网与学习、教育技术创新、计算机辅助教学、教育统计、地方课程开发、个人形象与自我调整等。此类课程各校都列了许多,但学生只需选修 6—7 个学分,即 2—3 门课。

3.汉语专业必修课

汉语专业必修课是四所高校汉语教育专业的主要课程,因此在总学分中所占的比例都很大,分别是 30.5%、29.0%、30%、29.5%。由于泰国高校汉语教育专业的教学对象大部分都属于零起点学习者[①],所以汉语专业必修课以汉语知识传授和技能训练为主。各高校汉语

---

① 由于泰国汉语教学在短时间内快速发展,各教育机构的各阶段纷纷开设汉语课,形成了所谓的"三个零"的现象,即小学、中学和大学都是零起点教学,缺乏衔接,这是目前泰国汉语教学迫切需要解决的问题。

专业必修课的具体课程不太一样。其中,四所大学都开设的科目有:汉语综合课①、汉语听说课②、汉语阅读课③、汉语写作课④、汉语语法课⑤、汉语翻译课⑥。除清皇以外,其他三所大学还设有汉语言讨论课。清皇和庄皇还设有中国文学课。此外,各大学还有一些特色课程:清皇设有汉语语音课;庄皇设有中国历史课、汉语视听课;拉皇设有汉语信息查询课;东大设有汉语作为第二语言教学论课、中国文化课和汉语报刊阅读课。

4. 汉语专业选修课

汉语专业选修课多与汉语知识和中国文化相关,包括汉语本体与应用类(如:汉语语音系统、汉字演变、汉语词汇系统、古代汉语、汉语会话、汉语报刊阅读、汉语听说3、汉语听说4、导游汉语、汉语商务会话、中文计算机等);中国文学类(如:中国小说、中国散文、成语故事、现代文学等);中国文化类(中国书法、当今的中国、中国文化、中国历史、中泰关系、汉语新闻听力等)。各校课程数量差别较大,从11—25门不等,学生需要选修其中的5—9门课。值得注意的是部分选修课与必修课在内容上是衔接的,如:汉语听说1和2作为必修课开设,而汉语听说3和4则安排在选修课中,给学生提供更深入学习的机会。这样的课程还包括:汉语阅读3、汉语翻译2等。东大还设有泰汉语言对比、教材分析、跨文化交际等实用性课程;此外,个别学校还设有针对某个领域的汉语专项技能课,如:酒店汉语、市场汉语、导游汉语、旅游业汉语、秘书汉语等。

(三)自由选修课

自由选修课为完全开放式课程。学生可以根据自己的需求自由选修本校或本校的中方合作院校开设的所有课程,以满足个性化要求,但不能与公共课和专业核心课相冲突。四所大学的自由选修课都只占6个学分,即2—3门课,分别占总学分的3.6%、3.6%、3.5%、3.5%。

三、泰国高校汉语教育专业课程分析

通过上文内容的介绍可知,"专业核心课"是四所大学汉语教育专业的主要课程,因此在这四所大学中所占的学分比例都很高,自由选修课和公共课处于次要位置,所占学分比例比较少。这样的课程结构能够保证学生系统地掌握汉语知识和技能。具体来说,这些"专业核心

---

① 各校分类标准不同,如:清皇分为初级汉语1,2,中级汉语1,2和高级汉语1(共15个学分);庄皇分为初级汉语1、2、3(9个学分);拉皇分为汉语1、2、3、4(12个学分);东大分为汉语1、2、3、4、5、6(18个学分)。
② 清皇和庄皇各占6个学分,拉皇和东大各占13个学分。
③ 除东大占9个学分外,其他大学都只占6个学分。
④ 除清皇占3个学分外,其他大学都占6个学分。
⑤ 四所大学都只占3个学分。
⑥ 除庄皇占6个学分外,其他大学都占3个学分。

课"有以下特点：

1. 四所大学都开设的"专业核心课"有综合汉语、汉语听说、语法、阅读、写作、翻译等，这些课程能够让学生全面的掌握汉语知识和相关技能，这是四所大学的相同之处。

2. 清皇、庄皇和东大分别开设了中国概况、中国历史和中国文化，且都是必修课，拉皇的中国文化是选修课。笔者认为汉语教师应该具备一些中国文化方面的知识，这将有助于教师更好地传授汉语知识，因此有必要开设这些课程。

3. 拉皇在"汉语专业必修课"里开设了"汉语教师英语课"。本文认为汉语教育专业的学生没必要单独学习"汉语教师英语课"，理由如下：(1)汉语教育专业的公共课里已经设有英语课；(2)汉语教师的主要任务是传授汉语知识，他们的汉语知识和教学技能将直接影响教学效果，因此学生应集中精力学习汉语，没必要过多的学习英语；(3)汉语学习对象是泰国学生，他们的目的是学习汉语知识。教师在教学过程中即使需要使用中介语，他们也应该使用泰语，而不需要用英语来进行教学。因此，笔者认为汉语专业的学生没必要单独开设"汉语教师英语课"。

4. 东方大学开设了一些语言教学方面的应用性课程，如汉语作为第二语言教学论、泰汉语言对比、教材分析、跨文化交际等。本文认为这些课程对培养汉语教师更有针对性，也更专业。理由如下：(1)国家汉办2007年组织研究并推出的《国际汉语教师标准》里的五大模块当中，第三模块就是"第二语言习得与教学策略"；(2)全美中小学中文教师协会2007年研究推出的《全美中小学中文教师资格标准大纲(The Professional Standards for K－12 Chinese Language Teachers)》中的第四个标准就是"第二语言习得"；(3)中国各高校的对外汉语专业都有第二语言习得方面的课程，像中央民族大学文学与新闻传播学院对外汉语专业就设有"跨文化交流、对外汉语教学概论、对外汉语教学法"之类的课程，这些都是培养对外汉语教师的核心课程。由此可见，第二语言习得知识在汉语教师培养课程中占有非常重要的地位，仅次于语言知识和文化课程。但目前泰国大部分高校汉语教育专业培养课程里都没有这些课程，这对培养汉语教师是不利的。因此，笔者认为泰国培养汉语教育专业的高校应该增加汉语作为第二语言习得和跨文化的相关知识。

此外，值得一提的是四所大学都和中国高校建立了合作关系，为泰国汉语教育专业的学生提供了到中国留学的机会，这对迅速提高学生的汉语水平和能力提供了一个良好的平台。除了东大的汉语教育专业课程里明确要求每个选读本专业的学生都必须自费前往中国留学以外，其他三所大学对于留学没有硬性要求，学生可自愿前往。据了解，三所皇家大学的学生当中，只有经济条件允许的学生才有机会前往中国学习。前往中国留学的学生能选修所在学校的课程，其余的学生则留在原校继续修完剩下的课程。留过学的学生无论是在语言方面还是文化方面都会有一个快速的提高，而没留学的则进步较慢。由此可见，最终获得同样文凭的两组学生，他们的汉语水平差别较大。

最后，从2004年起泰国教育部开展了"新型教师培养计划"，计划中要求教育专业的学习时间从7个学期增加到8个学期，实习时间从1个学期增加到2个学期，即从4年制改为5年制。该计划的目标是:"通过推行实践锻炼和强化训练课程,培养具有专业性、学术性和经验性并立志于教育事业的教师。"因此,在新计划要求下的汉语教师可以有更多的时间进行学习和教学实践,使其具有更扎实的汉语技能和岗前锻炼,毕业后能更好地胜任教师这一职位。

四、总结与建议

在泰国汉语热的大环境下,泰国高校有必要培养更多汉语教师以满足当前的需求。目前,泰国开设汉语教育专业的高校已从最初的一所发展为现在的四所,各校的招生规模也在逐年扩展,毕业人数也将逐年增加。这些毕业生将成为未来泰国汉语教学中的主要力量,因此有关部门应对这些教师的培养工作加以高度重视。本文通过分析泰国高校汉语教育专业课程情况发现,大部分高校的课程还停留在汉语能力培养和普通教育学知识的传授上,很少将两者结合起来开课。例如:缺少了第二语言习得、汉语教学法、汉泰语言对比等必要的应用性课程。

总之,目前泰国高校汉语教育专业课程设置还或多或少存在一些不足,通过这些课程培训出来的汉语教育专业毕业生在参加工作之后,还需要接受系统的、连续的、具有弥补性的培训,才能达到理想的教学效果。针对泰国汉语教育专业课程设置方面存在的问题,本文提出以下建议:

1. 汉语教育专业的课程应该以中级汉语水平为起点。如今,泰国已有近500所中小学开设了汉语课,不少学生上大学前就已具备一定的汉语知识。因此,报考高校汉语教育专业的学生应该是具有一定汉语基础者,而不是零起点学习者,由此应尝试突破泰国汉语教学中"三个零"的现象。提高学习起点除了可以提升汉语教育专业的汉语教学层次,还可以留出更多时间来学习汉语教学方面的应用性课程,如汉语作为第二语言教学论、跨文化交际、汉语作为外语教学法等,学习这些课程对教师未来的工作能起到重要作用。

2. "专业核心课"是汉语教育专业的主要课程,各校基本课程一样,最大的不同之处在于东大专门开设了关于"汉语作为第二语言教学论"和"跨文化交际"方面的课程,这些课程对于汉语教育专业来说更具有针对性和实用性。因此,本文认为其他大学也应该增设此类课程。

3. 从2004年开始实行的"新型教师培养计划"把教育专业的学习和实习时间都延长了。笔者认为这将有利于提高汉语教师的素质,各校应按照"新计划"的规定严格实行。

4. 各校都与中国高校建立了合作关系,前往中国留学能更快地提高学生的语言技能以及加深对中国文化、社会、价值观等方面的了解,因此,泰国高校应尽力为学生创造更多的留学机会,使每位汉语教育专业的学生都能够到中国留学,为将来的"粉笔生涯"奠定更好的基础。

由于泰国汉语教育管理体制不成熟、高级水平汉语师资匮乏等原因,使得泰国汉语教师的培养还未达到应有的效果,课程设置还不够完善。不过,随着高校课程建设的逐步发展和完善,我们有理由相信,泰国作为大力推广汉语的主要国家之一,也必将在汉语教育专业课程设置方面日臻完善。

参考文献：

国家汉办国际推广领导小组办公室(2007)《国际汉语教师标准》，北京：五洲汉风教育科技有限公司印制。
朱拉隆功大学亚洲研究所中国研究中心(2008)《泰国华文教学研究/高等教育》，曼谷：Sri Boon Computer Printing。
朱拉隆功大学亚洲研究所中国研究中心(2008)《泰国华文教学研究/中小学教育》，曼谷：Sri Boon Computer Printing。
Chinese Language Association of Secondary-Elementary Schools(CLASS)(2007). *CLASS Professional Standards for K—12 Chinese Language Teachers*. The National Standards in Foreign Language Education Project. Ohio：OSU Printing Services, Columbus, OH.

网站：

泰国清迈皇家大学网站：http://www.cmru.ac.th/
泰国东方大学网站：http://www.buu.ac.th/
泰国拉查纳卡林皇家大学网站：http://www.rru.ac.th/
泰国维基百科：http://th.wikipedia.org/
泰国庄甲盛皇家大学网站：http://www.chandra.ac.th/

作者简介：

冯忠芳，男，泰国清迈人，中央民族大学语言学国际教育学院及应用语言学专业汉语国际传播研究方向在读博士。

马来西亚华文课程大纲与华文教材的编写

〔马来西亚〕叶俊杰

内容提要：本文主要讨论马来西亚国民小学、华文小学、国民中学和改制华文中学的华语课程设置及教材编写问题。文章从课程大纲和教材内容的角度，对国民小学、华文小学、国民中学和改制华文中学的华语教学进行考察，找出三体四制（三种课程大纲，四种体制的学校）中所存在的问题，从国家原则、国家教育哲理、教学目标、教学内容等方面来探讨国民小学、华文小学、国民中学和改制华文中学的华语教材编写。

关 键 词：马来西亚华文教育；课程纲要；课程标准；教材

On Chinese Course Guideline and Compilation of Chinese Textbooks in Malaysia

（Malaysia）Yeap Chun Keat

Abstract：The paper analyzes the education establishment of Chinese language courses and the compiling of Chinese textbooks in governmental elementary schools, Chinese elementary school, governmental secondary schools, and reformed Chinese secondary schools of Malaysia. The paper first investigates on the situation of Chinese teaching in these schools through two aspects, i.e., course outlines and textbook compiling, and finds out the existing problems in such a three-four system (three types of courses and four types of schools). It then investigates on the textbook compiling in these schools through four aspects, i.e., national principles, national educational philosophy, objectives of teaching and contents of teaching.

Key words：Malaysian Chinese education；Course outline；Curriculum standards；Textbook

一、背景概述

在马来西亚,华文小学(简称华小)的华文教育,是华裔学生的母语教育,其华语教学属于第一语言教学。在华小学生中,大部分华裔生的第一语言是华语或华族方言,其他华裔学生的第一语言是英语或其他语言;而华小非华裔学生的第一语言一般是其母语(马来西亚各民族语言)。华文小学以华语作为主要的教学媒介语,不论学生是华裔还是非华裔、华语是他们的第一语言还是第二语言,其教学方法均使用第一语言教学方法。从母语和第一语言的角度而言,华文小学的华文教育对华裔学生来说既是母语教学,也是第一语言教学;而对非华裔学生来说,华语教学是第二语言教学,但却使用第一语言教学方法,而非第二语言教学方法。

马来西亚的国民小学(简称国小)以马来语作为主要的教学媒介语,在国小的华裔学生中,有的学生第一语言是华语或华族方言,有的则是英语或其他语言。从1957年马来西亚独立到1995年,国小的华语课程向来是仅供华裔学生选修的母语课,不论华语是他们的第一语言还是第二语言,都属于第二语言教学。[①] 1996年,国小华语课开始对各族学生开放,各族学生均可选修,属于第二语言教学。

国民中学的教学对象和国小一样,而改制中学的教学对象和华小一样。改制中学的前身为华文中学,因《1961年教育法令》而被改制为国民中学,也被称为改制中学。其主要的教学媒介语由华语改为马来语,华语成为一个单独的科目,其他科目不再和华语有联系。这一点和国民中学的教学体制是不一样的。国民中学的主要教学媒介语为马来语,华语课一直是一门选修课。改制中学的华语课虽然也只是一门选修课,但是课时数要比国民中学多得多。改制中学每周有5至8节课(每节课30分钟,以下同)的教学时间,而国民中学每周仅有3节课的教学时间。

马来西亚的《华文课程大纲》虽源自《1957教育法令》,但其雏形早在1920年英殖民时期的《学校注册法令》中就有迹可循。当时英政府为了压制华侨的民主意识和反帝反殖民的诉求而对华校采取监控措施,大力推行本土教学和与之相应的新的课程大纲。此课程大纲旨在以马来西亚华人文化为基础,去除中国的政治色彩,塑造以中华文化和马来西亚本土文化为基础的马来西亚华人文化。马来西亚目前所使用的课程大纲有以下三种:《国民小学交际华语课程大纲》、《小学华文课程大纲》和《中学华文课程大纲》。

---

① 在马来西亚国小的华语教学,虽然是按第二语言教学进行的,但主要教学对象是母语为华语的学习者。

二、2003年国民小学课程大纲与教材

现行国小所使用的课程大纲是2003年启用的,由以前从三年级开始教授母语课(华文作为第二语言教学)改为从一年级开始授课。母语课也被称为"附加语文班"性质的语言交际课(Kelas Bahasa Komunikasi)。由于这项措施,国小一至六年级每周拨出2节课来教授"交际华语"课,并列入正式课程,但不是必修课和必考课。

《国民小学交际华语课程大纲》教学目标[①]

(1)认识身体各部分及其功能,以口头或书面方式针对身心的健康、良好的卫生习惯和饮食习惯进行描述。

(2)在日常生活中,以口头和书面方式与家庭成员、邻居、朋友、同学和师长互相介绍、表达感受,应用适当的语言和社会礼仪与人沟通,建立和维持良好的关系。

(3)认识并以口头和书面方式描述自己生长的地方、生活环境与社会生活中常见的动植物和自然现象。

(4)认识社区生活内各类饮食、行业、消闲、娱乐、交通、通讯和公共设施,并以口头和书面方式加以表达。

(5)认识民族的艺术文化活动,并针对各种节日和庆典、民俗艺术、文化活动,并以口头和书面方式与他人进行交谈,促进文化交流和各族间的了解与亲善。

(6)提升道德观念和培养国民意识。

综上所述,国民小学的课程目标在于通过语文技能的训练,使学生能在日常生活中使用规范的华语与人交流沟通。除了训练学生应用华文进行交际之外,也希望通过华文学习使学生加深对本土社会礼仪、风土民情、生活习俗和节日庆典的认识。

《国民小学交际华语课程大纲》的教学内容以"预期学习成果"为核心。预期学习成果以教学目标为依据,其内容涵盖"日常生活"、"社会生活"和"艺术文化"三个领域。

《国民小学交际华语课程大纲》教学内容(预期学习成果的三大领域)如下:[②]

(1)日常生活领域:

认识自己和日常生活中的事物,在日常生活中以口头和书面的方式,应用适当的语言和社交礼仪与人沟通,借此与他人建立和维持良好的关系。"日常生活"交际领域包含四个教学范畴:我的身体、我的感受、我的家庭、我的学校。

(2)社会生活领域:

认识自己居住的地方和社区生活中常见的事物,以适当的语言和态度表达社区生活的内

[①②] 马来西亚教育部课程发展中心(2002)国民小学交际华语课程大纲,马来西亚教育部。

容,借此培养爱社区,爱国家的精神。"社会生活"交际领域包含六个教学范畴:我居住的地方、我们的饮食、各行各业、交通与通讯、公共设施、消闲与娱乐。

(3)艺术文化领域:

认识各族人民的艺术文化活动,培养应用适当的语言和社交礼仪与人交流的能力,借此促进各民族之间的了解和亲善。"艺术文化"交际领域包含三个教学范畴:节日庆典、民俗艺术、文化活动。

从这三个领域来看,教学内容基本反映了学生的生活经验和马来西亚的基本国情,同时也注重培养学生的道德观念、爱国情操和团结友爱的精神,力求让学生加深对本国各族人民的文化和价值观的认识。

在掌握生字的要求上,大纲只列明在小学阶段,根据每个学年的字汇表,向学生介绍一定数量的词汇,当学生完成小学课程时,能掌握一般常用字。

表1:国小各年级华文课本结构

年级	课文篇数	生字字数
一年级	30	69
二年级	30	84
三年级	30	120
四年级	30	148
五年级	30	148
六年级	30	148
总数	180	717

六个年级共180篇课文,717个生字。由于每周只有2节课的教学时间,且是供各族学生选修的华语第二语言课,所以课文篇数及生字字数较少,教材选取的生字也只是一般常用字,整体的语言水平较低。

三、2001年华文小学课程大纲与教材

2001年华小课程大纲制定于2000年,教育部因修订中学综合课程[①]进而决定对小学课程

---

① 综合课是于20世纪80年代后,本着马来西亚教育部制定的《国家教育哲理》"综合地发展学生潜质"的理念而命名的。国家教育哲理:在马来西亚,教育是一项特持续性的事业,它致力于全面及综合地发展个人之潜能。在信奉及遵从上苍的基础上,塑造一个在智力、感情、心理与生理方面都能全能平衡和谐的人。其目标在于造就具有丰富的学识、积极的态度、崇高的品德、责任感,并有能力达致个人幸福的大马公民,从而为家庭、社会与国家的和谐与繁荣做出贡献。

也进行调整。于是依据中学综合课程的要求,课程司开始着手修订小学综合课程,将《小学华文课程纲要》更名为《小学华文课程大纲》。

《小学华文课程大纲》教学目标:[1]

(1)在日常交往中与人融洽相处,有礼貌地表达自己的看法和感受,在讨论中跟别人达成共识,以解决问题。

(2)专注、耐心地听话,以获取信息,针对课题发问,流畅地叙事说理,发表意见。

(3)掌握各种阅读技巧,从各种媒体获取信息;正确、流利、有感情地朗读。

(4)具有自行阅读、独立思考与欣赏文字的能力,养成良好的阅读习惯。

(5)在日常生活中,应用各种媒体,有效地使用各类卡、表格和应用文与人互通信息。

(6)掌握书写技巧,以达到书写毛笔字、进行设计、改写图表和创作各种文章的目的。

(7)提升道德观念和培养国民意识。

《小学华文课程大纲》的目标在于通过语文技能的训练,培养学生处理获取信息时独立思考和欣赏文字的能力,然后再把已知信息提升为规范的华语来表情达意。课程目标主要通过四种技能——听、说、读、写的训练来实现。除此之外,课程也注重学生的个人思维训练和潜能开发,强调提升学生的道德水平,培养学生的爱国情操和团结精神。

《小学华文课程大纲》教学内容:

(1)听说教学

听说教学的目的是使学生掌握听话和说话的能力。听话时能专注、耐心,听准字音,理解字义,听懂各类说话内容,抓住重心和要点,具有初步的分析能力;说话时能准确地叙事说理、表达情意,做到口齿清楚、语调适当、措辞得体、语言流畅、条理分明、态度自然有礼;借此培养与人融洽相处、互通信息的能力。

(2)阅读教学

阅读教学的目的是使学生能认识词语,应用默读、精读等阅读技巧理解句子和篇章;正确、流利、有感情地朗读教材;分析教材的内容、形式和表现手法,找出教材的中心思想;借此培养自行阅读、独立思考和欣赏文字的能力,进而养成良好的阅读习惯。

(3)书写教学

书写教学的目的是学生能应用硬笔和毛笔书写,达到正确、整齐、美观和迅速的要求;掌握构词、造句和成段表达等书写的基本技能;书写各种文体的篇章,做到思想健康,中心明确,内容具体,条理清楚,语句通顺,以便在日常生活中恰当地传达信息,进行创作。

综上所述,华文小学的教学内容主要是使学生掌握语文技能,在表达、试听及阅读方面都有严格的要求;此外,也注重培养学生的个人修养、道德观念、爱国情操和团结友爱的精神,加强学生对本国各族人民的文化和价值观的认识。

---

[1] 马来西亚教育部课程发展中心(2001)小学华文课程大纲,马来西亚教育部。

在掌握生字的要求上，大纲列明，在小学阶段，根据每个学年的字汇表，向学生介绍一定数量的词汇，当学生完成小学课程时，能掌握2 700个单字。

表2：华小各年级华文课本结构

年级	课文篇数	生字字数
一年级	50	410
二年级	45	434
三年级	40	445
四年级	35	483
五年级	30	486
六年级	30	504
总数	230	2 762

六个年级共230篇课文，2 762个生字。由于每周有12节课的教学时间，且华小的华语课是供各族学生（以华裔为主）必修的华语第一语言课，所以课文篇数及生字字数较多，整体的语文水平也较高。

四、2000年国民中学和改制中学课程大纲与教材

《课程修订策略建议书》在"教育部中央课程委员会"第二次会议中正式通过后，因旧的《中学课程纲要》是1987年制定的，教育部认为有必要对其做出修订。1999年6月由课程发展局修订，2000年开始正式推行。中学华文课程在小学的基础上，进一步加强了学生的语文运用。大纲规定课程设计分为人际关系、信息处理和美学赏析三个语文应用领域。中学的课程大纲也由《中学课程纲要》改为《中学华文课程大纲》。

《中学华文课程大纲》（国民中学和改制中学均使用此大纲）教学目标：[①]

(1)参与社交活动，通过口头和书面的方式，以适当的社交礼仪与他人建立和维持关系，并能针对各种课题与他人进行讨论、发表意见，以解决问题。

(2)搜集各种口头、书面和观察所得的信息，并加以处理。

(3)以口头、书面或多媒体形式提供信息。

(4)赏析古典与现代的文学作品。

(5)进行各类文艺创作与改编。

---

① 马来西亚教育部课程发展中心(2001)中学华文课程大纲，马来西亚教育部。

(6)提升道德观念和培养国民意识。

中学华文课程大纲在第一页列明,中学华文课程是小学华文课程(国小及华小)的延伸,课程大纲的内容除了包含国小的日常生活交际和华小的语文技能操练外,也增加了文学修养、语文知识和文学创作。同时通过语文教学促进文化的传承,提高学生的智力,使学生获得平衡的发展。此外,它也注重培养学生的批判思维和创造思维,以提升学生的认知和感知能力,以求达到语文教学中训练学生思维的目的。中学华文课程除了力求达到上述目标外,也注重提高学生对语文知识和技能的掌握能力。

《中学华文课程大纲》教学内容:

(1)人际关系领域的预期学习成果

语文在人际关系方面的功能,主要在于与他人建立和维持良好的关系,以共同解决问题。语文教学培养学生在社会活动中的交际能力,使学生能通过口头和书面的方式,以适当的社交礼仪与他人交往。

(2)信息领域的预期学习成果

新纪元是资讯工艺发展迅速的时代,信息传送的速度与流量都大大地提高,因此,信息的处理在工作和学习上有较高的实用价值。语文教学应注重培养学生应用各种媒体来搜集、整理、分析和提供信息的能力,为学生日后的工作和学习打好基础。

(3)实用技能

语文教学须顾及当今社会日新月异的发展趋势,因此,语文教材必须在培养学生掌握具有实用价值的技能方面做出适当的配合,为学生日后踏入社会做好准备。

综上所述,中学的教学内容要求学生能独立地搜集、整理、分析和提供信息,力求使学生在资讯时代能具备处理信息的能力。除此之外,学生也必须懂得适当的社交礼仪与他人交往,并在掌握科技和实用技能方面做好准备,为将来踏入社会奠定良好的基础。

表3:国中和改制中学各年级华文课本结构

年级	课文篇数	名句(古文诗词节选)	古文
预备班	20	30	5
中一	25	40	5
中二	25	40	8
中三	25	40	8
中四	25	40	9
中五	25	40	9
总数	145	230	44

六个年级共有145篇课文,230首名句和44篇古文。华文这门课在改制中学每周有5至8节课的教学时间,国民中学每周有3节课的教学时间。和华小课本相比,国中和改制中学的华

文课本课文篇数较少,古文典籍(古文)占的比例较大(约三分之一),整体的语文水平也较高。

五、各类课程大纲比较分析

表4:各类课程大纲比较表

	国民小学交际华语课程大纲	华小华文课程大纲	中学华文课程大纲	
体制	国民小学	华文小学	国民中学	改制中学
启用年份	2003年	2001年	2000年	2000年
内容	日常生活交际	独立思考能力,语文基础技能操练	日常生活交际,语文技能操练、语文知识、文学经典赏析、思维技能、学习技能	日常生活交际,语文技能操练、语文知识、文学经典赏析、思维技能、学习技能
国情民俗	有	—	—	—
教学模式	第二语言教学	第一语言教学	第一语言教学	第一语言教学
华文周课时	2节课(60分钟)	12节课(360分钟)	3节课(90分钟)	5至8节课(150—240分钟)

从上表中我们可以看到:国民小学的《国民小学交际华语课程大纲》以交际教学为主导,以对周围环境的认识和日常生活交际为主;华文小学的《华小华文课程大纲》则以培养学生独立思考能力和操练语文技能基础为主导,以听、说、读、写为主要目标;国民中学和改制中学除了包含国小的日常生活交际和华小的语文技能操练外,还增添了语文知识学习和文学经典赏析,要求学生必须具有批判性思维、创造性思维和独立处理信息的能力,掌握学习技能并能规划及管理自己的学习。在了解国情民俗和华文社会文化方面,只有国民小学的课程大纲要求了解国情民俗和华文社会文化。华文小学重点则在扎实的语文技能操练上,要求必须掌握2 700个以上的生字,因此华小的华文课本的生字表有2 762个必学的生字,课文则有230篇。而国民小学的华语课因本身为第二语言教学,所以和华小的第一语言教学相比,要求有所降低,每周课时为2节(60分钟),是华小课时的四分之一(华小的华语课时是12节360分钟),教学内容上也只要求学习日常用语。在生字教学方面则只要求学生在完成小学课程时,能掌握一般常用的词语。所以国小的华文课本列出的必学生字只有717个,仅占华小必学生字的25.96%;课文为180篇,比华小少50篇。在课时方面,国民中学和改制中学虽采用同一个课程大纲,课时数却不同。改制中学每周所上的华文课为5至8节课,而国民中学每周只上3节课,课时相对比较少。

六、结论

通过对比分析,我们认为马来西亚的华文教育有以下三个问题值得注意:

(一)国小和华小课时差异极大,强调点不一

由于马来西亚教育政策的最终目标是以马来语为主要媒介语,以一种语文、一种文化来统合各社群,统一族群,所以在国民小学设立母语班(马来西亚各民族的母语),目的是吸引各族学生就读国民小学,并把它列为首选学校。而华人作为马来西亚的一个族群,本身母语为华文,理所当然也是国民小学想要吸引的对象之一。国民小学的华文课是一个单独的科目,而华文小学的全部教学科目都以华文为媒介语。所以华文小学在华文课程大纲里比较偏重于语文操练,在其他科目上用华文来展现马来西亚民俗国情,而在国民小学中华文只是单独的一门课且课时极少,所以就会把反映国家团结、民族团结、民族风俗的内容放入国小华文课程大纲里,重视了思想内容,却忽视了语言技能训练,客观上造成国小学生华文水平普遍不高。

(二)国小与国中难以衔接,华小华文水平远超国小

中学的华文课程是小学华文课的延续,所以中学华文课程大纲是国民小学和华文小学学生升入中学时,共同采用的课程大纲。但是国民小学的华文课程大纲明显和中学的华文课程大纲衔接不上。中学的华文课程大纲偏重于文学,需要有很好的语文功底,才能理解所学内容。在中学的华文课文里有44篇古文和230首名句,而国小华文课程大纲仅要求掌握一般常用字(717个字)。相反,华小的课程大纲偏重于培养学生独立思考和欣赏文字的能力,要求在修完小学课程后必须掌握2 700字。所以国民小学的学生基本达不到赏析古文经典的能力,而华小毕业生的华文水平则大大高于国民小学学生。

(三)中学阶段华文水平参差不齐,没有达到教学大纲的目标

另外,国民中学和改制中学虽共用同一个中学华文课程大纲,但在学制上它们还是有所不同的。改制中学每周所上的华文课为5至8节课,而国民中学每周只上3节课。同一个课程大纲,同一套华文课本,但上课所用的时间却不一样,所以出现了国民中学的学生学不完华文课本的现象,以致上完六年的中学他们的华语水平也不高。造成这种后果的原因有三:一是学生在国民小学时打下的华文基础不牢;二是中学指定的教学大纲和开设的华文课时数不合理;三是忽略了学生语文水平的差异和复杂性。其中国小学生包含了各族学生,他们的华语水平不尽相同,而华裔和非华裔学生将华语作为第二语言学习的起点、特点也有所不同;即使是华裔学生,华语对他们来说也有第一语言、第二语言之分,不可一概而论。

通过以上分析，笔者认为，马来西亚华语教学情况复杂，应结合本国的实际情况，针对不同族群和不同水平的学生，制定出切实可行的华文教学大纲并加以实施，以促进华语教学质量的不断提高。

参考文献：
陈素媚、王月香、林俐伶(2006)五年级华文课本，Penerbitan Pelangi Sdn. Bhd.。
蔡永祥、陈毓媚、郑文添(2002)中一华文课本，Hypersurf Corporation Sdn. Bhd.。
杜新和、郑秋萍(2003)国民小学二年级交际华语，Sasbadi Sdn. Bhd.。
杜新和、郑秋萍(2004)国民小学三年级交际华语，The Malaya Press Sdn. Bhd.。
黄雪玲、何贵强(2003)二年级华文课本，Eliteguh Industries Sdn. Bhd.。
黄慧羚、孙秀青、周锦聪(2005)四年级华文课本，The Malaya Press Sdn. Bhd.。
黄慧羚、孙秀青、周锦聪(2007)六年级华文课本，The Malaya Press Sdn. Bhd.。
黄雪玲(2003)掌握趋势、规划未来浅谈马来西亚中学华文综合课程大纲，《教育学报》第三十一期。
林国安(2006)华侨岗沉思集——林国安教育教学研究文集，加影：马来西亚华校董事会联合会总会(董总)。
莫顺生(2000)马来西亚教育史，吉隆坡：马来西亚华校教师会总会出版。
马来西亚教育部课程发展中心(2002)国民小学交际华语课程大纲，马来西亚教育部。
马来西亚教育部课程发展中心(2001)小学华文课程大纲，马来西亚教育部。
马来西亚教育部课程发展中心(2001)中学华文课程大纲，马来西亚教育部。
温金玉、陈钦财、苏美桂(2003)中二华文课本，The Malaya Press Sdn. Bhd.。
谢慧敏、郑淑玲、叶莲丝(2004)三年级华文课本，Penerbit Bangi Sdn. Bhd.。
谢礼赞、陈润卿、廖国平(2003)中五华文课本，The Malaya Press Sdn. Bhd.。
永乐多斯、许友彬、林臣顺(2004)中三华文课本，Odonata Publishing Sdn. Bhd.。
永乐多斯、许友彬(2002)中四华文课本，The Malaya Press Sdn. Bhd.。
永乐多斯(2003)国民小学一年级交际华语，Penerbitan Pelangi Sdn. Bhd.。
永乐多斯(2004)预备班华文课本，Odonata Publishing Sdn. Bhd.。
郑秋萍(2005)国民小学四年级交际华语，The Malaya Press Sdn. Bhd.。
郑秋萍(2006)国民小学五年级交际华语，The Malaya Press Sdn. Bhd.。
郑秋萍(2007)国民小学六年级交际华语，The Malaya Press Sdn. Bhd.。
郑辉龙、王赛梅(2003)一年级华文课本，Hypersurf Corporation Sdn. Bhd.。
郑文龙(2008)马来西亚国民小学华语课程及教材的沿革研究，暨南大学硕士论文。
郑良树(1999)马来西亚华文教育发展史(第三分册)，吉隆坡：马来西亚华校教师会总会。

作者简介：
叶俊杰，男，马来西亚人，中央民族大学国际教育学院语言学及应用语言学专业汉语国际传播研究方向在读博士生。

泰国政府职员及社会人士汉语培训课程探索
——以清迈大学孔子学院教育局官员汉语培训项目为例

陈 俊 羽

内容提要：清迈大学孔子学院在调查了解教育局官员学习需求的基础上，采用了"语"和"文"分开的教学路子，并根据这些学员的特点，为其设计了相应的汉语及文化培训课程，这些课程受到了学员们的欢迎。本文介绍了"教育局官员汉语培训项目"的课程情况和实践过程，并将实践经验加以总结，以供同行借鉴参考。

关 键 词：孔子学院；官员汉语培训；文语分开

The Exploration of the Chinese Training Curriculum for Governmental Officials and Professionals
—The Confucius Institute at Chiang Mai University as the Example
Chen Junyu

Abstract: This paper introduced the Chinese training curriculum and practice for government officials from Chiangmai Education Bureau in the Confucius Institute at Chiang Mai University. A suitable curriculum was designed based on these officials' needs and the division of "speaking" and "writing". This course obtained good teaching effects in fulfillment.

Key words: The Confucius Institute; Chinese training course for officials; Separating speaking and writing

一、引言

随着中国综合国力迅速增强，国际地位快速上升，世界各地人民越来越希望了解中国，汉语国际传播的新时代已经到来。在2010年12月召开的第五届孔子学院大会上,中共中央政治局委员、国务委员刘延东指出,孔子学院走过了5年不平凡的历程,取得了显著成就,已站在一个新的起点上。为了促进孔子学院的可持续发展,我们需要注意的问题之一是"注重质量,夯实基础,着力提升孔子学院的办学水平"。"要总结推广各国孔子学院的成功经验,结合实际创新方法,激发学生持续学习的兴趣,让汉语教学更加生动活泼、深入人心。"

目前孔子学院遍布世界各地,各孔子学院在进行汉语教学活动的过程中,要面向不同的教学对象,既面向高校、政府、企业、社区的成人,又面向中小学生,这就要求孔子学院因地制宜,因材施教,积极开发适合不同教学对象、特色鲜明的课程。科学的教学方法是提高质量的重要基础。

泰国清迈大学孔子学院于2006年12月18日正式挂牌成立,中方合作院校为云南师范大学。自成立以来,清迈大学孔子学院通过加强与清迈政府、教育部门和学校的合作,开设了各类独具特色的汉语课程,开展了丰富多彩的中国语言文化活动。4年累计参加各类课程及活动的人数超过3万人次,其中包括为移民局、银行、清迈大学教职工开设的培训课程。面向政府职员及企事业单位的汉语培训一直是其工作重点。在一系列的培训中,我们不断地进行教学实验、课程研究,逐渐总结出一套切实可行的培训方案。2009年6月,清迈大学孔子学院与清迈第四教育局合作,对教育局官员、下属学校校长及相关负责人进行了汉语培训。

我们首先调查了解这些学员学习需求,在此基础上,结合这些学员的特点,为其设计了个性化的汉语及文化培训课程。本课程受到了学员们的欢迎,本文试图将我们的实践经验加以总结,以供同行借鉴参考。

二、教学实践介绍

我们知道,在进行教学设计之前首先要进行需求分析,要找出教学对象的真正需求所在,而且要对受训者的自然特性和职业特点进行分析。通过与清迈第四教育局的学员沟通,我们了解到,他们学汉语的主要目的是为了跟中国人进行交流。在此我们要提到的一点是,泰国教育部制定了一份促进泰国汉语教学的五年(2006—2010)战略规划[1]。规划把促进汉语教学提高到了增强国家竞争力的战略高度来认识,提出了具体的战略目标及方案规划,其中提到了各府的各级地方管理机构要组织推动本地区的汉语教学。虽然在调查中学员们没有提到这一点,但是我们认为这些教育部门学员的学习动机与之应该是有一定关系的。学员们学习目的还包括对汉语、汉字及中国文化感兴趣。对于这些学习目的,交流沟通的需要是预料之中的,

---

[1] 吴应辉、龙伟华、冯忠芳、潘素英(2009)泰国促进汉语教学,提高国家竞争力规划,《国际汉语教育》第1期。

但学习汉字的需要却是我们没有预料到的,可见,课程设计前的调查了解是十分必要的。

这些学员平均年龄在四十岁以上,大多担任各种领导职务,有教育局官员、中小学校长、教研室主任、教师、普通职员等。他们都具备本科或本科以上的学历,英语水平良好,都具有较好的学习能力,但是他们平日公务繁忙,课后的学习时间很难保证。我们必须根据教学对象的具体情况设计出一套切实可行的教学方案。

(一)课程设置

为了使这些学员理解并使用最常用的汉语词语和句子,具备一定的交际能力,了解汉字的基本知识并识记简单的汉字,同时满足学员对相关中国文化的体验及了解,经过跟学员代表的协商,我们设置了第一期(50小时)的课程,课程分为两个阶段,具体安排如下:

表1:泰国官员培训课程安排

第一周至第三周课程安排	学习时间	课程名称					周课时
	周一、周三、周五 17:30—19:30	汉语听说					6
第四周至第八周课程安排	周一、周三 17:30—19:30	汉语听说					4
	周五 17:30—19:30	汉字(第四周)	汉字(第五周)	汉字+书法(第六周)	汉字+茶艺(第七周)	汉字+书法(第八周)	2

一期课程为50小时,8个教学周,每周3个教学日,一般为每周一、三、五下午五点半开始到七点半,就是说每个教学日上两小时的课。第一期前三周完全不进行汉字教学,从第四周开始,周一、周三进行正常的听说教学,每周五进行汉字及相关文化课学习。

(二)教学特色

1.拼音教学为主,汉字教学和文化教学相结合

赵金铭曾指出:"对欧美人学习可否探讨新的教学思路,使之消除对汉字的畏难情绪,使他们在学习汉语的初级阶段学习积极性不被汉字的困难所挫伤,在他们获得相当的口语能力的恰当时机,再引进汉字。"[①]泰语也是一种拼音文字,怎么读就怎么写。因此在对泰国人进行汉语教学的过程中这个思路也是可行的。如果在学习的最初教什么话就教写什么字,这往往会让非汉字圈学生望而止步,特别是在短期教学中,应以培养基本的听说能力为主要目标。然而这些学员又对汉字及相关中国文化感兴趣,有对这些课程的需求。如何兼顾这些需求呢?我

---

① 赵金铭(2001)跨越与会通——论对外汉语教材研究与开发,《语言文字应用》第5期。

们的设计就是在对零起点班的8周培训课中,前三周完全不进行汉字教学,使汉字不成为其"绊脚石",口语教学主要借助拼音来进行,这样口语教学就变得较为容易了。从第四周开始,周一、周三用拼音进行正常的听说教学,周五进行汉字教学及相关文化教学和体验。这样做既有利于口语教学,又使汉字字形教学具有了系统性和规律性,从而大大降低了学习难度。

2. 强化练习环节

由于在海外学习汉语缺乏目的语环境,而这些学员课后也不可能花很多时间复习巩固,所以在以打基础为主的第一期课程,即入门阶段,以反复操练强化为主。行为主义学习理论以"刺激——反应"心理学理论为基础,认为语言习得的首要条件是反复操练;认知主义学习理论强调外在刺激与学习主体内部心理过程的交互作用是语言习得的关键。我们在教学过程中自觉地借鉴运用这些理论,并结合学生实际需要和具体情况,确定以重点强化提高学生听说能力、培养学生实际运用汉语的能力为教学目标,在教学中以学生为中心,以教师为主导。突出言语操练,即语音、语调模仿词语操练以及句型操练。我们认为在入门阶段,要达到设定的教学目标,就要保持操练的高频率,尤其是对这些高层次的成人学员,理解知识点并不是问题,关键是强化记忆,所以要给学生提供足够数量的听说实践机会。

每次听说课的课堂讲解为一个小时,另一小时则分成两个班(每个班不超过15人,10人以下最好),分别由两位老师带领着进行操练,对前一节课所学的内容进行复习巩固,通过反复练习、刺激来强化记忆所学内容。这要求课前主讲教师提前备好课,并把本课教学内容及重点跟辅练教师沟通、讨论,辅练教师据此做好操练设计。这个做法收效明显,改善了以往成人培训中一次课上完下次来又一问三不知的状况。

3. 汉字导入

对外汉语教学中,教授汉语和汉字一般采用"语文一体"的方法,即"口语"和"文字"的教学同步进行。"语文一体"的方法对于教授拼音文字的语言是合理有效的,但对于教授汉语、汉字是不适合的。张朋朋(2001)认为:"'语文一体'的教法必然形成'文从语'的教学体系。也就是说,学什么话,教什么字。这种教法,汉字出现的顺序杂乱无章,体现不出汉字字形教学的系统性和规律性,从而大大增加了汉字教学的难度。"[①]这种说法是有道理的,尤其是对于这些没有充足的学习时间的业余学员来说,文、语分开是一种合理的做法。

第一期从第四周开始我们就增加了汉字教学,每周五为汉字课。汉字教学使用另外的教材。先进行汉字的字形教学,从基本笔画入手,以部首为纲,以构件组合为核心进行教学。这样做,既有利于口语教学,又使汉字的字形教学具有了系统性和规律性。通过一期的学习就能帮助这些学员树立起对汉字的概念以及对汉字的正确认识。同时由于汉字具有独特的表意性,蕴涵着丰富的文化内涵,有着十分优美的艺术构形,这些都很能引起学员们的兴趣。我们还将汉字课与书法课、茶艺体验相结合,增加了课程的文化元素,也进一步提高了学生的学习

---

① 张朋朋(2007)《口语速成(口语篇)新编基础汉语》,华语教学出版社,前言部分。

兴趣，书法、茶艺都有很好的怡情作用，尤其是书法，在讲解了每课要学的汉字后，让其用毛笔进行书写练习，很多学员都写得不亦乐乎。

（三）教材的选用

听说课用《泰国人学汉语》（徐霄鹰、周小兵主编，北京大学出版社出版），这本教材有泰语注释，对话内容有泰国特色，但还是不太符合学员的需要。学员大多数是教育局官员，因此我们根据他们的实际需要，补充了一些必要的内容。比如设计一些实际情景，教诸如"欢迎你！""干杯！""祝你身体健康，工作顺利，万事如意！"等一些对于他们来说实用性较强的句子。将来我们可以根据这些补充的内容来编写适合这一群体的汉语教材。

汉字课以《汉字速成课本》（柳燕梅编，北京语言大学出版社出版）作为教材，我们从中选取了部分内容进行教学。该书的一些栏目，比如汉字知识、奇妙的汉字等，都很能引起学生的兴趣。但问题是本书对于短期生来说本书篇幅过长，因此将来我们可以针对短期、类似培训项目编写更为合适的汉字课本。

（四）培训成效

清迈第四教育局官员汉语培训班第一期有27人参加培训，一期的培训课程完成以后，这些从零起点开始学习的成人学员基本上掌握了汉语拼音的基本拼写规则，并且都用汉语做了简单的结业汇报（介绍自己及家人、谈爱好等）。然后有23人要求继续参加下一期下一个级别的培训，新一期培训课有32人参加。85%的学员要继续下一期的学习，这是出乎我们意料的，这跟以往一期培训结束后就无后话的情形完全不一样。学员表示培训有成效，并且感觉到在学习中很快乐。这与我们的合理的课程安排有很大的关系。

大家可能都有体会，进行成人语言培训不是一件容易的事，一来学员有工作在身，学习巩固的时间很难保证，二来错过了最佳语言学习时期，从头学一门新的语言确实有困难。但是我们相信只要为这些学员量身打造切实可行的学习计划，在教学中认真实施教学安排，用心教学，那么我们的工作就一定会有成效的。

我们的培训还有一个显著成效，在培训中或培训后，一些学员，作为中小学相关事务负责人主动来联系孔子学院，希望支持和帮助一些没有开设汉语课的学校开设汉语课。可见，我们的汉语推广工作是环环相扣的，推广中的每一件事都应认真对待。

三、结语

清迈第四教育局职员及教师的汉语培训获得了成功。我们的"政府职员及社会人士汉语培训"模式对其他孔子学院的类似培训项目也是有普遍的借鉴意义的。

本课程的主要特色在于:(1)制定有针对性的课程设计,采用"语文分开"的路子,不同以往的培训一本书,教什么话就学写什么字,或者完全不教汉字。我们的听说课教学都由拼音作为媒介,汉字课另用教材,从汉字的基本规律入手进行教学。(2)注重语言的强化训练,给学员尽可能多的开口机会。在非目的语环境中,学员缺乏的就是开口练习的机会,听说课里有一半的时间是帮助学员开口练习。(3)文化课与语言课相结合。以往我们的文化类课程一直是独立于语言课的,当然这有其客观原因,但如果我们尽可能地将语言课与文化课相结合,培训就可以取得更好的效果。在我们的课程中,将书法课、茶艺课与汉字课相结合,这既增加了汉字课的趣味性,又增加了文化课教学内容的深度。当然这对授课教师水平及能力提出了较高的要求。我们一期课程合理兼顾了各方面的需求,深受学员的欢迎。

目前世界各地的孔子学院的汉语培训面向社会各界、不同人群,教学对象及学习目标呈多元化。为了做好各类培训工作,我们应该注意以下几点:

第一,培训前调查了解学员的学习需求,确定合适的培训目标与培训计划,各种类型的培训才能持续、深入、有效地开展下去。比如针对政府官员,不能一味追求进度,应以激发兴趣、体验为主要目标。培训内容需要结合学员的实际需求,有的放矢,切忌大而空。

第二,培训过程中要注意互动,注意学员的反馈,及时对培训内容作出调整,以满足学员需求。目前我们的教材不可能满足所有国家地区所有学员的需求,我们认为教师可以利用现有教材,根据实际情况灵活开展语言教学。特别是海外汉语教学,我们认为教师要具备对教材进行补充的能力,教师要用教材,但不应该局限于教材,应把科研成果体现在"死"教材的"活"用上。

第三,各孔子学院要做好教研工作,要关注国际语言教学动态,及时汲取国内外各方面的语言教学研究成果。有的孔子学院由于活动较多,疏于教研工作,在此我们强调一定不能放松教研,持续开展教研工作才能保证教学质量。好的教学质量是孔子学院健康发展的重要保证。

我们需要在实践中不断总结教学经验,因地制宜,扎根本土,办出特色,尊重和体现文化多样性,贴近和满足学习者实际需求不断提高孔子学院的教学质量,提升孔子学院影响力,实现其可持续性发展。

参考文献:

刘延东(2010)携手促进孔子学院可持续发展,第五届孔子学院大会主旨演讲。

吴应辉、龙伟华(泰)、冯忠芳(泰)、潘素英(泰)(2009)泰国促进汉语教学,提高国家竞争力规划,《国际汉语教育》第1期。

赵金铭(2001)跨越与会通——论对外汉语教材研究与开发,《语言文字应用》第5期。

张朋朋(2007)《新编基础汉语口语篇:口语速成》,北京:华语教学出版社,前言部分。

作者简介:

陈俊羽,女,云南师范大学国际教育学院讲师,对外汉语教学硕士研究生。

泰国师生对 HSK、BCT 和 YCT 考试的态度调查

〔泰国〕龙伟华

内容提要：为满足世界范围内不同水平、不同年龄汉语学习者的需要，国家汉办（孔子学院总部）制定了不同形式、不同类别、不同等级的汉语考试。本文调查了泰国师生对 HSK、BCT 和 YCT 考试的了解程度和态度，根据调查结果分析了泰国 HSK 考试推行的现状及存在的问题，并提出了关于 HSK、BCT 和 YCT 考试在泰国推广工作的几点启示。

关 键 词：泰国；汉语考试；态度；调查

An Investigational Report on Thai Teachers' and Students' Attitudes towards the HSK, BCT and YCT Exams

(Thailand) Hathaikarn Mangkornpaiboon

Abstract: To meet the world-wide needs of Chinese Language learners at different ages and proficiency levels, *Hanban* (Headquarters of Confucius Institute) designed some examinations in different forms, types, and levels. This investigation therefore focuses on how much Thai students and teachers know about the exams and their attitudes towards the exams. Upon the survey results, the study then analyzes the present situation in the popularizing of HSK in Thailand. It brings up some problems and further makes corresponding suggestions.

Key words: Thailand; Chinese exams; Attitude; Investigation

一、引言

为满足世界范围内不同水平、不同年龄汉语学习者的需要，国家汉办（孔子学院总部）制定了不同形式、不同类别、不同等级的汉语考试（国家汉办等，2009），即 HSK（汉语水平考试）、BCT（商务汉语考试）和 YCT（少儿汉语考试）。如今，泰国学习汉语的人数日益增加，参加

HSK考试的人员,除了大批的泰国学生,还有不少本土中文教师。然而,他们参加此类考试的动机是什么?他们对此类考试究竟了解多少……都是值得思考的问题。本文调查了泰国师生对HSK、BCT和YCT考试的了解情况及态度,希望通过调查,较全面地了解他们参加HSK、BCT和YCT考试的目的,以及对这些考试的了解程度和态度。

二、研究方法

抽样调查法与访谈相结合。一方面走访泰国的部分HSK考试中心,亲自了解基本情况;另一方面选取一所大学和两所中学,对师生进行问卷调查,主要内容包括对HSK、BCT和YCT培训课程的需求,HSK、BCT和YCT考生对试题的反馈意见等。

(一)调查对象

本研究问卷调查的对象分为大中学生和汉语教师两组。

第一组是已学过半年以上汉语的大学生、中学生。以南邦府的学生为例,包括:(1)南邦育华学校,具有80多年历史的华校,设有HSK考点;(2)南邦甘拉雅妮学校,设有孔子课堂;(3)南邦皇家大学,南邦府第一所开设本科汉语专业的大学。

第二组是泰国本土汉语教师14名,主要从泰国百名公务员汉语教师项目的第一批参加者中抽取。

表1:受访学生背景信息

信息类别	基本情况	人数	%
性别	男	19	16.81
	女	94	83.19
年龄	15—17	61	53.98
	18—20	30	26.55
	21—23	21	18.58
	24以上	1	0.89
种族	泰国人	106	93.81
	华裔	7	6.19
学历	初中	6	5.31
	高中	70	61.95
	大学(选修课)	5	4.42
	大学(专业课)	32	28.32

(续表)

	1—5 年	72	63.72
学习汉语的时间	6—10 年	9	7.96
	11—15 年	11	27.43
	16 年以上	1	0.89
	私立中小学校	28	24.78
就读学校	国立中学	47	41.59
	国立大学	38	33.63

表2:受访教师背景信息

信息类别	基本情况	人数	%
性别	男	3	21.43
	女	11	78.57
年龄	24—26	12	85.71
	27 以上	2	14.29
种族	泰国人	14	100
	华裔	0	0
	初中	0	0
学历	高中	0	0
	大学(选修课)	2	14.29
	大学(专业课)	12	85.71
学习汉语的时间	1—5 年	12	85.71
	6—10 年	2	14.29
	泰国私立大学	0	0
就读学校	泰国国立大学	13	92.86
	中国大学	1	7.14

(二)调查问卷

问卷内容包括他们对HSK考试各方面的态度,希望能够反映出他们对HSK考试的积极程度,参加该考试的目的及他们对试卷的反馈意见,同时也涉及BCT和YCT。本研究发出150份问卷,收回150份,有效问卷129份,分别为学生问卷115份,教师问卷14份,占86%。

三、泰国学生对 HSK、BCT 和 YCT 的态度

(一)对 HSK 了解的程度与态度

1.问:听说过 HSK 吗?关于 HSK 的信息来自哪里?(可多选)

113 位学生中,仅 2 位没听说过 HSK 这个术语。关于 HSK 的信息来源,来自朋友 36 人,来自老师 101 人,来自媒体 9 人,来自网站 16 人,来自其他(补习班;泰国汉泰双刊)2 人。

2.问:什么是 HSK?(可多选)

认为是"一种语言水平能力的考试"的 103 人,"一种到中国深造的证明书"的 20 人,"一种找工作需要的文凭"的 20 人。

3.问:报考 HSK 的意愿及原因?(可多选)

愿意参加考试的人数为 102 人;不参加考试的 10 人,其中 6 人觉得自己的汉语水平不够,2 人觉得考试费用偏高,2 人仅仅出于交际目的学汉语。

报考原因:想测试自己汉语水平的 96 人,工作需要的 53 人,为了到外交部工作的 15 人,听从父母安排的 11 人,为了到中国深造的 44 人,为了在泰国院校深造的 3 人,为多持一张文凭的 38 人,在朋友鼓励下赴考的 11 人。

4.问:对 HSK 的哪一部分感兴趣?(可多选)

听力为 53 人,综合为 25 人,书写/写作为 31 人,口语为 44 人,阅读为 54 人,中国文化为 20 人,其他(语法)为 1 人。

5.问:应考 HSK 的方式?

自修为 68 人,补习为 34 人,其他(和朋友一起复习;有老师指导;两种方式)为 7 人。

6.问:是否需要 HSK 强化培训?

认为"需要"的 101 人,"不需要"的 7 人,未回答的 5 人。

7.问:当地有关机构提供辅导和资料是否充足?

充足为 55 人,不充足为 53 人,不回答为 5 人。

8.问:考过哪一级 HSK?频率?

参加过 HSK 考试为 32 人,占总人数的 28.32%。其中 28 人考过初级 1 次,14 人考过初级 2 次;10 人考过中级 1 次,4 人考过中级 2 次。

9.问:觉得 HSK 试题的难度如何?

觉得很难的 10 人,难的 26 人,中等的 14 人。

10.问:你对 HSK 试题有何意见?

表3:学生对 HSK 试题的意见

项目	回答人数	意见
听力	10	较容易;有些词听不清楚;复习时间较少,大部分词语很陌生、听不懂;回答的时间较短。
综合	7	复习时间较少,大部分词语很陌生、看不懂;初级语法较简单;回答的时间较短。
阅读	11	很难;复习时间较少,大部分词语很陌生、看不懂;内容很多;回答的时间较短。
书写/写作	7	复习时间较少,大部分词语很陌生、听不懂;考试时间较短。
口语	5	复习时间较少,大部分词语很陌生。
词汇	8	中等;有些词语太难;复习时间较少,大部分词语很陌生。
中国文化	5	复习时间较少,大部分词语很陌生、听不懂;不太了解中国文化。

11.问:如果我们把 HSK 作为高考成绩的一部分,你同意吗,为什么?(可多选)

29 人表示同意,其中 24 人认为这样能够反映出学生汉语的实际能力,14 人认为对学过汉语的学生有利。59 人不同意,其中 49 人认为试题太难,25 人认为费用太高。

(二)对 BCT 的了解程度与态度

百分之百的调查对象不了解 BCT 考试,但有 4 位调查对象猜测 BCT 是一种语言水平能力的考试。通过口头调查发现,因为调查对象对 BCT 考试不了解,所以无人回答以下问题:BCT 的需求及原因,对 BCT 的哪一部分感兴趣,应考 BCT 方式,认为应考 BCT 要有密集课程培训及当地有关机构能提供辅导和资料。至于是否同意把 BCT 作为高考成绩的一部分的问题,有些人同意,理由是能反映出学生汉语的实际能力,有利于学过汉语的学生,也有些人不同意,觉得 BCT 考试类似 HSK,试题可能太难,费用也会过高。

(三)对 YCT 的了解程度与态度

调查发现,仅有 9 位调查对象了解 YCT,相关信息来自老师和朋友。这 9 位调查对象认为 YCT 是一种语言水平能力的考试,仅有 1 位调查对象认为 YCT 是一种到中国深造的证明书。其中 6 人有报考意愿,目的是测试自己的汉语水平 6 人,作为找工作的文凭 1 人;2 人认为没必要报考,原因是觉得自己的汉语水平不够。报考原因:出于工作需要的 2 人,父母的指点 2 人,为了到中国深造的 3 人,为多持一张文凭的 3 人。应考 YCT 方式都是自修,但认为需要参加培训,其中 5 人觉得当地有关机构所能提供的辅导和资料不充足。

参加过 YCT 考试的有 7 人,其中考过 1 次的 6 人,考过 2 次的 1 人。此外,觉得 YCT 试题很难 1 人,难 1 人,中等 1 人。

至于是否同意把 YCT 作为高考成绩的一部分,3 人表示同意,其中 3 人认为能够反映出学生汉语的实际能力,2 人认为对学过汉语的学生有利;4 人表示不同意,他们认为试题太难,费用也太高。

四、泰国汉语教师对 HSK、BCT 和 YCT 的态度

(一)对 HSK 的了解程度与态度

1.问:听说过 HSK 吗?关于 HSK 的信息来自哪里?(可多选)

14 位老师都听说过 HSK。关于 HSK 的信息来源,8 人来自朋友,11 人来自老师,2 人来自媒体,2 人来自网站。

2.问:什么是 HSK?(可多选)

认为是"一种语言水平能力的考试"的 14 人,认为是"一种到中国深造的证明书"的 3 人,认为是"一种找工作需要的文凭"的 2 人。

3.问:报考 HSK 的意愿及原因?(可多选)

愿意参加考试的 14 人。报考的原因:想测试自己的汉语水平的 14 人,工作需要的 8 人,为了到中国深造的 6 人,为多持一张文凭的 3 人。

4.问:对 HSK 的哪一部分感兴趣?(可多选)

听力 9 人,综合 1 人,书写/写作 1 人,口语 2 人,阅读 5 人,中国文化 1 人。

5.问:应考 HSK 的方式?

自修 12 人,补习 2 人。

6.问:是否需要 HSK 强化培训?

需要的 12 人,不需要的 2 人。

7.当地有关机构提供辅导和资料是否充足?

充足为 2 人,不充足为 12 人。

8.问:考过哪一级 HSK?频率?

14 位老师都参加过 HSK 考试,其中考过初级 1 次的 1 人;考过中级 1 次的 2 人,2 次的 6 人,3 次的 4 人,4 次的 1 人,5 次的 1 人。

9.问:觉得 HSK 试题的难度如何?

觉得难的 13 人,中等的 1 人。

10.问:你对 HSK 试题有何意见?

11.问:如果我们把 HSK 作为高考成绩的一部分,你同意吗,为什么?(可多选)

4 人表示同意,其中 3 人认为能够反映出学生汉语的实际能力,4 人认为对学过汉语的学生有利。10 人不同意,其中 9 人认为试题太难,5 人认为费用太高,3 人认为此考试不利于没学过汉语的学生,各学校的教学标准不一致,不利于非华裔的学生。

表4：教师对 HSK 试题的意见

项目	回答人数	意见
听力	6	较容易；每次的语速不同；语速很快；词汇大多不是在课文中所见。
综合	4	很难；内容适合，有意思。
阅读	8	难；大部分是书面语，有点难；考试时间较短；文章较长；中等；内容广泛，长短均衡。
书写/写作	4	难；中等；相当有挑战性。
口语	3	较容易；时间不够。
词汇	6	难；生词较难，没学过一些俚语、成语；一些生词不是日常用词，难以理解；词汇广泛，时尚，新词语较多。
中国文化	4	难；中等；大多是常识，学汉语者的基础知识。

(二) 对 BCT 的了解程度与态度

通过14份问卷调查发现，仅有3位调查对象了解 BCT，相关信息来自老师和朋友。他们认为 BCT 是一种语言水平能力的考试。其中仅有2人愿意报考，原因是能测试自己的汉语水平；1人不愿意报考，原因是大多数人都考 HSK，不必再参加其他考试。报考原因：出于工作需要的1人，为了到中国深造的1人，为了多一张文凭1的人。应考 BCT 的方式都是自修，认为需要参加培训，但觉得当地有关机构所能提供的辅导和资料不充足。调查对象无人考过 BCT，因此对 BCT 没有任何意见，但其中有1位不同意把 BCT 作为高考成绩的一部分，因为觉得试题太难，费用太高。

(三) 对 YCT 的了解程度与态度

通过14份问卷调查发现，只有2位调查对象了解 YCT，相关信息来自老师和媒体。他们认为 YCT 是一种语言水平能力的考试。其中2人愿意报考，原因是能测试自己的汉语水平；1人不愿意报考，但未标注其原因。报考原因：为了到中国深造的2人。应考 YCT 的方式都是自修，但也认为需要参加培训，认为当地有关机构所能提供的辅导和资料不充足。调查对象无人考过 BCT，因此对 YCT 没有任何意见，但有1人同意把 YCT 作为高考成绩的一部分，因为能够反映出学生汉语的真实能力，有助于选拔汉语水平较高的学生。

五、几点启示

根据上述抽样调查和口头访谈的结果，我们可以得出以下几点启示：

第一,泰国师生对 HSK 的了解显然多于 BCT 和 YCT,出现这种现象的原因可能是后两种的考试比较新,宣传工作做得不够好,师生们尚不明确其用途何在。

第二,学生参加考试的人数偏少,主要原因是对 HSK 考试的目的、内容、效用等了解较少。老师们出于工作或深造之需,不得不参加此类考试,但达到高级水平的老师人数非常有限,因此,应鼓励老师们多参加高级汉语水平考试,这样既能充分了解教师的实际能力,又便于今后教师培训的针对性。

第三,学生普遍感觉试题偏难,词语的难度尤其大,对某些词语感到很陌生。我们应该反思教学和考试的内容是否密切相关,开展 HSK 考试培训的机构或单位应把增加词汇量作为训练重点之一,以便学生能够取得更好的成绩。

从本次的调查结果来看,目前泰国参加过各种汉语水平考试的人数相对较少,大部分学生对此类考试心存畏惧,担心自己的分数达不到要求,此外,考试费用也偏高。为鼓励泰国学习者参加此类标准化考试,以便了解学习者的汉语水平,本人提出以下几点建议供参考:

1.加大汉语水平考试的宣传力度,加强与考试相关的服务和咨询工作,鉴于大多数人的考试信息来自老师,应该让老师参与宣传工作。

2.目前只有前两名高分者能获得中国政府提供的赴华进修一年、一学期或一个月的奖学金,如增加赴华进修的奖学金或增加名额,将会吸引更多的学习者参加汉语水平考试。

3.报考费用高无形中抬高了考试的门槛,为解决此问题,应适当降低报考费用;建议与中国有关部门合作,在泰国国内制定一套汉语测评标准,以便减少报考者的负担。本标准只是为了应对国内的测评工作,并不与 HSK、BCT、YCT 的考试冲突,赴华学习者仍要遵循中国国家教育部的规定,通过 HSK、BCT、YCT 考试。

4.因费用过高,我们希望参加考试者有较高的通过率,能否将 HSK、BCT、YCT 考试训练纳入常规教学课程,开办长期的考试训练班,稳打稳扎,而不仅仅是考前一个月的"冲刺"训练。

参考文献:
国家汉办/孔子学院总部(2009)《汉语考试》,国家汉办下发。
王祖嫘(2009)奥地利本地师生 HSK 考试态度调查报告《国际汉语教学动态与研究》,北京:外语教学与研究出版社。

作者简介:
龙伟华,女,泰国籍,中央民族大学国际教育学院语言学及应用语言学汉语国际传播研究方向在读博士。

论国际汉语教学的十大基本原则

孟 国

内容提要：国际汉语教学的基本原则与对外汉语教学虽有"大同"，亦有"小异"，但最终将殊途同归。本文提出国际汉语教学的十大基本原则：1.坚持"结构—功能"相结合的原则；2.充分利用学生母语，坚持语言对比的原则；3.调动课堂教学的习得因素，模拟交际过程的原则；4.利用多媒体教学手段，加强可理解性输入的原则；5.合理安排讲练比例的原则；6.指导学生自主性学习的原则；7.注重各种类型的测试和评估的原则；8.尽量利用目的语教学的原则；9.注重当代中国国情文化教学的原则；10.增强对汉语的感情，提高对汉语的兴趣，提升学习目的的原则。

关　键　词：国际汉语教学；对外汉语教学；基本原则

On Ten Basic Principles of Teaching Chinese Language Overseas

Meng Guo

Abstract: Both essential similarities and minor differences exist between basic principles of Teaching Chinese Language Overseas and Teaching Overseas Students Chinese as a Second Language, which share the same ultimate goal. This paper puts forwards ten basic principles of Teaching Chinese Language Overseas, which are: 1. Integration of "structure and function"; 2. Adherence to language contrast through taking the advantage of students' mother languages; 3. Bringing into language acquisition factors in classroom instruction to simulate the communication; 4. Strengthening comprehensible input through multi-media teaching technology and devices; 5. Appropriate proportion between teaching and practicing; 6. Leading students to independent studies; 7. Balancing various tests and evaluation; 8. Teaching by means of target language; 9. Emphasizing current national conditions and cultures of China in language teaching, and trying to bring students a current and comprehensive picture of China; 10. Stimulating students' love and interest in Chinese language and raising their goal of Chinese learning.

Key words：Teaching Chinese language overseas；Teaching overseas students Chinese as a second language；Basic principles

今天我们通常用"对外汉语教学"来指称"在国内对来华留学生进行的汉语教学"，用"汉语国际教育"指称"在海外把汉语作为外语的教学"。（崔希亮，2010）[①]"国际汉语教学"是"国际汉语教育"的一个主要部分。随着汉语走向世界，汉语国际教育的主战场也从中国转向世界，因此，我们营造多年的对外汉语教学的方法和经验已经很难满足形势的发展和需要。对于习惯了对外汉语教学模式的我们，有必要思考一下两种汉语教学的同异。

国际汉语教学的基本原则与对外汉语教学存有"大同"：教学内容都是汉语；教学对象都是外国人；教与学的目标都是为了掌握汉语的综合能力；都是以课堂教学为主。但二者也有"小异"，如：语言环境；师资；对媒介语的利用程度等。当然最终也会殊途同归。国际汉语教学所存在的弊端有目共睹：缺少汉语环境；对课堂教学过于依赖；没有足够的课时；教学形式单一；汉语课程所处地位尴尬。学好汉语往往要付出超过学习其他外语几倍的努力。如此，我们探讨国际汉语教学的基本原则，对于提高其学习成效十分必要，迫在眉睫。

一、坚持"结构—功能"相结合的原则

结构与功能既是对立的，又是相互依存的。在语言交际中两者紧密结合。纵观外语教学法流派可以发现：有些教学法只重结构，坚持以"结构"教学为主体，背离了外语教学的基本规律。有的则只重功能，单纯地追求交际的成功，对语法错误过于宽容。结构与功能相结合是我国汉语教学的成功经验。但由于语言环境的不同，这一重要原则也体现出一定的差异：对外汉语教学重功能；国际汉语教学重结构。

对外汉语教学重视功能，这是必要的，留学生迫切需要掌握汉语进行交际，缺少功能训练的学习会使他们不耐烦，失去兴趣和信心，所以我们以功能带结构。另外，师生双方缺少相互沟通的媒介语，老师不可能用绝大部分学生都能听懂的语言讲解汉语语法和知识。可见，对外汉语教学重功能是一种"必须"。而对语法结构的忽略，则是一种"无奈"。

国际汉语教学的学生除极少数汉语专业的学习者外，绝大部分属进修性质，他们的学习目的不够明确，不够稳定，对交际活动不那么迫切。对于交际训练，课上需要较多的时间；课下则需要环境。这样，国际汉语教学的重点很难放在功能上。语法教学不怎么需要环境，却需要师生具有共同的媒介语，这恰是国际汉语教学扬长避短的机会。本国教师利用母语讲解汉语的语法，无疑为今后的汉语学习奠定了一个坚实的基础。国际汉语教学要坚持结构与功能的结

[①] 崔希亮(2010)对外汉语教学与汉语国际教育的发展与展望，《语言文字应用》第2期。

合,努力探索出适合非目的语环境的汉语教学模式。

二、充分利用学生母语,坚持语言对比的原则

对于母语授课,各个教学法历来就有各不相同的观点。实践证明,完全使用母语或完全摒弃母语都有失偏颇。第二语言教学不用母语是一种巨大的浪费,不符合第二语言教与学的特点,特别是面对国外中小学的汉语教育。国际汉语教学中师生共同的母语特别有利于语法和词汇的教学。

母语的讲解作用是不可替代的。面对基础薄弱的初学者,用汉语清晰地解释复杂的汉语语法是不可能的。当地的汉语教师,对于两种语言的异同理解得尤为深刻。如:语法项目的分解、语法规则的细化、语法运用的解释等。在非目的语环境中,对初学者,对中小学生,如摒弃母语,如何深入地讲解汉语语法和词汇?利用母语,对本土教师来说轻车熟路,而对中国的汉语志愿者则是一个挑战,无疑汉语志愿者们只能迎难而上,尽量学好学生的母语。

三、调动课堂教学的习得因素,模拟交际过程的原则

目的语环境对于第二语言获得的重要性毋庸置疑,而国际汉语教学则基本不具备目的语环境。因此,构建尽可能逼真的汉语环境,模拟尽可能真实的交际情景,就显得十分必要。美国明德暑校的经验,并不可能在世界各地推广。任务型教学法和沉浸式教学法在这方面都取得了成功,印证了模拟环境和情节的重要性和可行性。

首先,国际汉语教学,教师要加大师生的双向交流。汉语知识的获得主要是通过课堂来实现的,应尽量使每个人都能参与到课堂交际中去。如:双向型或多向型交际活动、课堂辩论、语言与图画转换等。其次,要积极创造课堂真实交际的环境。教师要尽量将学习和交际结合起来,如:"脱口秀"演讲、阅读汉语书刊、收听汉语广播、观看汉语影视节目等,让学生受到语言环境的感染和暗示。再次,教师对教材要适度延伸、挖掘、发挥,让学生围绕教学内容,联系实际进行交流。另外,还要加强课外汉语环境的营造,鼓励并组织学生开展演讲、小品表演、学汉语歌、课外阅读、汉语角等活动。教师可以指导学生有计划地阅读汉语读物,由易到难,并培养学生写汉语日记、周记的习惯。

四、利用多媒体教学手段加强可理解性输入的原则

在传统的国际汉语教学中,教师往往通过语言、板书和其他的辅助手段将教学内容传授给

学生。这虽然可能取得成功,但也显现出不足,如:难以因材施教;汉语输入不足;教学模式单一;忽略了学生的主体性。而多媒体教学可以在很大程度上弥补这些不足:节省课堂时间,增加汉语输入,优化师资力量配置。实验心理学家的实验和研究证实:人们能记住阅读内容的10%,听到内容的20%,看到内容的30%,听到和看到内容的50%,在交流过程中自己所说内容的70%。(查国荣、张俊红,1999)[①]尽可能地使学生通过眼、耳、口等把信息传递到大脑,经过分析、综合、记忆而获得知识;因材施教,有效推动了汉语学习的进程,选取适合本人的项目,对教师讲解不够充分的语言点,通过多媒体进行有效的弥补。

五、合理安排讲练比例的原则

对外汉语教学的讲练比例为3∶7,这已得到广大汉语教师的认可。(孟国、车俊英,2007)[②]而国际汉语教学很难保证这一讲练比例。这主要是因为:课时不足;教学条件较差;交际训练的目标不迫切。另外,训练往往和讲解、测试等相抵牾。语言训练多是输出性的,缺少公共性,常常是单兵教练,而眼下的测试大部分是以输入性为主,或是没有输出性,或是输出性的难度大大低于输入性。

美国汉语教育专家吴伟克认为:初级阶段的学习者,往往以学习为主,随着语言水平的提高,学习成分越来越少,习得成分越来越多。[③] 再考虑到国际汉语教学以基础阶段为主这一事实,我们十分理解其在讲练比例上与对外汉语教学的不同。国际汉语教学以模拟性和理解性的训练为主体,具有公共性,自然也具了可行性,这些练习便于测试,容易量化。当然这种练习不够全面,自然也难以保证语言技能的全面掌握。显然,国际汉语教学没有必要追求,也不可能做到讲练3∶7的比例,但国际汉语教学也应该努力创造条件,积极争取做到语言交际能力的全面掌握。

六、指导学生自主性学习的原则

国际汉语教学的对象一般有比较充分的时间,这有利于自主性学习。其中包括:预习、复

---

① 查国荣、张俊红(1999)大学英语计算机辅助教学的构想,《山东外语教学》第1期,第26—28页。
② 孟国、车俊英(2007)关于对外汉语课堂教学时间配制的调查,朱永生、姚道中主编《第五届国际汉语教学学术研讨会论文集》,北京:世界图书出版公司北京分公司,第117—129页。
③ 刘珣(2000)《对外汉语教育学引论》,北京:北京语言文化大学出版社,第154页。

习、写作业等。这些在非目的语环境中更为重要,而对外汉语教学则未必:

表1:不同环境外国学生预习与复习情况调查

	A 每次课		B 常常		C 有时		D 几乎不	
国际汉语教学	5人	10%	19人	38%	23人	46%	3人	6%
对外汉语教学	0人	0%	8人	16%	10人	20%	32人	64%

从上表[①]我们可以看到不同环境的汉语教学的一些不同:对复习和预习,国际汉语教学"常常"和"有时"占84%;而对外汉语教学"常常"和"有时"只占36%。因此,对外汉语教师在教学中不会过多依赖学生的预习和复习。当然,我们可以理解,留学生要进行各种形式的汉语交际,而没有更多的时间预习和复习。国际汉语教学中的复习环节和预习环节是提高教学效率的重要保证之一。不管哪种教学,掌握自主性学习的方法都是非常重要的,学习者不可能长期在校学习,而学习汉语又是一个长期的任务,他们在校学习汉语的同时,应尽可能掌握有效的、可行的自主学习的方法。这自然也是国际汉语教师的责任。

七、注重测试、评估,加强元认知策略的原则

语言测试是语言教学的重要环节。国际汉语教学重知识,使得测试成为必须和可能。一般来讲,国际汉语教学多属学历教育,测试是必需的;对外汉语教学则恰恰相反。国际汉语教学缺少交际,对学习成效唯一的检测手段就是测试。测试为教师带来的反馈信息,可以用来指导学生发现自己的差距,以此对学生的学习策略,特别是元认知策略加以指导;同时,教师也可从中反思自己的教学方法,进行元认知策略上的反思。特别是诊断性测试,更显示出语言学习"轻骑兵"的作用,其频率高、随堂进行、针对性强、反馈迅捷,能够及时而有效地调整语言学习的"航线"。有调查显示,对测试中显现出的问题,约80%的非目的语环境的语言教师主张"督促学生认真学习";约80%的在目的语环境的语言教师主张"改进教学方法"。[②] 这一明显差异,应引起我们进一步的思考。对于测试中出现的问题,国际汉语教师不应只是在学生方面寻找不足,要经常反思自己教学过程中的问题,以不断改进教学,使教学尽可能地适应各种情况的汉语学习者。

---

① 此表的数据参考了王丽(2009)对外汉语及英语专业教学的比较研究,天津师范大学硕士学位论文,第21页。马思颖(2010)论非目的语环境中的汉语获得和汉语教学,天津师范大学硕士学位论文,第30页。
② 王丽(2009)对外汉语及英语专业教学的比较研究,天津师范大学硕士学位论文,第21页。

八、适时利用目的语教学的原则

吴伟克认为：随着语言水平的提高，习得成分越来越多。[①] 国际汉语教学在充分利用母语的基础上，随着学生水平的提高，适时增加汉语授课，这是可能的，也是必需的。特别是面对具有一定水平的学习者，面对汉语专业的大学生，面对海外华人及其子女，利用目的语教学是一种重要的习得手段，在一定程度上可以弥补语言环境的不足。汉语授课并非是中国老师的专利，当地的汉语教师应该努力做到这一点。一般来说，在语音、汉字和文化方面，中国的汉语老师有着先天优势。在非目的语环境中，课堂是学生汉语输入的主要来源。一方面，中国老师目的语教学可以培养学生更加准确、地道的汉语发音；另一方面，中国文化的传播也是中国老师目的语教学的突出优势。中国老师对中国文化有着最直接、最深刻的理解，这样可以有的放矢地向学生展现中国文化。

九、注重当代中国国情文化教学的原则

没有人怀疑语言教学中文化因素的重要性，但人们重视的往往是传统的中国文化，而传统文化恰恰是离学生交际目标最远的，对此，大部分学生兴趣不大，这些内容不应该成为我们教学的主体。同时，人们还往往重视交际文化，但交际文化的内涵常常是潜移默化地存在于各项语言教学中，在学习汉语的过程中自然也就掌握了。而我们所说的当今的国情文化，即：今天的中国人在干什么，在追求什么，他们的希望和担心是什么，他们的生活状况如何。这类内容没有专门的教材和课程，但它的重要性却一点也不能低估，尤其是在国际汉语教学中。由于不在汉语环境，自然也就不了解中国当代国情。再加上中国社会的飞速发展，教材的编写和出版往往滞后，所以很难编写和出版这类教材。因此，提高当地教师对中国当今国情文化的了解刻不容缓。可采取的解决办法如选派学生定期到中国进修，为他们提供了解中国的条件等。我们的国际汉语教师和志愿者也应该重视自身这方面的修养。

十、增强学生对汉语的感情，提高学生学习兴趣的原则

情感因素，即对汉语的感情，是我们十分关注的问题。留学生勇敢地迈出来中国学习的第

[①] 刘珣(2000)《对外汉语教育学引论》，北京语言文化大学出版社，第154页。

一步,说明他们对中国有感情,对汉语有兴趣。而国际汉语教学则不同,他们学习汉语往往是被动的,他们对中国,对汉语几乎一无所知。因此,提高学生对中国的情感,对汉语的兴趣,是国际汉语教学迫切而又漫长的工作。其重要性,远远超过对几个汉语词语和语法点的掌握。我国的国际汉语教师和志愿者应该有这种意识和责任,国外的汉语教师则应不断提高自己对中国的感情,对汉语的兴趣。情感,不是说教,而是存在于教学环节之中,我们应把汉语课上得不仅有用,而且有趣,不断提升他们的学习目的,让学生喜欢汉语课,学生对此充满乐趣。情感问题也存在于其他工作和生活中,要让学生喜欢上你,这便要求国际汉语教师努力做好自己的工作,要成为学生的朋友,保持个人魅力。这样,学生爱屋及乌,就会慢慢地喜欢上中国,喜欢上汉语,这是国际汉语教学的重要目的。

基于以上国际汉语教学基本原则的思考,我们应该意识到这些原则对广大从事国际汉语教学的教师们提出了新的要求:首先,国际汉语教师应该精通外语,特别重视学习那些仅次于英语,但又有着比较广泛使用地域的"小语种",在国外的汉语教师应该努力学习所在国的语言;其次,要精通汉语知识和理论,对汉语应该有一定研究,特别是对汉语语法更应该熟知;第三,要懂得语言教学理论,特别是对第二语言教学的基本知识和理论应该有所研究,熟练掌握,灵活运用各种教学法;第四,对中国文化知识要有相当的了解,特别是对当前的国情文化和交际文化要敏感,清晰,还要具备传统文化的才艺表演和操作能力;最后,要努力掌握现代教育技术,不仅能够运用于课堂教学,还要能够制作教学软件等。

以上国际汉语教学的十个基本原则,是相对的,有交叉的。简言之,对于对外汉语教师来说,要完成在教学原则上的转变,对刚刚走上国际汉语教学讲台的国内外汉语教师,应该了解这一工作领域的特点。

参考文献:

查国荣、张俊红(1999)大学英语计算机辅助教学的构想,《山东外语教学》第1期。
崔希亮(2010)对外汉语教学与汉语国际教育的发展与展望,《语言文字应用》第2期。
刘　珣(2000)《对外汉语教育学引论》,北京:北京语言文化大学出版社。
马思颖(2010)论非目的语环境中的汉语获得和汉语教学,天津师范大学硕士学位论文。
孟国、车俊英(2007)关于对外汉语课堂教学时间配制的调查,载朱永生、姚道中主编《第五届国际汉语教学学
　　术研讨会论文集》,北京:世界图书出版公司北京分公司。
王　丽(2009)对外汉语及英语专业教学的比较研究,天津师范大学硕士学位论文。

作者简介:

孟国,男,天津师范大学国际教育交流学院教授,天津语言学会常务理事,曾任世界汉语教学学会理事。在国内外发表论文数十篇,出版专著3部、教材10余部。曾在捷克查理大学和韩国崇实大学任教。

交际任务在初级口语词汇教学中的应用

陈作宏

内容提要：本文以对外汉语口语教学中的交际任务为研究对象，探讨交际任务对学习者产出性词汇发展的促进作用。本文认为在初级阶段的口语教学中应遵循在用中学、在做中学的原则，采用以任务为中心的体验式的课堂教学模式，充分利用交际任务进行词汇教学，创造各种机会使学习者在以表达意义为目的使用汉语进行交际的过程中使用目标词语，从而有效发展产出性词汇，提高语言交际能力。

关 键 词：口语；任务；词汇教学；产出性词汇；交际能力

The Application of Communicative Tasks in Teaching Vocabulary of Spoken Chinese at the Elementary Level
Chen Zuohong

Abstract：Taking communicative tasks at the teaching of elementary spoken Chinese as the object of this study, this paper explores the positive influences that communicative tasks have produced on learners. This article claims that at the elementary spoken Chinese teaching, we should follow the principle of "learning language while using it", and should use the task-centered, experiential mode of classroom teaching, take full advantage of communicative tasks while teaching vocabulary, and make learners learn the target words and expressions by using them, thus effectively develop productive vocabulary, and sharpen the language communicative competence.

Key words：Spoken Chinese；Task；Vocabulary teaching；Productive vocabulary；Communicative competence

一、引言

词汇教学在汉语作为第二语言教学中的重要性显而易见,词汇教学研究多年来一直是汉语教学研究的一个热点,总结出词汇教学的一些原则、模式及方法,如区分频度的原则[1],语素分析的原则[2];集合式的词汇教学模式[3]、字词直通、字词同步词汇教学模式[4];词语集中强化教学模式[5];语素教学法[6],放射状词汇教学法[7]等等。甚至有学者还提出了对外汉语教学应该以词汇教学为中心的观点[8]。与此同时,国外第二语言词汇习得研究的成果如心理词典理论、产出性词汇和理解性词汇的理论、投入负担假说、加工深度假说等,也对汉语词汇习得研究产生越来越深的影响。这些以实验为基础的研究成果不但大大开阔了我们的研究视野,也为当前的国际汉语词汇教学的研究提供了诸多理论依据。

在对外汉语教学中,词汇不仅是教师教学的难点,也是学生学习的难点。词汇系统庞大,每个词个性多于共性,以及汉语汉字不同于拼音文字的特殊性,是造成这种情况的重要原因。词汇学习中,遗忘问题及熟练运用问题一直是困扰学习者的主要问题之一。由于多年来第二语言汉语教材中所采用的一对一的词语对译形式使得学习者在初学汉语时,对词汇的学习比对语音和语法的学习较为容易,导致词汇教学从初级阶段就未能受到足够的重视。这一点从词汇教学一直没有自己相对独立、完整的教学过程和课程体系就可看出。另外,根据学习者的不同需要,针对不同的语言技能,从不同角度进行的词汇教学研究也略显薄弱。

在海外汉语教学中,由于学习者的学习目的和教学类型复杂多样,加之没有目的语的语言环境,学习者在课堂外自然环境中使用汉语的机会微乎其微。正因为如此,在海外汉语教学中,以提高学习者口头表达能力为主要目的的口语教学在课堂教学中受到高度重视。在海外的汉语课堂上,为学习者创造更多以表达意义为目的而使用汉语的机会,是发展学习者产出性语言技能的关键。

本文以初级口语教学中的交际任务为研究对象,探讨交际任务对学习者产出性词汇发展的促进作用。

---

[1] 李如龙、吴茗(2005)略论对外汉语词汇教学的两个基本点原则,《语言教学与研究》第2期。
[2] 同上。
[3] 胡鸿、褚佩如(1999)集合式词汇教学模式,《世界汉语教学》第4期。
[4] 李芳杰(1998)字词直通、字词同步——关于基础汉语阶段字词问题的思考,《语言教学与研究》第1期。
[5] 陈贤纯(1999)对外汉语中级阶段教学改革构想——词语的集中强化教学,《世界汉语教学》第4期。
[6] 吕文华(2000)建立语素教学的构想,《第六届国际汉语教学讨论会论文集》,北京大学出版社。
[7] 马玉汴(2004)放射状词汇教学法与留学生中文心理词典的建构,《云南师范大学学报》第5期。
[8] 李如龙、杨吉春(2004)对外汉语教学应以词汇教学为中心,《暨南大学华文学院学报》第4期。

二、初级口语词汇教学中存在的问题

第二语言教学的目的是培养学习者的语言交际能力,而口头交际的重要性就决定了在听、说、读、写这四种技能中,用于口语教学的时间相对较多。所有的第二语言汉语教学都离不开口语教学。尽管口语教学的目标十分明确,但是在教学中还存在很多未能解决好的问题,以至于以教师为中心的口语教学还普遍存在,而其中教师对词语的讲解过多又是引起该问题的主要症结所在。

词汇教学是第二语言教学中不可或缺的重要组成部分,很多教师的课堂教学往往都是从处理词汇开始的。尤其是集听说读写于一身的大综合教学模式,教师用于词汇教学的时间相对比较多,而且大部分课堂都离不开读生词、讲解生词、给出几个例句、完成搭配扩展练习、造句等传统的词汇处理方式。近几年虽然也有一些新的词汇教学方法受到越来越多关注,但传统的词汇教学模式依然是汉语课堂教学中词汇教学的主要方法。

目前,在初级阶段的口语教学中词汇教学正在走着两个极端,一种是完全依靠词语对译表,基本不对词语做任何处理;另一种则正好相反,将词语作为教学的重点,词语讲解占用大量的教学时间,有的教师甚至按照词语表逐个进行意义讲解,然后让学生造句。完全不对词语做任何处理的方式是不可取的;而那种大量的讲解词语也明显有悖于提高口语表达能力的主要目的,严重削弱了教学目标的实现,教师没有时间去进行真正意义上的口语教学。由于教师占用大量的课堂时间,用于学生语言输出的时间必然会相应减少,这也不能体现以学生为中心的教学思想。另外,海外的汉语教学大多采取一门大综合的课程设置,不设专门的口语课,再加上又是在母语环境下进行教学,这都从不同方面决定了上述两种词语处理方式不利于学习者对目的语词汇的掌握,当然也不利于学习者口语交际能力的提高。

众所周知,教学方法在很大程度上会直接影响学习者对教学内容的掌握。换句话说,课堂上采用的词汇教学方式会直接影响学习者对词汇的习得。汉语是一个以虚词和语序为主要语法手段的语言,词汇量的大小在语言交际能力的形成过程中确实具有相当重要的作用。初级阶段的学习者想说话的欲望非常强烈,但词汇量小是影响这个阶段学习者使用汉语交际的主要原因。因此在初级阶段的汉语教学中,扩大学习者词汇量是教学的主要任务之一。但是如何扩大和怎样有效扩大才是问题的关键点。本文认为词汇教学在初级阶段的口语教学中其主要目的应该是帮助学习者将所学的词汇记住并运用于交际。如果教师只注重词汇的理解而忽视其实际运用,片面追求词汇教学的数量,那么课堂上势必会出现讲解过多的现象。只是一味地依靠教师对词语意义和用法的讲解,忽视在一定语境中的语言运用,学生只能死记硬背地靠简单记忆学习词汇,不但枯燥,而且遗忘得也快。因此无法达到理想的效果。

可见,汉语词汇教学不但要使学习者能识认和理解每一个词语的意义和用法,还要想办法使学习者能将所学的词语用于实际交际,在用中学。而作为教师首先应该明确的是,无论是大综合课上的口语教学,还是分课型设课时专门开设的口语课,其主要的任务都是要创造条件,让学习者通过大量语言输出,运用并记住所学词语,提高汉语交际能力。

因此本文认为,要解决初级阶段口语教学中词汇讲解过多的问题,必须根据初级学习者的特点和口语教学的目标,确定初级口语教学中词汇处理的原则,这样才能找到有针对性的教学方法。

三、初级口语教学中词汇处理的原则

认知心理学将语言的词汇分为理解性词汇和产出性词汇。理解性词汇指学习者在语境中可以认识和理解,但却不能产出或使用的词汇;产出性词汇指学习者理解并能正确发音,而且能在口头和书面表达中正确运用的词汇(Haycraft,1978)[1]。已有的研究表明,第二语言学习者所具备的理解性词汇量都要大于产出性词汇量(孙晓明,2008:41)[2]。学习者的产出性词汇数量有限,而且发展到一定阶段会出现停滞,这在很大程度上是由于学习过程中语言输出的机会很有限造成的。

在第二语言汉语课堂教学的各个环节中,以往我们对语言输入给予的关注较多,但输出和输入一样,也是第二语言发展的关键因素。只有在不断地使用语言、生成语言的过程中,学习者才会把更多的注意力放在所听所读方面,放在分析加工语言输入、关注语言特征方面。也就是说,学生是通过输出来促进吸收(intake),通过生成来习得语言的(程可拉,2005:22)[3]。"语言输出假说"指出,目的语的语言输出活动会帮助学习者意识到自己在输出过程中的错误,从而使学习者进一步分析目的语,加深对目的语的认识。同时,学习者会对自己的语言输出进行修正,而这个修正过程会促进学习者语言的发展(Swain,1995)[4]。如果我们的口语教学中有大量的语言输出活动,必然会在促进学习者获得产出性词汇方面发挥很大作用。因此本文认为初级口语教学中的词汇处理应该遵循"在用中学"、"在做中学"的基本原则,采用以任务为中心的体验式课堂教学模式,使学习者在以言行事的过程中使用目标词语,从而有效发展产出性词汇,提高语言交际能力。

产生于20世纪80年代末的任务型语言教学主张通过各种"任务"来发展学习者的语言交际能力。在学习方式上,任务型语言教学强调要以意义学习为中心,教学重点是以需求为基础的交际任务。学习者从被动跟随教师在特定情境中熟悉语言材料,变成了课堂活动中语言交

---

[1] 转引自孙晓明(2008)第二语言词汇习得研究,中央民族大学出版社。
[2] 孙晓明(2008)第二语言词汇习得研究,中央民族大学出版社,第41页。
[3] 程可拉、刘开津(2005)中学英语任务型教学理念与教学示例,华南理工大学出版社,第22页。
[4] 转引自孙晓明(2008)第二语言词汇习得研究,中央民族大学出版社,第133—134页。

际的主体。任务型语言教学特别强调使用真实的资料和提供真实的情景为学习者提供语言学习所有层面的体验。"该教学法很好地将学习者课堂所学与学习者在课堂外的最终需求结合了起来"(David Nunan,2003:7)①。因此我们认为,任务教学法基本实现了多年来我们所提倡的以学生为中心的语言教学理念,并通过环环相扣的"任务链(task chain)"实现了学习者最大限度的参与,从而也使得课堂教学交际化的程度达到了前所未有的高度。正因为如此,任务对于学习者产出性词汇的发展有着至关重要的作用,高质量的交际任务不但可以增加课堂互动,为学习者创造更多使用目的语交流的机会,也能为课堂带来大量的语言输出活动,从而使学习者在完成任务的过程中发展产出性词汇,有效提高其口头交际能力。

四、初级口语词汇教学实例分析

利用交际任务进行初级口语教学时,设计任务的主要难点在于既要使任务真实自然,又要与学习者的实际水平相符。因此词汇的学习成为任务中一个非常重要的步骤,如果能将信息差的落点与目标词结合起来,就能使词汇的习得达到较为理想的效果。

例1

教学目标:学会人民币的表达,学习熟练使用汉语数字和"块"、"毛"、"分"。这个活动适用于汉语初学者。

背景情况:在进行以购物为主要内容的教学时,学生必须掌握人民币的表达,而对于初学汉语没几天,刚刚学会说简单数字的汉语学习者来说,记住那些数字就已经很难了,熟练使用"块"、"毛"、"分"并不是件非常容易的事情。因此在图片展示人民币和简单地朗读后,组织学生进行这个"拍卖"活动。

教学步骤:

1. 使用拍球或踢毽子比赛复习数字。

2. 请每个学生从桌子上随便拿一样文具交给老师,同时写一个最低价(不得超过5块钱,但必须有整有零)给老师。

3. 先由老师和学生一起教大家学说这些文具的名称,并规定每个学生可以用10块钱购买自己喜欢的文具。看谁花最少的钱买到了最想要的东西。

4. 老师为每件文具贴上事先准备好的贴号,收起文具并按号从最低价开始拍卖。每次喊价只能增加5毛和5毛的倍数。

分析:这是一个游戏式的课堂活动,但是由于在拍卖的过程中老师和学生都得不断地说出钱数,因此无法避免使用"块"、"毛"、"分"(尽管不用说出)。在这个活动中使用与现实拍卖中

---

① David Nunan(2004) *Practical English Language Teaching*,中文名《体验英语教学》,高等教育出版社。

所不同的盲拍方式,大大增加了趣味性。学生每一次喊价都是实实在在地在交流信息,实现了使学习者以表达意义为目的反复使用目标词语。由于教学目标明确,课堂操作中只要教师准备充分,对游戏规则解释到位,学生的参与热情都很高。

例2

教学目标:学习如何介绍一个房间,学习如何说明房间的布置。适用于学过半年左右,具有一点儿汉语基础的初级学习者。

背景情况:在教学中遇到介绍房间及房间布置的教学内容,方位词语及家具和家用电器的名称集中出现,如果学习者记不住这些词语,或在交际时无法提取这些词语,在谈到这个话题时就无法插话。因此该交际任务的目的在于要想办法使学习者在反复使用这些目标词语的过程中记住这些词语,为完成下面的任务做好词汇方面的准备。

教学步骤:

1.为学习者呈现一张图,是一间各种家用电器及家具摆放不够合理的房间(电器和家具要标出汉语拼音),让学生评论,简单说明自己的看法。

2.给出目标词语——一些表示家具和家电名称的词语(包括旧词和新词),并要求学生按照自己的意愿在空房间里用示意图的方式摆放这些东西。

3.学生两人一组,给对方介绍自己布置的房间,听的人要边听边画,最后和对方原来画的图进行比较。任务完成后,教师请学生介绍同伴布置的房间有什么特别的地方,并利用开始展示的那张图片进行任务后的总结和提示。

分析:这个任务先利用一张图片复习了常用的表示家电和家具的词语和方位词,同时也达到了引出将要使用的主要句式的目的,降低了完成任务的难度。然后利用每个学生对家具的摆放,成功制造了信息差。因此在完成这个任务的过程中,不但目标词语反复出现,而且每一次使用都是为了和对方交换信息。在这种真实的交际中,实现了对目标词语的多次运用。

例3

教学目标:学习简单说明天气的变化,学习简单比较不同的季节。适用于学过半年左右,具有一点儿汉语基础的初级学习者。

背景情况:在进行季节和天气变化这个话题的教学时,我们常常发现"冷、热、暖和、凉快"这几个词语通过教师的显性讲解后,学习者大都觉得理解并学会了,但是在随后的练习和活动中还是常有人会用错。另外说到天气和季节,学习者总是用一些简单的词语说一些简单的句子,很多课堂上学过的词语和句子都用不上。该交际任务的目的在于使学习者在使用目标词语进行交际的过程中提高目标词语使用的准确性和表达的复杂性。

教学步骤:

1.在学习词语和课文之后将学生分成春、夏、秋、冬4个小组,分别说关于那个季节的句子,越多越好,并要求每组总结出关于那个季节最重要的三个特点。不会的词语可以查词典,也可以问老师。

2. 将学生分成4人小组,每组都由春、夏、秋、冬各组出一人组成。每个人先向同伴介绍一个季节的特点,然后大家谈论是否喜欢这个季节,并说明原因。

3. 每组将自己小组成员对季节的喜好情况整理成一段话向全班同学汇报。

4. 教师利用书上的最后一段课文表明自己看法,"春天快到了,天气越来越暖和了,……"来引导学生说其他季节快到时,天气的变化情况,以此来总结关于季节和天气变化这个话题的表达和目标词语的使用情况。

分析:学习者是在小组中和同伴一起完成这个任务的,因此在完成这个任务时,不但使互动和意义协商成为可能,而且目标词语的反复运用成为很重要的内容,而对词语的准备在降低任务难度方面也起了非常重要的作用。另外,在完成任务的过程中学习者无论是查词典还是问老师,都是由任务而产生了需要,是为了用而查和问,因此在这种情况下可以使目标词语得到深度加工并进入长时记忆成为可能。

在设计任务时,学习者使用词语的正确性、复杂性和多样性都是我们必须考虑的问题,因此要特别注意目标词语和任务的关系,否则不但会使课堂陷入无序和放任自流的状态,也无法达到在使用的过程中习得目标词语,培养语言交际能力的目的。

五、交际任务在初级口语课词汇教学中的优势

从上述3个教学案例中可以看出,在口语教学中利用交际任务进行词汇教学,其优势非常明显。总结起来,主要表现在以下几个方面:

第一,任务所提供的使用目的语进行交流和互动的机会,可以使学习者在完成任务的过程中反复使用目标词语,使课堂上自然习得目标词语成为可能。

语言习得研究将第二语言知识分为"外显知识"(explicit knowledge)和"内隐知识"(implicit knowledge)[1]。外显知识是通过学习者有意识地关注语言形式学习到的知识,可以用言语来表达;内隐知识是通过在交际中使用语言从而无意识地获得发展的知识,也就是学习者自然习得的知识。

从口语教学在整个教学体系中的定位来看,它的任务就是通过让学习者更多地使用语言,而使他们获得更多的内隐知识。因此口语教学中应该尽量为学习者创造"习得"的机会,使其获得更多的内隐知识。教师的显性讲解虽然很重要,但是对于词汇学习来说,在交际中自然习得的词汇,不但不容易遗忘,而且比较容易在使用时提取。从这一点说,利用交际任务来进行词汇教学,其优势是十分明显的。

第二,任务是互动的,互动性的语言输出使学习者在意义协商中不断使用目标词语并得到

---

[1] 参见赵金铭(2004)对外汉语教学概论,商务印书馆,第218页。

反馈,对于学习者产出性词汇的发展有很大的促进作用。

互动理论(the Interaction Hypothesis)的核心思想就是意义协商的过程,意义协商是促进语言习得的关键因素。输入和输出都是语言学习的必要条件,学习者在输入和输出时的认知过程非常关键。研究发现,在语言习得的过程中起关键作用的是意义协商过程(meaning negotiation)。所谓意义协商,就是在语言习得过程中,学习者不是简单地接收语言,然后输出语言,而是在不间断的输入——反馈——调整——再输入——输出的过程中完成意义的接收和表达(程晓堂,2004:10)①。

质量高并且难度合适的任务是最有利于意义协商的。而在意义协商过程中对错误的反馈,对发展学习者的第二语言词汇有很大的推动作用。

第三,任务可以调动学习者对词汇的"强水平需要",使学习者调动自身的学习动机,在学习动机的推动下习得目标词语。

加工深度假说认为,新的信息是否能进入长时记忆的关键在于其加工深度。在此基础上出现的投入负担假说建构了一个动机—认知过程,并将加工过程分为两个认知因素——查找(search)因素和评价(evaluation)因素,再加上一个动机因素—需要(need)因素,这就构成了投入负担(involvement load)的三个组成因素(孙晓明,2008:150)②。孙晓明利用该理论讨论词汇记忆与学习者不同投入水平的关系时所做的实验研究证明,在阅读作业、填空作业和写作作业这三种作业中,写作作业因为需要理解目标词并在表达的过程中选择运用合适的词和义项,涉及了需要因素、查找因素和评价因素,投入水平高于其他两种作业,而实验结果证明学习者在词汇学习过程中投入水平越高,学习效果越好(孙晓明,2005)③。

本文认为口语教学中的交际任务与写作作业同属于语言输出,一个设计完整的好任务也会涉及需要因素、查找因素和评价因素,尽管与写作作业在某些方面有一些差异,但可以认为学习者完成交际任务时的投入水平也是相对较高的。在以任务为中心的课堂上,经常会出现学习者向老师要词汇的现象就说明了这一点。而任务的高投入度可以使目标词语得到深度加工并进入长时记忆。因此利用任务进行词汇教学,在词汇记忆等方面的优势也是很明显的。

第四,任务可以提供有语境的语言输入,并激发学习者发展产出性词汇的动机。因为不同的任务会使学习者产生对不同词语的需要,因此可以通过设计不同的任务来调动学习者表达的复杂性和多样性。

学习者词汇使用的复杂性和多样性也是我们词汇教学中不容忽视的问题。很多研究证明,第二语言学习过程中会出现产出性词汇门槛。事实上在教学过程中我们也常常碰到这样的学习者,他们可以进行一般的交际,但往往只使用一些简单的词汇,而且满足于能进行这样

---

① 程晓堂(2004)任务型语言教学,高等教育出版社,第10页。
② 孙晓明(2008)第二语言词汇习得研究,中央民族大学出版社,第150页。
③ 孙晓明(2005)投入因素对欧美学生汉语词汇学习的影响,《语言教学与研究》第3期。

的交际而不再尝试使用新词语。也就是说如果我们不采取措施,第二语言学习者产出性词汇的化石化现象是不可避免的。而产生这种问题的原因中,有课堂环境下语言输入的数量和质量问题,也有学习者缺乏发展产出性词汇的动机的问题(孙晓明,2008:127—135.)[①]。

本文认为,在利用交际任务进行口语教学时,输入的语言材料,不但语言环境清楚明确,而且包括词汇在内的所有输入都与任务目标有密切的关系。这样的语言输入,大大提升了学习者对目标词语的关注程度,并使学习者对目标词语产生需要因素。因此,只要任务设计合理,对于解决学习者缺乏发展产出性词汇动机的问题有很好的促进作用。另外,教师可以通过对不同任务的设计,帮助学习者解决回避使用复杂词语的问题,使他们的表达更丰富和多样。

总之,针对不同的话题和不同类型的目标词语,设计不同的交际任务,不但可以体现"在用中学"、"在做中学"的词汇教学原则,还能帮助学习者在真正使用目的语的过程中,发展产出性词汇,从而有效提高其语言交际能力。

六、余论

鉴于词汇教学在第二语言教学中的重要作用,我们必须重视用不同的方法,从不同的方面发展学习者的第二语言词汇系统。实验研究证明,在不限时的情况下,产出性词汇学习效果好于理解性词汇学习,因为产出性词汇学习涉及更深的加工水平。(孙晓明,2008:173—174)[②]。这也从另一个角度告诉我们,产出性词汇学习因为对词汇的加工水平高,会耗费更多的时间,效果也明显好于理解性词汇学习。因此在第二语言教学中,需要有充分的时间用于学习产出性词汇。我们可以通过交际任务帮助学习者发展产出性词汇以弥补学习者产出性词汇不足的问题。

综上所述,国际汉语教学中的词汇教学如果能体现任务型的语言教学理念,让学习者在完成交际任务的过程中以表达意义为目的真正使用目标词语进行交际,实现真正意义上的语言输出,在发展学习者产出性词汇以及培养学习者的语言交际能力方面将发挥更大的作用。

参考文献:

陈贤纯(1999)对外汉语中级阶段教学改革构想——词语的集中强化教学,《世界汉语教学》第4期。
程可拉、刘开津(2005)《中学英语任务型教学理念与教学示例》,广州:华南理工大学出版社。
程晓堂(2004)《任务型语言教学》,北京:高等教育出版社。
胡鸿、褚佩如(1999)集合式词汇教学模式,《世界汉语教学》第4期。
李芳杰(1998)字词直通、字词同步——关于基础汉语阶段字词问题的思考,《语言教学与研究》第1期。

---

① 孙晓明(2008)第二语言词汇习得研究,中央民族大学出版社,第127—135页。
② 孙晓明(2008)第二语言词汇习得研究,中央民族大学出版社,第173—174页。

吕文华(2000)建立语素教学的构想,《第六届国际汉语教学讨论会论文集》,北京:北京大学出版社。
李如龙、吴茗(2005)略论对外汉语词汇教学的两个基本点原则,《语言教学与研究》第2期。
李如龙、杨吉春(2004)对外汉语教学应以词汇教学为中心,《暨南大学华文学院学报》第4期。
马玉汴(2004)放射状词汇教学法与留学生中文心理词典的建构,《云南师范大学学报》第5期。
孙德金(2006)《对外汉语词汇及词汇教学研究》,北京:商务印书馆。
孙晓明(2008)《第二语言词汇习得研究》,北京:中央民族大学出版社。
赵金铭(2004)《对外汉语教学概论》,北京:商务印书馆。
David Nunan(2004) *Practical English Language Teaching*,中文名《体验英语教学》,北京:高等教育出版社。

作者简介:
陈作宏,女,中央民族大学国际教育学院副教授。

《商务馆学汉语字典》由商务印书馆出版

〔美〕黄全愈 陈彤 黄矿岩 编著　ISBN 978－7－100－07687－6
双色印刷　定价96元　2011年7月出版

《商务馆学汉语字典》是一本适合英语背景的汉语初学者的工具书。共收录2 000个最常用的单字条目,以及由此扩展的20 000多个多字条目,并用HSK1－4标明汉语水平考试所要求掌握的8 000个常用词的等级。大部分词都配有生动活泼、内容丰富的例句,并由两位主人公——美国留学生杰克和中国姑娘婷婷贯穿始终。地道准确的英文释义、丰富的量词搭配和扩展词,有助于学习者快速、准确地掌握汉语。特别包含作者独创的断笔码检字法,初学者只需稍加练习,便能在一分钟内查找到所需汉字。

美国中小学外语教学中交际教学法理论与实践及对国际汉语教学的启示

张 志 娟

内容提要：交际教学法作为一种行之有效的教学理念和教学方式，已成功地应用在美国中小学外语教学实践中。但在中国的外语教育中，交际教学的应用只是凤毛麟角。结合大量相关文献和笔者在美国的实践经验，本文就交际教学法的概念、理论核心以及在美国中小学汉语教学中的应用进行了探讨，试图回答什么是交际法和怎样在外语教学中有效使用交际法等问题，希望能够对我国的外语教学尤其是国际汉语教学提供一些有益的启示。

关 键 词：交际教学法；美国中小学；外语教学；国际汉语教学

Implications for International Chinese Teaching from CLA Practice and Theory in Teaching Foreign Languages in American K-12 Education

Zhang Zhijuan

Abstract: Proven as an effective educational concept and approach in foreign language teaching, communicative language teaching(CLT) has already been successfully adopted in U.S. K-12 education. In contrast, seldom has communicative language teaching been practiced in mainland, China. Based on an analysis of the literature and the author's personal experience in teaching Chinese as a second language in the U.S., this paper explores the definition, theoretical core, and its application trying to answer 1) what communicative language is, and 2) how to effectively implement communicative language teaching in teaching foreign languages. Implications are drawn regarding foreign languages teaching especially in the field of teaching Chinese as a second/foreign language.

Key words: Communicative language teaching; American K-12 education; Foreign language teaching; Teaching Chinese for non-native speakers

美国中小学外语教学中交际教学法理论与实践及对国际汉语教学的启示

国际上,交际教学法已经成为外语教学的主流,其思想直接体现在外语教学的课程设置、课堂教学、课本及教学参考教材的选择和评估中。从某种意义上,交际教学法理论和实践的探索带来了一次外语教学理念、教学法和教学实践的革命,是对教育本质进行的更深入的探索。国外交际教学法革命方兴未艾,波及越来越多的国家和地区。交际教学法在本世纪70年代末引入中国,但在中国的外语教学界,人们对交际教学法的评价始终莫衷一是。交际法对于广大外语教师来说,虽然并不是一个新的概念,但其在课堂教学中的应用实际上仅仅涉及了交际教学法的皮毛。目前国内的外语教学是换汤不换药,传统的语法—翻译法仍然在课堂教学中占主导地位。

传统的以语法—翻译法为主要教学方式的课堂是一种填鸭式教学,以教师为中心,学生是被动的知识接收者,教学的目标在于教师的"教"而不是学生的"学",或者是注重知识的"投入"而忽视了知识的"产出"(Wiggins & Tighe,2005)。在这种传统的教学方式下,一方面,学生知识的积累依靠死记硬背,对知识无法达到真正的理解,不能将知识转化为具体解决现实问题的技能,出现"高分低能""哑巴英语"等现象。另一方面,教师在课堂上以讲授为主,学生的职责在于记笔记和机械记忆,学生的学习兴趣和课堂参与积极性都被扼杀了,非常不利于培养学习者解决问题的能力和创造性。而大量依赖汉语作为中介语,过分注重语言形式(语法),忽视了语言内容,会延缓语言习得过程,影响学生外语思维能力和流利程度的培养。

中国社会关于外语教学改革,以及培养符合国际社会需要的外语人才的呼声越来越高。交际教学法作为当前国际外语教学中的一颗璀璨的明珠,理应在中国外语教学的理论和实践中受到更多青睐。但为什么交际法没有能够在中国外语教育这片沃土中生根、发芽,并且结出丰硕的成果?笔者分析有以下两个主要原因:第一,国内很少有文献从理论上对交际教学法的概念做出科学的、综合的、深入的探讨和研究,大多数对交际教学的概念和理解源于引用的资料和数据,在翻译和不同学者阐释过程中,有些精华难免缺失,偏差和误差也在所难免。如情境教学法、任务教学法等都在交际教学中大量使用(Savignon,2002),但在一些批判交际教学法的文章中,它们却被当做交际教学法的对立面加以彰显,以突出交际教学法的种种弊端。另一些对交际教学法的批判文章中,提出交际教学法排斥在课堂中讲授语法,只注重语言流利程度,不够严谨。但如果对交际教学法的一些权威性的原文献做研究,就会发现交际教学法不但不排斥在课堂教授语法,而且语法能力的培养是语言学习者培养交际能力的一个重要内容,语法能力是交际能力的一个重要组成部分。第二,国内学术界对交际教学法理念的探索尚且处于初期阶段,对实践的探索更是寥寥无几。尝试使用交际教学法的老师很大程度上是孤军奋战,对交际教学法应该如何更有效地应用于课堂实践缺乏成功案例的参照,也缺乏同行之间知识的分享和经验的传授,对课堂实践中出现的一些问题无法解决,受个人局限性的影响,最后也只能回到原来的熟悉的教学方式。

针对我国外语教学中交际教学法实施的现状和存在的问题,笔者认为,有必要借鉴国外有关的先进理念和成功实践,从"什么是交际教学法"和"如何有效地实施交际教学法"这两个方面进行进一步的探索。本文结合权威的文献和笔者在美国的实践经验,就交际教学法的概念、理论核心以及在美国中小学汉语教学中的应用进行探讨,希望能够对我国的外语教学尤其是国际汉语教学提供一些启示。

一、交际教学法的理念、原则及体现的教育思想

交际教学法又叫功能—意念法,于上世纪70年代首先在欧洲国家中提出,是充分利用语言功能,培养交际能力的一种教学方法体系。交际教学既是在教室环境中进行语言学习的一种过程,也是一种目标。交际教学的一个核心概念是交际能力,即意义表达、意义阐释和意义协商。第二语言习得中心理语言学和社会文化学角度的引进,为交际教学法的发展提供了丰富的土壤:语言的学习并不仅限于语言本身的学习,而是和语言所处的社会环境和社会文化不断发生互动的过程,语言学习者学习语言,必须能够对自己的社会角色有成功定位,按照社会和文化的要求履行自己的社会职责,才能达到成功的交际目的。从某种意义来说,语言学习的过程也是一种新的人格形成的过程(Savignon,2002)。语言的功能首先是建立在语言学习者交际需要的基础上,并以此决定教学的结果和目标。

(一)交际教学法的理念

乔姆斯基(Chomsky,1959)曾经对行为主义理论的听说法提出了批判,一针见血地指出行为主义的学说不能合理解释语言学习者的全部行为,从而引发了学术界对听说法在外语教学方面的有效性的质疑,从根本上动摇了其在外语教学领域的地位。当然,不可否认乔姆斯基也有其局限性,他过分强调从心理学方面研究语言,忽视了语言的社会文化因素。语言学家海姆斯(Hymes,1971)继承了乔姆斯基的观点,认为语言学习者的语言能力和语用能力是两个不同的概念,应该加以区别,并在此基础上提出了交际能力这一概念,意指学习者在特定的情境下遵从社会语言规范、应用语言的能力。萨维农(Savignon,1971)接受了交际能力的提法,但她的交际能力不是那种通过死记硬背、旨在测试语法知识的考试中表现出的应试能力。她指出,交际能力是课堂语言学习者之间以语言为载体进行互动和表意的能力。例如,她鼓励语言学习者对有关信息进行询问,要求对方进一步阐明观点,用委婉语、语言和非语言的资源进行意义的协商等,即策略能力。策略能力是交际能力理论框架(Canale,Swain,1980)中的一个重要组成部分。Canale和Swain的独特贡献是提出交际能力范畴包括策略能力以及语法能力和社会语言能力。Savignon(1983)对他人和自己以往的成果进行综合和改进,提出了交际教学的概念,并建立了以交际能力为核心的课堂模型,在此模型中,除了有Canale和Swain提到的三个交际能力组成要素之外,又加入了Canale于1983年提出的语篇能力。至此,交际教学法的范畴和要素才基本确定下来。下面就这几个能力逐一介绍:

1.语法能力指语言学习者驾驭语言句型层次以上的各种知识或规则,以及识别语句、语态、句法和语音特点,并用这些特点阐释和遣词造句的能力。判断语法能力高低的标准不是语言学习者对某种语法规则的熟悉程度,更不是看学习者是否能够熟练地陈述某种语法规则,而是依据其在意义表达、阐释和协商过程中如何正确恰当地使用语法规则。

2.语篇能力指语言学习者能够根据不同的体裁,把语言形式和语言意思完整结合起来,组成统一的口语或书面体篇章的能力。它强调各语言表达单位(如单词、短语、句型)在形成一段口头或书面文字时意义上的互相关联。体裁可以多种多样,如诗歌、电子信件、电话通话或小说。在讨论语篇能力时,会涉及两个重要的概念:语篇的连贯和衔接。语篇的连贯指所有的单个句子和表达都以一个大的命题为统领,而衔接则指句子和句子之间表达意义的关联或结构上的相关性。

3.社会文化能力是一个跨学科领域的概念,指语言学习者在使用语言时遵循一定的文化、一定的约定俗成的社会规则的能力,它要求语言使用者对语言的文化意境和社会情境都有所把握:如语言使用者的社会角色,交换的信息内容,以及语言互动的功能。换一句话说,社会文化能力就是语言学习者在不同的文化、不同的社会情境下使用适当语言的能力。社会文化能力要求语言使用者对其他文化抱有一种同情和开放的态度,学习文化知识的同时要增长一种文化灵活性或敏感性(Savignon,2001)。社会文化能力同时还包括语言学习者愿意积极地同他人进行意义协商和沟通,消除一切偏见,在使用语言前考虑到文化差异存在的可能性的能力。

4.策略能力是语言学习者在不熟悉的语境下,尽管受到语法知识不完备、语法规则了解不全面、疲劳或注意力不集中等客观和主观条件限制,仍然能使交际话题开始、维持、转换和终止,达到期望的交际效果的能力。随着实践和阅历的增长,语言学习者的语法能力、语篇能力和社会文化能力不断提高,造成策略能力重要性的下降。但是,无论在何种语境下,如何有效使用策略都是成功交际的关键一环。

(二)交际教学法的原则

交际教学在使用过程中需要遵循八大原则(Berns,1990):1.语言教学中所持的一个基本观点是:语言是交际的工具,是说话者表意的社会工具,交际是针对一定的人或事所进行的有目的有意向的交流。2.语言表达者和学习者是多元化的,语言发展阶段也是多样化的。3.一个语言学习者的能力是相对的,而非绝对的,是一个动态的发展过程。4.语言学习和教学模型可以是多样化的。5.文化在语言学习者语言能力提高方面起着不可缺失的作用。6.在交际教学法中,任何的方法论和教学技巧都不应当预先设定。交际教学法并不规定应该实施哪一种具体的教学方法,因此从某种程度上来说,交际教学可以看做是一种指导思想。7.通过语言的应用,实现语言的概念功能、人际功能和语篇功能,是促进语言学习者各项能力发展的关键。8.必须激发学习者应用语言的兴趣,保障学习者在学习的各个阶段都能用语言进行有目的的活动。

(三)交际教学法体现的教育理念

交际教学法的出现和发展从语言教学的角度体现了当代社会教育观念和教育实践的更新,毫不夸张地说,它引发了一次教育理念和实践的革命。

第一,交际教学法体现了从以教师为中心向以学生为中心的教学模式的转变。学生不再仅仅是知识的被动接收者,而是知识的消费者。更具革命性的是,学生直接参与到知识创造过程中,成为知识的创造者。学生的兴趣、知识背景和生活经历是语言教学中教什么和怎么教的重要决定因素。教师更多的时候扮演着协调者的角色,负责引导课堂的良性发展。一旦学生兴趣和需要受到尊重,他们自然而然就成为课堂的主人,其自主学习的积极性也必然随之而提高。

第二,交际教学法是统一学生知识和实践技能的一座桥梁,所有的知识积累、理解和深化在实践应用中得到检验和升华。

第三,交际教学法还实现了课程设置和教学内容中趣味性、挑战性和真实性的有机结合。参照学习者的学习兴趣和需要,创造和模仿真实情境,要求语言学习者在特定情境下最大化地使用目标语,以语言为工具,进行意义的表达、阐释和协商。这个过程本身就是一种挑战,一种实践的挑战,是培养语言学习者分析问题、解决问题的能力和创造力的过程。

第四,交际教学法的核心是利用语言的交际功能,在特定的社会文化情境下进行有意义有目的的思想表达、意义协商和信息交换,因此对语言的流利程度要求较高。同以往的听说法、语法—翻译法相比,交际教学法对语言精确程度的要求有所降低。鼓励学生大胆说,不怕犯错误,为学生营造出一种安全、无忧的学习环境,有利于培养学生的积极性和创造性。

第五,交际教学法有益于培养自主学习者和终身学习者。交际教学法内容的趣味性、教学方式的多样化以及同实践的紧密衔接都潜移默化地影响到语言学习者学习语言的兴趣和态度,同传统教学法相比,更能有效地培养自主学习者和终身学习者。

最后,在交际教学法的理论框架下,教师自主性和专业性不断加强。交际法要求教师具有灵活性,教学方式要多样化,根据具体情境决定最好的教学策略,而且要针对不同的学生因材施教,这就从客观上赋予了教师很大的自由度和自主权,体现了对教师知识和技能的认可与尊重,而教师教学的自主性是决定教师满意度和留任率的重要因素之一(Lortie,1976)。但从另一方面来说,这也对教师的专业知识和技能提出了更高的要求。

二、交际教学法指导下的美国中小学汉语教学实践

美国中小学课堂文化中最具特色的一点是:学生可以挑战教师的权威。生动、有趣的教

学,让学生感觉到学习的乐趣,是教师获得认可与尊重的必由之路。因此,教师的职责不仅仅要教授知识和传授技能,还要调动所有人的积极性、活跃课堂氛围、体现其演艺才能。汉语教师恐怕体会更加深刻:汉语作为一门外语,在多数学区是选修课,鉴于汉语语言和文化同英语语言文化之间的千差万别,美国人普遍认为汉语是最难的外语之一。几年前还只有一小部分中小学开设汉语课,随着中国国家汉办在海外的大力推动以及美国 STARTALK 等项目的带动,许多学校纷纷增设中文课。这些汉语项目大都是新项目,处于初创阶段,招收学生和稳定生源往往是制约项目发展的迫切问题。在这种情况下,课堂教学是否能够吸引学生,教学质量是否高效,成为决定这些汉语项目成败的重要因素。而课堂教学只是外语教学的一个环节,它的顺利实施,是和好的课程设置及测量评估方式密不可分的。下面就这三个环节,依次介绍交际教学法在美国中小学汉语教学中的应用。

(一)课程设置

崇尚区域自治、反对中央集权的美利坚民族价值观,导致美国教育体制中也呈现出权力分散的显著特点。这一点从美国中小学教育中即可略见一斑:决定一个学校课程设置的权力集中在当地学区教育局手中,联邦及州政府的影响力只是近年来随着它们在教育领域的投入不断增加才略有增强,但也只能间接地介入。尽管这样,排除重重阻力,美国外语教学协会和全国外语委员会等外语教师组织在政府支持下,于 20 世纪 90 年代研发了 21 世纪外语学习的标准,并在全国推广,其中最重要的是内容标准(National Standards in Foreign Language Education Project,2006)。汉语教学的也在其中,为多数地区采用或部分采用,使这些新汉语项目有了可靠和较高的起点。11 个标准按照要求和特点分作五大类目标区,包括:沟通、文化、贯联、比较和社区。沟通目标是重点中的重点。

沟通目标强调语言学习者在不同语境下用汉语交流思想、表达思想感情、询问和获取信息及交换意见的能力。文化目标强调学习者需要了解汉语国家的文化习俗和文化产物是如何影响这些国家文化中观点看法的形成,这些观点看法又是如何反映在语言中的。对于语言学习者来说,至关重要的是理解语言是如何被文化塑造的。贯联目标强调将汉语语言和文化知识同其他跨学科的知识联系起来,即触类旁通。此外,贯联目标还强调学习者要广闻博见,用语言做工具,获取有用信息,识别汉语国家文化中独到的观点和看法。比较目标重点在于通过学习者对熟悉的母语语言和文化与汉语语言和文化的对比,使语言学习者对语言文化的本质和内容有更深入更透彻的了解。社区目标则强调学生在课堂外对汉语学以致用,使用汉语进行娱乐和提高个人生活品质,成为汉语终身学习者。

值得注意的是,与以往不同,作为全美《汉语标准》重点的沟通目标没有沿用听、说、读、写四项技能分类,而是采纳了沟通的三种模式,包括:语言沟通(Interpersonal mode)、理解诠释(Interpretive mode)和表达演示(Presentational mode)。人际沟通强调人际间通过语言进行互动,如要求对方进一步解释所说的内容、问问题和意义协商,既可以表现为口语形式,也可表现为书面形式(如在网络聊天室用文本文字聊天)。理解诠释强调的是单方向的交流,如听一段天气预报、读一部小说,在这些过程中,语言学习者无法直接同文本互动,提问和澄清概念,因此在理解上可谓仁者见仁,智者见智。表达演示既可以是口头形式也可以是书面形式,语言学习者在无法取得听众即时反馈时使用,如写一封信或在课堂做报告。伴随全美中文内容标准,美国外语教学协会还发布了汉语熟练指导方针(Proficiency guideline),确定了对汉语使用熟练程度衡量的标准。

可见,这个标准的理论核心就是交际教学法,强调语言情境下语用能力的培养。在介绍外语内容标准的宗旨时,《标准》明确提出"语言和交际是人类经验的核心。美国的学生必须具备能够在一个多元化的美国社会和国际社会中成功交际所必需的语言和文化知识……(National Standards in Foreign Language Education Project,2006)。《汉语标准》的产生确定了在美国汉语教学中交际法思想和实践的主导地位。

以全美汉语课程《标准》为指南,各个学区和汉语项目又针对学区的学生培养计划、学生的特点和兴趣进行更为详尽的课程设置。在中国中小学外语教学中,很多教师认为课程设置就是课本,教师的职责就是授课,不参与课程设置,而在美国,各个学区按照各自的爱好选择不同的汉语课本,教学中课本只是参考,不要求覆盖课本所有的内容。在很多情况下,作为学区唯一的或少数几个汉语教师之一,中文教师大都还要参与到课程设置的设计当中。对一个学区汉语教师的统一要求是:教学要符合学区的课程设置。从这一点上也可以看出美国教育体制灵活但也不乏规范的总体特点。

美国中文课程设置主要参照《汉语标准》,但在具体操作的层次上,逆向设计法(Backward Design)(Wiggins & McTighe,2005)在中小学中文课堂受到广泛青睐,是课程设计的一个新理念。Wiggins指出,所谓课程设计就是以内容标准和表现行为标准衍生出来的描述学习过程的蓝图(Wiggins & McTighe,2005:5)。针对课程设计中出现的一些问题,如没有教学目标的以课堂活动为主的教学,以覆盖一本书为教学目标的教学,Wiggins和他的同事指出,所有教学必须满足两个目标,即内容的掌握和对所学内容达到的真正理解。因此,所有课程设计必须考虑和解决两个问题:①教学的整体宏观构想到底是什么?②用什么作为学习确实发生的证据?同时,他提出了评判课程设置的两个标准:首先,学习者应该掌握什么知识,也就是内容;其次,怎样达到这个目标,也就是方式方法。

由Wiggins和McTighe提出的逆向设计法是解决这些问题的有效的课程设计方法。逆向设计分为三个步骤:①确定需要达到的目标,也就是要明晰测试和评估的结果。②确定要达到预定目标所需的证据,即用什么样的数据来说明测试和评估的结果和预期的目标吻合。③做好教学计划。这也是对课堂教学内容、教学方式的具体计划过程。Wiggins提出的逆向设计法实现了两个重大突破:首先,它突破了以往的教学和评估"两张皮"的局面,将两者有机地结合在一起:评估不再独立于教学之外,而是教学过程中一个不可缺失的部分,对教学内容和有效性不断提供反馈。其次,它突出了测试和评估的重要性,提出教学要有的放矢——教师在教学开始前就要对学习者在阶段内需要达到的预期目标及如何来判断学生是否达到了预期的水平了然于胸。

以美国近几年来每年暑期全国性的 STARTALK 汉语学生项目为例。按照要求,在学生项目开始之前,课程设置必须完成,并且必须经过 STARTALK 总部的审核。课程设置以主题单元为纲,主题单元选材要新颖、有趣味性,要和学生的生活密切相关。每一单元首先列出单元学习需要实现的宏观目标和具体目标。目标下列出单元要实现《中文标准》中的哪些标准、学生要掌握的内容和技能。之后是评估方式。课程设置的最后一项才是针对每个具体的目标而计划的教学活动。STARTALK 总部强调项目期间要在全程教学中最大化地使用中文,由于选择的主题单元和生活的相关性以及用汉语交际的要求,语言学习者能够直接感觉到语言的交际功能及用语言进行有目的、有意义交流的必要性;同时,母语为汉语的教师的加盟使学生用汉语交际的兴趣大增。几个星期下来,语言的熟练程度取得了突破,实现了《标准》中的沟通目标。同时,在语言学习之外,STARTALK 总部还给各个项目拨款,积极支持汉语项目同当地华人社区联系,邀请社区的一些成员参与和组织文化活动,使这些语言学习者能够真正体验到原汁原味的中国文化。例如:在专家的指导下,学生们学习中国书法、绘画、剪纸、打太极拳、扭秧歌和做中国饭。《标准》中文化的目标就通过这些活动来体现和实现。主题单元课程设置往往是以语言为载体,融合了其他学科的内容和知识,学生在掌握语言的同时也增长了跨学科的知识,实现了全美汉语语言标准中的联系目标。如 Virginia STARTALK 课程设计中的最后一个单元是中国的春节,这个单元是前面两个单元的总结、升华和提高。学生们通过语言学习、包饺子、扭秧歌、剪窗花、模拟春节联欢晚会,了解了中国春节的来历、风俗及其联系的价值观念等,对春节在中国文化中特定的文化涵义有了更深入的了解。此外,语言学习者在和以汉语为母语的汉语教师和当地华人社区成员的交往中,不知不觉将自己的文化同中国的文化映照和比较,加深了对自己语言和文化的理解,也对英语语言文化和汉语语言文化之间的差异有了更深刻的认识,这一过程体现了《标准》中的比较目标。所有这些语言和文化学习的经历,及同其他汉语学习者并肩学习汉语滋生的友谊等等都变成这些学习者永久的记忆。尽管在有些地区没有开设汉语,有些学生无法在学校里继续学习汉语,但这些学习者大多已经成为汉语学习的自主学习者和终身学习者,会想方设法寻找一切资源继续学习汉语。

(二)课堂教学

交际教学法是一种教学上宏观的方法论(肖礼全,2007),它强调用语言进行有目的的交流,以提高学生语言应用的熟练程度,但它无限定的模式,也不规定特定的教学活动。在坚持其核心——对交际能力的培养的同时,也不排斥其他外语教学模式,如从在教学中尽可能地使用目标语可以发现直接法的影子,从设置情境要求学生完成交际任务可以发现口语法或情境法、任务法的踪迹。简化指示语言、借助肢体语言、图片等可以避免语言学习者和教师在教学中使用母语,从而最大化目标语的使用,这和沉默法有吻合之处。

总体来说，在美国以交际为主要目标和主要手段的中小学中文课堂，教学方式不拘一格，如相互提问、访谈、辩论、角色扮演等方式屡见不鲜，以不断培养和提高语言学习者的交际能力和语言使用的流利度为外语教学的主要宗旨。如交际教学理论的大师 Savignon(2002)把交际教学比作一种戏剧艺术，所有角色粉墨登场。她还强调想象力和角色表演是童年生活不可缺失的一部分。笔者经验证明，这种使用汉语编写剧本、由学生表演的方式，特别受美国中小学学生的欢迎。剧本中尽可能出现足够多的角色以争取每一个学生都会分配到角色，这样就达到了"寓教于乐，寓乐于教"的目的，可以极大促进学生的学习积极性。同时，学生在表演中不但学会了使用语言，而且了解了另一种文化中对某种角色的行为和语言的期望，从而增长了其文化敏感性。

(三) 测试和评估

交际教学法，这个具有革命性的理念和实践的引入，也对传统的考试构成了冲击，使得测试和评估形式由单一的笔试转向动态的多元化的测试和评估。过去的笔和纸的考试，考核的是知识点的记忆，无从考核学生实践中应用知识和解决问题的能力。现代美国中小学外语教学评估遵循几条基本的思路：第一，测试和评估应该让学生看到自己能做什么而不是不能做什么，测试和评估的目标不在于从学生身上不断纠错，而是通过测试和评估给学习者以及时反馈，并且使语言学习者的兴趣和自信心不断增强。第二，根据交际教学理论，外语学习者的学习是阶段性的，测试和评估应该考核的是某一段而不是某一点时间中内容的学习和技能的应用。

批评家 Wiggins(1998)等因此提出了教育评估或替换评估的概念，认为这种测试和评估的出发点是要让学生认识到自己能做什么而不是不能做什么，让学生纵向地看待自己的学习过程，认识到自己在学习中的进步，而不是以一次考试论成败，抹杀了进步。既然教学方式多样化、教学内容是在对学生的需求进行分析的基础上选定的(Munby,1978)，教学测试和评估的方式也应该多元化。比如，可以使用组合评估(portfolio assessment)，将学生一定时间内的作品存入，进行评估；可以让学生做一个项目，对项目的质量进行评估，也可以对学生进行访谈等等。同时，Wiggins 也不赞同完全取消传统笔试。

表现型评估在外语评估中得到越来越多的应用。教师创造一定的情境，由两个学生根据一定的结构和情境进行对话，教师遵照一定的评分标准，对学生的表现进行打分。如学生在学习了如何描述一个人的外表之后，教师对学生进行测试和评估：可以假设在一个公共场所一个学生亲眼目睹一个老奶奶的包被小偷抢走，学生向警察描述小偷的长相，从而使警方能够得到小偷素描。不可避免，警察也需要向学生确认一些相关信息，形成一个自然的互动过程。这样的评估，往往把语言的使用放在一定语境下，妙趣横生，很吸引学生，同时，解决问题需要学生能够熟练地驾驭语言，这又对学生语言能力提出了挑战。

此外，交际教学法的倡导者还强调在评估过程中使用真实材料，如饭店的菜单、旅店的招牌、大街上的路标都是评估的素材。在评估中使用这些真实材料对学生来说具有挑战性,也增强了评估的趣味性,能够较可靠地反映学生的语言熟练程度。

有趣的是,尽管全国范围和洲际范围内,美国中小学还没有外语标准化考试,但由于认识到评估测试对教学和学习的反拨作用(washback),一些地方在学区范围内设有外语标准化考试,希冀通过考试,改革旧的教学方式和改变传统的教学理念。这些标准化考试的内容和形式都发生了巨大变化:考试以考核学生的语言应用能力为主,要求学生能够使用语言解决生活中的实际问题。这又从另一个方面反映出交际教学对美国中小学外语教学的影响。

三、汉语教师在美国中小学应用交际教学法面临的挑战

汉语不同于印欧语系的语言,有其独到的特点,如很多美国人戏称汉语中的每个方块字对他们来说都是一幅图画;汉语教师大部分来自于中国大陆,都有很强的中国文化背景,同美国土生土长的其他外语教师相比,也自然呈现出不同的特点。中文教师在美国中小学课堂的特定环境下教授汉语知识,必须考虑到学习者同汉语文化下外语语言学习者的不同以及教学要求的不同。汉语教师在美国中小学应用交际教学法普遍存在着以下困惑和挑战:

第一,汉语拼音和汉字属于两种不同的系统,应该从哪个开始教,从哪里找到两者的契合点?从日常交际的需要出发,语言学习者首先可能会学得"你好",但对于从未接触过汉语、连"一"字也不认识的学习者来说,记住"你好"这两个字的形状已是不易,更谈不上能够书写。从另一个角度来说,汉字也是交际的手段,拼音和汉字绝不可以厚此薄彼。处理好这两者的关系是美国中文课程设置和教学的一个难点,而大多数的教材都无法解决这一矛盾。

第二,文化应该怎么教,什么时候教,教什么。中国文化博大精深,作为中文教师都愿意把中国文化介绍给学生,但事情并不简单。比如,红楼梦作为中国的一部传世之作,毫无疑问应该作为文化的一部分介绍给学生。用中文向语言初学者系统介绍红楼梦显然不切实际,和学生的水平不符,但如果整个课堂使用学生的母语,那就不能称为汉语教学。更复杂的是,教育学中有一个术语叫"可教育时刻",指的是就在那一瞬间,教师和学生的学习处于最佳状态,在那种情境引入文化的联系最恰如其分。文化的内容在这时介绍进来比较合适,而在语言介质选择上却出现了对立。这时就使文化和语言这一对本该统一的范畴,变成了一对矛盾。

第三,评估方式的灵活性和主观性。相对中国的教师而言,美国的教师具有很大的自主性,可以决定学生的平时课堂参与成绩及其在综合评定中占的比重;根据交际法的需要,在语言教学过程中可以贯穿各种评估,这些成绩和最后学期成绩一起都记载在案,影响学生最终的学业成绩。如何保证公平?对于在中国文化中长大,习惯于标准化考试的中文教师来说,这也是一个很大的挑战。

四、美国中小学交际教学法对国际汉语教学的启示

国际汉语教学正面临着极大的挑战。一方面,由于教学对象来自于不同的文化,学生的文化背景、知识结构和兴趣爱好都千差万别,如欧美的学生习惯于自由、开放、参与性强的课堂文化,如果沿袭旧的教学理念、教学法和教学方式,不考虑学生的因素,就会在教学中出现很多问题,甚至危及项目的成败。另一方面,汉语教师的水平也良莠不齐。国内对外汉语教学课程主要在大学设置,大多数教师培训者是汉语科班出身,对汉语作为外语教学缺乏实战经验。而海外汉语教学的大部分教师则是其他专业出身,半路转行,汉语知识体系不完备,对外语教学的主题和潮流缺乏了解,难以和其他外语教师沟通(Everson & Xiao)。

挑战必然伴随着机遇。作为一个新的学科,新的项目,由于没有过去的参照,没有历史的负担,它最有可能拥抱最新的外语教育理论和思想,并付诸实施,在实践中取得良好的效果。美国中小学在汉语教学中成功应用交际法的经验值得其他地区的汉语教学借鉴。它足以让我们认识到交际教学并非一纸空谈,而是可以经得起时间和实践的双重考验。

美国中小学交际教学法的实施对我国国际汉语教学的启示主要是:汉语国际推广需要一个可持续的发展计划。目前汉语国际推广得到了中国政府的大力支持,国家汉办积极活跃在汉语语言和文化传播的世界舞台上,但只有可持续的发展才能保证汉语国际推广稳步地发展。什么是汉语国际推广的可持续发展?1.可持续发展意味着汉语国际推广不应该仅仅是一种自上而下的行为,而应该吸收更多的加盟者,尤其是实施教育政策和从事教育实践的一线教师。在美国《中文标准》编撰过程中,许多一线中文教师应邀参与,他们从教学实践中获得的宝贵经验有力地保证了《标准》的可操作性,使得《标准》能够深入人心。2.国际中文项目可持续发展的一个核心是教师教育。芝加哥社会学家 Lortie 发现,"任何新教师在走入讲台前就已经进行了长达 13 000 小时的学徒工观察(1975)。"历史证明,如果没有教师教育对教师进行理念的更新、教学法的培训和实践的指导,教师往往会重复旧的教学理念、思路和实践,不管政策管理的呼声如何高涨,教改也只可能换汤不换药。如在日本以交际教学法改革传统的外语教学法的过程中,尽管有政府的政策支持,但由于缺乏教师培训,教师们仍然固守着原有的教学方式,从根本上阻碍了改革的进一步发展。美国包括中文教师在内的外语教师,除了有联邦、州和地区提供的许多短期、高强度的教师培训项目(如 STARTALK 举办的暑期中文教师培训项目)外,还有其他各种形式和渠道的教师培训,其目标不是一蹴而就,而是形成制度,不断地提高教师的专业素质。培训的内容不仅限于教学内容和技巧的培训,而且涉及了从课程设置到课堂教学再到教学评估的方方面面,保证了交际教学法在中小学课堂的成功。我国国际汉语教学要想实现教学理念的更新、教学方式的转变,关键也在于建立系统化的、可持续的教师培训体系。3.对多数外派教师来说,如何最大化地使用目标语,如何理解和实现评估和教学过程的融

合,如何采取多样化的评估方式,都还很陌生。对被派往国家的教育制度及社会文化缺乏深入了解,往往制约了教师将教学内容同学生的生活、兴趣相关联的能力。因此,在派往国外之前,这方面的培训也不可或缺。4.中国介绍到国外的汉语教学材料可谓品种繁多、数量庞大,但多数被认为实用性很差。一方面,编写的教材主要参照汉语为第一母语的读者群体,没有考虑到汉语作为第二语言或者外语的读者群体特点,编者也往往没有海外汉语教学的经历和足够的研究资料,因此总体上对国外学生学习外语的真正需求缺乏足够的了解;另一方面则是旧的教学法同新的教学思想的交锋。许多国内编写的中文课本即使加入一些交际内容,也只是表面现象,内容仍然是以教授语法和讲解对话为主,缺乏趣味性、挑战性、灵活性和供学习者发挥的自由空间;课后练习也千篇一律,以听写练习、连线练习、填空练习为主。这种课本显然不能满足国际中小学汉语教学的需求。编写以交际教学法为指导、体现文化差异的教材也是目前汉语国际推广的重要环节。5.最后也是最重要的启示,"以学生为本"的教育宗旨对中国教育者来说并不陌生,但在我国教学实践中真正实现以学生为中心还处于探索阶段,而在以交际教学法为核心的美国等国家的中小学外语课堂,以学生为中心已经成为约定俗成的模式。要实现国际汉语教学的长足发展,我们必须迎头赶上。

结　语

总而言之,美国中小学交际教学法理论和实践对国际汉语教学有诸多的启示,但最大的启示是国际汉语教学要拥抱最新的教学理论和实践,结合自己的国情和汉语的特点,走一条国际化但同时具有独特性、创新性的可持续发展道路。在原则性的基础上要不乏灵活性,教材编写和教学要入情入境,符合当地的特点,学习内容要结合生活在不同社会环境、不同文化背景下的学习者的兴趣、爱好和经历。同时,国际汉语教学要跨入不同的国门,走入不同的文化,拥抱不同年龄不同国籍的学习者。

参考文献:

肖礼全(2006)英语教学方法论,北京:外语教学与研究出版社。

Canale, M. & Swain, M. 1980. Theoretical Bases of Communicative Approaches to Second Language Teaching and Testing. *Applied Linguistics* 1, 1—47.

Chomsky, N. (1965). *Aspects of the Theory of Syntax*. M.I.J, Press.

Darling-Hammond, L. (2000). Teacher Quality and Student Achievement: A review of State Policy Evidence. *Education Policy Analysis Archives* 8(1).

Everson, M.E.& Xiao, Y.(2008). The Importance of Standards. In Everson & Xiao(Eds.), *Teaching Chinese as a Foreign Language: Theories and Applications*. Boston, MA: Cheng & Tsui Company, Inc.

Hymes, D.(1972). On Communicative Competence. In Brumfit, C.J. and Johnson, K.(Eds.)1979. *The

Communicative Approach to Language Teaching. Oxford: Oxford University Press.
Lortie, D. 1976. *School Teacher: A Sociological Study*. Chicago: University of Chicago Press.
Munby, J. 1978. *Communicative Syllabus Design*. London: Cambridge University Press.
National Standards in Foreign Language Education Project (2006). *Standards for Foreign Language Learning in the 21st Century*. Lawrence, KS: Allen Press, Inc.
Nunan, D. 1988. *The Learner-centered Curriculum*. Cambridge: Cambridge University Press.
Savignon, S. J. (2002). Communicative Language Teaching: Linguistic theory and classroom practice. In Savignon, S. (Ed.). *Interpreting Communicative Language Teaching: Contexts and Concerns in Teacher Education*. New Haven, CT: Yale University Press.
Wiggins, G. P. (1993). *Assessing Student Performance: Exploring the Purpose and Limits of Testing*. San Francisco, CA: Jossey-Bass Publishers.
Wiggins, G. (1998). *Educative Assessment: Designing Assessments to Inform and Improve Student Performance*. San Francisco, CA: Jossey-Bass Publishers.
Wiggins, G. & Tighe, J. (2005). *Understanding by Design*. Alexandria, VA: Association for Supervision and Curriculum Development.
William, L. (1981). *Communicative Language Teaching*. Cambridge University Press.

作者简介：
张志娟，女，博士，毕业于美国弗吉尼亚大学，曾在美国从事汉语教学工作多年，现在忻州师范学院外语系任教。

留学生汉语词语表达偏误的类型及教学策略

曾立英

内容提要：本文针对汉语教学的实践，将留学生词语表达偏误分为语义偏误、搭配偏误、糅合偏误、韵律偏误、量词错误、语篇衔接偏误、汉外同形偏误等几种类型，进而探讨偏误分析的价值。偏误分析能预测和解释学习难点，有助于教师采取有效的教学策略。

关 键 词：词汇偏误；偏误分析；教学策略

Error Types of Chinese Vocabulary Learning and Their Pedagogical Implications

Zeng Liying

Abstract: Based on Chinese teaching practices, this paper sorts out six types of errors in learning Chinese vocabulary, i.e., semantic errors, collocation errors, blending errors, prosodic errors, classifier errors, discourse cohesion errors, and homographic errors. It further explores the values of such an analysis, which can predict and explain the difficulties of vocabulary learning, and holds that it will provide Chinese language teachers with theoretical in applying effective strategies within teaching practices.

Key words: Vocabulary error; Error analysis; Teaching strategies

一、词语表达偏误的产生

在第二语言教学的实践中，教师和研究者发现，词语表达偏误是许多第二语言学习者的主

---

① 本文系国家社会科学基金项目"现代汉语类词缀的定量与定性研究（11BYY085）"和 2007 年教育部人文社会科学研究青年基金项目"现代汉语类词缀研究（项目批准号：07JC740016）"的成果。

要障碍。20世纪70、80年代,英语作为第二语言的习得研究已经表明,在各种类型的言语错误中,词汇错误是最严重的。就某一语料库的统计分析来看,词汇错误与语法错误的比例是3∶1。(Gass & Selinker,1994:270)

留学生在使用汉语时发生的词汇错误比语法错误多。但长期以来,在对外汉语教学中,比较重视语法教学,而在某种程度上却忽视了词汇教学的重要性,使得词汇研究和教学成为整个教学过程的薄弱环节。

在第二语言习得过程中,学习者由于缺乏语感并受到母语词汇知识的干扰,很容易产生词汇错误。词汇错误可包括失误(mistake)和偏误(error)两种类型。据英国应用语言学家Corder(1967),失误是指在某种情况下偶然产生的口误或笔误,这种错误不成系统,说话者一般能自己检查出来并加以纠正,是母语者或非母语者都会发生的。偏误是对目的语语言项目的正确形式或规则的偏离,这种错误自成系统,具有规律性,学习者难以自觉发现并纠正,因此常常会重复发生。[①]

偏误可以从多种角度进行分类,从语言要素的角度分为语音偏误、词汇偏误和语法偏误。本章将着重探讨词汇偏误。但我们认为,词的用法出现错误,表面上看是用词不当,实际上词的用法和语法是紧密联系的,所以语言学的本体研究中,即使研究词汇也讲究词汇和句法的"接口",本章虽然谈的是词汇偏误,但不可避免地涉及语法问题,比如词性的错误,语序的不当等,有时也涉及语音问题。如:

(1)＊我到别的国家的时候,刚刚下了飞机,我注意的第一个事情是<u>哪里的气味</u>。[②]

例(1)中,很明显,学生把"那里"误用成了"哪里",前者是指示代词,后者是疑问代词。另外,二者的字形、字音都比较相近,很容易混淆。

(2)＊过了<u>怎么</u>久它对我来说都一样很重要。

这个例子把"这么"误用成"怎么",一个是疑问代词,一个是指示代词,适用的句子语气不同,"怎么"是疑问语气,而"这么"是陈述语气。造成偏误的原因是语义和语音的混淆。

只要能真正分析出用词偏误的根源,可以将词汇分析和语法分析、语音分析结合起来。

二、汉语词语表达偏误的类型

词汇偏误是大量的,而且几乎是随着学习的开始就发生了。随着词汇量的增加,发生的词语偏误也越来越多。

我们在教学中,从学生的作文、综合课作业及口语交谈中获得了一些真实的语料,发现有

---

① 转引自高燕(2008)《对外汉语词汇教学》,上海:华东师范大学出版社,第135页。
② 这里的"＊"代表这个句子不能说,下文的"?"表明这个句子介于可说和不可说之间。

很多词语的用法"不符合中国人的习惯",分析这些错误,发现词语的偏误有一些共性的地方,也有个性的地方。

根据表现形式的不同,汉语词语表达的偏误可以分为多种类型。由于分析的角度不同,看待偏误的原因和类型也可能会有差异。高燕(2008)将汉语词汇偏误分为 18 种类型,张博(2008)将词汇偏误概括为三种类型:词语误用、自造词语、径用母语词。

本文针对汉语教学的实践,力求将一些第二语言学习者的常见偏误归类,将偏误分为语义偏误、搭配偏误、糅合偏误、韵律偏误、量词错误、语篇衔接偏误、汉外同形偏误等几种类型,进而探讨偏误分析的价值所在。

(一)语义偏误

留学生的作文、作业和口头表达中,很多词的语义表达存在问题,词的理性意义、感情色彩、语体色彩都可能存在问题,如:

(3)*我无比激动的心情向您递上这份求职信,非常感谢您在忙乱之中能阅览。

这里的"忙乱"应改为"百忙","忙乱"是贬义的,"百忙"是褒义的。

(4)*这一个月之间,我得到了形形色色的经验。(《我的留学生活》)

这里"形形色色"和"各种各样"弄混了,但为什么会发生这样的错误呢?查阅了《现代汉语词典》,发现对"形形色色"解释为:"形 状态词。各种各样。"这里词典的解释也诱导学生产生混用。通过对语料库的搜索和分析,发现"形形色色"多为贬义色彩,有少数是客观的"中性色彩"。在北京大学 CCL 语料库的检索中,发现直接有"各种各样的经验"的用例 3 条,"形形色色的经验"0 条。

(5)*女人节快乐!一分钟以后!

"女人节"应为"妇女节","女人"和"妇女"的语体色彩不同,"妇女"较"女人"正式,书面语体。

(6)*第一次看那么多的鞭炮,我兴奋地看那情景。

这里单音节动词"看"应为双音节词"看到"或"看见",表示"看"的结果。留学生对于"看到、听到"之类的动结式,由于母语中没有这种动结式的结构,运用得不太好,再如:

(7)*当我听我的小狗死的时候,我呆呆听着,我的妹妹哭了。

(二)搭配偏误

词语的搭配应该是在中高级阶段的汉语教学中特别重视的,当学生搭配正确时,常常有一种成就感,如果用错,老师也要善于分析。搭配偏误主要是词语和词语组合时产生的偏误,主要体现在动宾搭配不当、不及物动词带宾语偏误、定中搭配不当、主谓搭配不当、状中搭配不当、介宾搭配不当、词性偏误等方面,在这里一一列出。

1. 动宾不搭配

动词和宾语不搭配,如:

(8)昨天我参观了李老师。

"参观"后应接处所名词做宾语,而不能接指人的名词或人称代词。此句中的"参观"应为"看望"或"拜访",偏误的原因可能在于学习者将"参观"与英语的"visit"完全对应起来,产生了偏误。

(9)当他来家门口接海伦时,海伦就脱下眼镜。

此句中的"脱"应为"摘"。"脱"后的宾语常为表示衣物的名词,如"脱衣服"、"脱鞋";"摘"的宾语可以是戴着或挂着的东西,如"摘眼镜、摘手表、摘帽子"等。

(10)我敢说若贵公司采用本人的话,绝对不会后悔的。

这里"采用"后常接"方法、战术"等词,而"录用"后则可接"指人"的名词,如"录用"工作人员,所以"录用"后接名词有[+人]这一义素。

动词和宾语的搭配,是中高级阶段汉语教学的一个重点,学生也经常出现错误,教师应予以纠正和引导,如一爱尔兰学生说出这样的句子:

(11)我想减少我花钱的习惯。

例(11)中的"减少"和"习惯"不搭配,可以把"习惯"改为"数量",或者是修改动词,将"减少"改为"改变"。

2.不及物动词带宾语

汉语动词也有及物动词和不及物动词之分,留学生有时忽略了这一点,常出现不及物动词带宾语的错误。如:

(12)*我想趁年轻的时候,旅游很多地方。

"旅游"是不及物动词,后面不能带宾语,"游览"则可以。

(13)出去大门口看见很多人也在等着他们的亲戚朋友下机……

"出去"一般不会在后面直接带处所宾语,所以这句可改成"从大门口出去,看见很多人也在等着他们的亲戚朋友下机"。

(14)妈妈并没有给我们出生一个婴儿,但是那时候父母买了一只小狗拿它回家来。

"出生"是不及物动词,而作为"生养"的"生"是及物动词,此处应为"生"。另外,"婴儿"也应改为"孩子","生孩子"才是正确的动宾搭配。

汉语有些动词本身是动宾式复合词,是 VO 结构,如"见面、招手、唱歌、结婚、辞职、见面、毕业、满意"等,这种类型的动词后面一般不能带宾语,但留学生常在这一类动词的应用上犯错误,如:

(15)虽然他已经五次见面我,但是他仍然问他的朋友我是谁。

(16)我真佩服他唱的歌,因为他唱歌祖国,他唱甜言蜜语!

3.定中搭配不当

定语和中心语搭配不当,如:

(17)？我一生中最大的爱(作文题目)

询问这位保加利亚学生,她想表达的英文是"the biggest love","爱"的程度在汉语中是用"深浅"来表达,所以改为"我一生中最深的爱"。

留学生常在当用"日子"或"天"时误用"日",如:

(18)*第一次见面的日,那天我很忙我迟到一个小时,我对她不怎么感兴趣,但是我一见她就喜欢。

留学生还经常将"……的时候"用成"……的时",如:

(19)*我的同屋睡觉的时有很大的声音。

(20)*第二天的时,我们吃早饭以后去沙摸。

例(19)、(20)的定语和中心语用"的"连接时,后面的中心语应该是双音节词"时候"。另例(20)"沙漠"的"漠"写成了"摸"。一处偏误也可同时从多种角度进行分析,例(19)、(20)中把"……的时候"误用为"……的时",可以从定中搭配不当上去考虑,还可以从后面所提到的韵律角度上去分析。

4.主谓搭配不当

主语和谓语的顺序颠倒,如:

(21)*现在时间急了,他应该跑地去火车站。

"时间"可以说"紧张、很紧",但不能说"时间急了",可以说"某人急了"。

(22)*最近在我的生活中发生了很大的变化,在我心里悄悄地开了一扇小门。

例(22)缺主语,所以应该删除"在",改为"最近我的生活发生了很大的变化"。

5.状中搭配不当

状语和中心语的搭配也有偏误,如:

(23)*偶然我也会和朋友逛街。

这里的"偶然"应改为"偶尔",根据《1700对近义词语用法对比》,"偶尔"与"经常"相对,常用来做状语;"偶然"与"必然"相对,可以作状语,也可以作定语和补语。句子想表达的是"不经常"义,所以这里用"偶尔"比较合适。

6.介宾搭配不当

介词和宾语搭配不当,如:

(24)*老师说学生跟学校附近很熟悉。

例(24)中的"跟学校"应为"对学校",根据《现代汉语八百词》的解释,"对"有指示"动作的对象;朝;向"义,如"决不对困难低头";而"跟"做介词时,指示"与动作有关的对方。只跟指人的名词组合"。例(24)错误的原因在于把"跟+指人名词"这一规则泛化了。另外,产生这一偏误的原因还可能是汉英对译造成的,"对"英语可译为"toward;to";"跟"英语可译为"with;to;from;as"等,二者有重合之处。

(25)*我是2005年夏天认识你的。那时你对我留下了很深的印象。

例(25)中的"对"应改为"给",根据《现代汉语八百词》的解释,"给"做介词有"引进交付、传递的接受者"的意义。"给"的义项中有"交与,付出"义,而"对"则没有这一义项。

7. 词性误用

词性误用指把副词当做形容词用,把名词当成动词用,把形容词当动词用等,词性误用也可以引起搭配不当,如:

(26)老师也给我们纷纷的作业和各种各样的任务。

"纷纷"是副词,这里用得不妥当。学生不明白"纷纷"应该放在动词前,经过几次纠正后,学生还是有语序的问题,如"我们的活动8点开始。从7点纷纷朋友们来了",但是大多数同学能造出正确的句子。如"他发火的时候,我们纷纷离开他"。

(27)＊在第二次世界大战结局以后,冲绳成为美国的植民地,那个时候很多美国文化流到冲绳。

上例中"第二次世界大战"应该和动词"结束"搭配,而不能和名词"结局"搭配。另外,"殖民地"也写错了。

"发展"与"发达"是很多留学生用混的词,如:

(28)＊中国的经济很发展,这样发展下去,中国将成为世界经济强国。

(29)＊韩国首尔就是沿着汉江边发达的城市。

造成例(28)、(29)错误的原因可能是没认识到"发展"与"发达"的词性不一样,"发展"是动词,后可接"着、了、过"等动态助词或趋向补语;"发达"是形容词,可以受程度副词的修饰。

(三)糅合偏误

所谓糅合偏误,是把两种相关但又不能同时选择的语言形式糅合在一起形成的偏误。如:

(30)？我在一本杂志上看了一篇文章,说明的是好看的人更容易能找到工作,(这)让我大吃一惊。

"更容易"和"能"糅合在一起,反而造成了偏误,去掉"能"即可。

(31)？那个上司肯定会骂他,也可能会让他赶走。

"让他赶走"可以是两种句式的杂糅,一种是"让他走",还有一种是"赶他走",而这两种形式是不能糅合在一起的。

(32)？首尔到处有很多公园。

这里的"到处"和"很多"糅合在一起,实际上只用一个即可,换成"首尔到处有公园",或者"首尔有很多公园"就正确了。

(四)韵律偏误

韵律语言学的研究成果也可借鉴到第二语言教学中来,如"浇灌花、种植树"等双音节动词带单音节宾语的现象就不符合韵律,再如"他的腰累弯曲了"、"她的嗓子哭嘶哑了"中,单音节动词后带双音节补语的句子也不能说。如：

(33)？我们好像能制造最理想的社会似的热烈地谈了谈。

例(33)中，"热烈地"后应该带双音节词比较符合韵律，而且"谈了谈"口语色彩比较浓，和整个句子的语体风格不一致，所以将"热烈地谈了谈"改为"热烈地交谈"。

(34)？如果你已经有很好的女朋友，但，还没有求婚，正要准备的话，你可以坐汉江游船，表达你的心。

"表达你的心"可以换成"表达你的内心"，这样可以让韵律更协调。

(五)量词偏误

汉语的量词是一个教学重点，学生对于量词的准确把握实际上也在一定程度上反映了学生的语言水平。学生很容易将量词"个"泛化，如：

(35)*他有一双很大的棕色眼睛，一个尖尖的小鼻子，一个心形也红红的嘴，一个比较长也有一点卷的金头发。

(36)？胡志明会六个语言，其中有英语，法语，俄语，汉语等。

例(35)中"一个比较长也有一点卷的金头发"应改为"一头比较长也有一点卷的金头发"。例(36)中"六个语言"应改为"六种语言"。

留学生还在不需要使用量词时，使用了量词。有些抽象名词不能与量词搭配，如"妇女自古以来不是个完全的人格"，其中的量词"个"是冗余的，再如：

(37)？也可以说三星是个韩国的企业代表。

(六)语篇衔接偏误

关联词语是篇章衔接的一个重要手段，学生若能正确使用套合关联词语，整个语篇就会比较顺畅。下面例(38)是在语篇表达中注意了关联词语的应用的，整个语篇表达比较顺畅，只是有一处关联副词用得不妥当，如：

(38)*的确这个孩子给姐姐带来很多麻烦。不是姐姐养他养得不好，也不能说他是一个小皇帝，但是父母的话他一点儿也不想听，想做什么也做什么。

例(38)中的"想做什么也做什么"中的"也"改为"就"，表示"两件事紧接着发生"。

(七)汉外同形偏误

有的汉字文化圈的学生在汉语表达时径自使用母语中的汉字词，例如韩语词汇中，汉字词占一半以上，受此影响，韩国学习者的句中很容易发现由同形词造成的偏误：

(39)*给他们安眠药和镇静剂，不如消除他们对死亡的恐惧更加贤明。

(40)*韩国人不喜欢输入汽车。

例(39)中的"贤明"应改为"明智"，造成此偏误的原因是汉语的"明智"和"贤明"在韩语中

239

对应的都是"贤明"。例(40)中的"输入"相当于韩语中的"进口"义。

日语中也有与汉语书写形式相同的词,以日语为母语的汉语学习者也会发生汉日同形词方面的错误,如:

(41)＊我来中国以后,第一次经验北京的夏天。

(42)＊星期四我们有汉语试验。

日语的"经验"一词在意义和用法上大致对应于汉语的"经验"和"经历"两个词,因此日本学生常将经验用作"经历",如(41)例;日语的"试验"既有汉语"试验"义,还有汉语"考试"义,词的义项多于汉语,故造成例(42)的偏误。

三、针对偏误分析的教学策略

所谓偏误分析,就是发现第二语言学习者产生偏误的规律的过程,这包括偏误是怎样产生的,不同国别的学习者在不同的学习阶段会产生什么样的偏误等等。据鲁健骥(1993),偏误分析把第二语言学习者的偏误作为研究对象,它所关注的是学生所使用的目的语形式(实际是中介语)与目的语的规范形式之间的差距,以及造成这些差距的原因。

偏误分析可以说是认知心理学在语言学习理论中的反映,它能预测和解释学习难点,具有较强的预测力和解释力。比如"发展"和"发达","参观"和"访问"等。一般来说,一些共同性的偏误、某一国别或某一语种学生的共同偏误,可以预知和解释,而个别人的偏误就较难预知和解释,因为学生个人特质的不同造成的偏误原因比较难于发掘。所以说,偏误可以预知和解释,但不能预知和解释所有的偏误。

偏误分析是以认知心理学为基础的。认知心理学认为,语言习得的过程是学习者不断地组织完善其语言形式与语言规则的过程。学习者根据对语言的不完全观察去归纳某些规则,然后再运用这些规则来创造性地使用语言。在这一过程中,他们要不断地对输入的语言素材进行推理假设,然后去试验,经过试验发现偏误,再修正他的假设,再试验,再找出偏误,再修正。如此循环往复,他的假设不断接近第二语言的标准形式。由此可见,在课堂上,学生的假设本身就包含了存在偏误的可能性,在他的试验中出现偏误是难免的。因此,在教学策略上,教师应对学生的偏误持宽容态度,并帮助学生修正偏误。

分析词汇偏误的表现,比如是词语搭配的偏误,还是量词的偏误、语篇衔接的偏误,都有助于教师采取适当的教学策略,比如在学习"长途"一词时,学生仿照"long distance relationship"造出中文短语"长途关系",经纠正后,学生不再使用这一搭配,考试时出现了"长途电话"的正确搭配。由于很多语言中没有量词,所以学生经常出现量词的偏误,教师对量词给予足够的重视后,甚至在考题中出现这样的题型后,学生也能渐渐重视这个问题。

偏误是第二语言学习不可避免的,如何对待偏误,如何利用偏误使学习者不断克服错误而趋近目的语也是对外汉语教学的一个重要任务。教师应该对偏误比较重视,搜集学生的偏误,并加以整理和归纳,在教学中对典型偏误进行重点讲解,避免偏误的继续。比如教学中发现"离合词"的偏误,学生经常出现,于是做归类分析,学生便会有所警觉。还有的学生经常出现语序的错误,纠正后学生会自觉地意识到这个问题,便于学生掌握一些词语的用法,培养学生的语感。

参考文献:

高　燕(2008)《对外汉语词汇教学》,上海:华东师范大学出版社。
鲁健骥(1993)中介语研究中的几个问题,载《对外汉语教学思考集》,1999,北京:北京语言大学出版社。
张　博(2008)《基于中介语语料库的汉语词汇专题研究》,北京:北京大学出版社。

作者简介:

曾立英,女,中央民族大学国际教育学院副教授,主要从事国际汉语教学和语言学理论的研究。

齐沪扬主编《现代汉语语气成分用法词典》由商务印书馆出版

ISBN 978-7-100-07144-4　大32开　42元

　　该词典收入与汉语语气表达相关的语气助词、助动词、语气词和叹词共303条,着重描写语气成分的句法属性和语义属性,尤其提供一定的规范用例。各词条的意义和用法按照释义、语气功能、句中位置、连用、重叠、辨析、注意、区别等顺序进行诠释。同时,考虑到留学生的使用特点,该词典用词控制在HSK词汇大纲8 800词范围之内。

中级阶段留学生书面语篇表达偏误考察

张 璟

内容提要：中级阶段留学生语言能力的训练重点是语篇表达。在学生的书面语篇习作中存在许多表达上的偏误，影响了衔接和连贯。本文对133篇学生习作中的偏误进行考察，归纳和统计出这一阶段语篇表达上的偏误类型、偏误数量及各类型在所有语篇表达偏误中所占的比例，然后讨论分析中级阶段混合班学生偏误率比较高的语篇表达偏误类型及其原因，从而确定语篇表达教学的重点、难点及教学对策。

关 键 词：中级汉语；语篇表达；偏误

An Investigation of Discourse Errors in Written Chinese by L2 Learners at the Intermediate Level

Zhang Jing

Abstract: This article has conducted a comprehensive investigation on discourse errors in written Chinese by L2 learners, through a deep analysis of 133 compositions of L2 learners. It has sorted out types and numbers of these errors and further the portion of each error type. The origins of frequent error types have also been explored and further pedagogical suggestions have been made.

Key words: Intermediate stage; Discourse expression; Error

一、引言

本文所说的语篇是指"一段有意义的、传达完整信息、逻辑连贯、语言衔接、具有一定交际目的和功能的语言单位或交际事件"(刘辰诞,1999)，在形式上可以是口头的，也可以是书面的。中级阶段留学生语言能力的训练重点是语篇表达，即成段表达，这是他们学习中的一个重要任务。要完成好这个任务并达到较高水平并非易事,在学生的表达中除了小句层面的词汇语法偏误外,还存在着许多语篇层面的表达偏误,影响了衔接和连贯。这些偏误会在书面语篇习作中保留和呈现,因此我们有必要对这种书面语篇的表达偏误进行深入的研究。近年来已有一些研究者归纳出留学生书面语篇中主要的衔接偏误,如指称偏误:指称不明确、错误指称和缺少指称;替代偏误:替代不明、错误替代和缺少替代;重复偏误:缺少重复和滥用重复;连接偏误:关联成分缺失、误用和冗余等。然而大家的分类角度不尽相同,有些分类略显笼统,而且现在我们并不了解中级阶段书面语篇中究竟哪些语篇层面的表达偏误发生频率比较高,其他易出现的偏误还有哪些等。因此我们拟对近几个学期留学生(混合编班)的书面语篇习作做一个调查分析,希望能为语篇教学的重点和难点提供依据,并为语篇知识教学和语篇表达训练提供有针对性的建议。

二、研究方法

(一)基本研究思路

搜集中级班(混合编班)留学生的书面语篇习作,对每篇习作出现的语篇层面的表达偏误进行穷尽式的调查,归纳、统计偏误的类型、数量及各类型在所有语篇表达偏误中所占的比例,然后讨论分析中级阶段(混合班)主要的偏误率比较高的语篇表达偏误类型,确定针对这种混合班语篇表达教学的重点、难点、原因及教学对策。

(二)语料的搜集

我们搜集了中级阶段近四届同班次部分留学生的作业共133篇。学生分别来自法国、意大利、捷克、挪威、美国、澳大利亚、英国、爱尔兰、俄罗斯、吉尔吉斯斯坦、蒙古、韩国、日本、泰国,其中韩、日、法、美等国人数较多,分别是13、12、8和3人,其余国家人数均在1—2人。语料中的语篇类型包括介绍性叙述、叙事(包括对话描述和情景描述)、景物描述等。

(三)考察的范围

主要考察习作中明显影响句间组合衔接的偏误,小句内部的词汇语法偏误、语篇连贯以及宏观结构方面的问题不在本次考察之列。另外本次调查主要关注衔接形式上的顺畅与表达的合法性,未考虑词汇衔接。

(四)考察的单位

我们观察研究语篇偏误的最小单位是小句。因为小句是语篇中最小的表述单位,两个或两个以上的小句构成了上一级的表述单位"句组"。句组少则两个小句,多则到段,甚至是一个独立语篇,因此句组包括复句和句群,它们都可以看成是由小句连接而成的。所以小句就是语篇中基本的动态单位,包括通常所说的单句和分句。我们主要观察小句之间在排列组合表达意义时出现的偏误。

三、考察结果

(一)偏误类型及分析

在133篇习作中,我们共发现了513个属于语篇言语表达范畴的偏误,根据偏误的形式、原因和性质可归纳为以下类型:

1.关联词语缺失

我们这里所说的关联词语包括时间关联成分和起连接、承接作用的连词、副词、短语等逻辑联系语。关联词语缺失是各国学生普遍存在的偏误。缺失较多的关联词有"虽然"、"但"、"而"、"却"、"还是"、"就"、"于是"、"然后"、"也"等。[①]

(1)当时虽然很忙,我对自己说,我肯定受得了一边打工一边上学[的压力]。再说,我对修汽车[很]感兴趣。还有呢,我的老朋友在那个公司工作。

(2)虽然现在[我的]汉语运用得也不太自如,但是刚到北京时我的汉语水平尤其是听力差。

(3)从第一天[打交道起],跟他的矛盾就一点一点地堆积,所以有机会了,我就把不满全发泄出来了。

例(1)的第二小句前缺少关联词"但",削弱了转折关系,导致句间关系松散;第三小句至第五小句本意是要陈述三个理由,但第五小句缺少关联词"也",削弱了与前面小句间的语义联系,而产生要报告新信息和话未说完的错觉。应改为"当时虽然很忙,但我对自己说,我肯定受得了一边打工一边上学[的压力]。再说,我对修汽车[很]感兴趣。还有呢,我的老朋友也在那个公司工作"。该语篇作者母语是英语,用英语表达同样意思时是不需要这样的关联词的,故此偏误属于语际偏误。

例(2)中第一、二小句间关系为让步比较关系,但第二小句中因缺少关联词"更"而使比较关系未得到凸显。应该说"刚到北京时我的汉语水平尤其是听力更差"。

例(3)第二、三小句内容有先后顺序,矛盾堆积在前,发泄不满在后。但第三小句前缺少时间关联词,所以不能指明是什么时候"有机会了"。应加上"现在",即"现在有机会了……"

2.关联词语误用或冗余

[①] 例句中的[ ]中为习作原文中遗漏的内容;带下划线的为冗余或误用的内容。

这种偏误也普遍分布于所有学生中。习作中用错较多的关联词有"也"、"而"、"再说"等，常被误用为其他词的有"而且"、"并且"、"后来"等。

(4)那个时候我真的不想去，但是我很好奇[,]所以最后也决定去了。

(5)如果有人想一辈子住在现在的地方，可是房地产公司却要[在那里]修建新大楼。

例(4)的"也"误用。第三小句与第一小句在语义上有让步关系，用"还是"比较恰当，而"也"在这里只能表现为并列关系，所以应改为"最后还是决定去了。"

例(5)的两句是转折关系，所以"如果"冗余。

3. 做话题主语的指称缺失

汉语小句的结构是话题结构，赵元任说："主语就是名副其实的主题，谓语就是说话人对主题的解释"(聂仁发，2009)。因此汉语里的主语不单纯是小句里的结构成分，还是语篇中谈论的对象，具有控制表达内容和内容理解上的向导作用。一般来说，在一个话题链中，当几个小句同指一个话题时，指称词语就不宜频繁出现，否则就显得冗余，导致句间关系松散。当话题转换，特别是不再回指前文中的话题时，指称词语就应当及时出现，否则就造成缺失，影响衔接。这类偏误主要分布于韩、日、美、欧、俄等国家和地区学生中。

(6)我们最后去了白园，有唐代诗人白居易的墓。一进[去]就感觉好像来[到]了世外桃源，整齐地铺着石板，两边种着又高又瘦的竹子。

(7)"曲白色"(这是我父亲给它起的名)只听父亲的话，在别人[面前]却是[一副被]宠坏的[样子]。从小[就]非常热情天真，无论做什么游戏都全力以赴。

例(6)中有四次话题转换。第一小句话题是"我们"，谈论"我们"的活动；第二小句话题转为"白园"，说明白园的情况；第三小句话题转回"我们"，谈论"我们"进白园后的第一印象；随着目光的移动，第四小句话题转为"路上"，描述路的外观；第五小句则转为"两边"，描述两边的景物。由此发现，在第二、三、第四小句前面各少一个作话题的指称。第二、四小句有明显缺失感，原因是这两小句的话题都不回指前句话题，又没有出现明确的指称词语，所以衔接受阻。第二小句前可加上代词指称"那里"，回指"白园"；第四小句前可加上名词指称"路上"。第三小句零形式话题并没有缺失感，因为"进去、感觉"很容易与前面的"我们"建立语义联系，并且零形式也能很容易回指首句话题，所以衔接顺畅。

例(7)包含两个意义层次。以第三小句为界，前面叙述"曲白色"对不同人的态度，后面叙述它的个性特点。第三小句作为第二个意义层次的开始，需要出现话题指称词语来引领表达，而这里的零形式造成了缺失感。另外，零形式过强的回指性使第三小句与前句联系太紧，这与新意义层次对适度距离的需求产生矛盾，因而也影响衔接。应用代词"它"指称话题，这样既可以回指前文的"曲白色"，又可以使前后文之间保持"松紧"适度的关系。

4. 作话题主语的指称冗余

主要分布于法、美、日等国学生中。前两者主要是受母语因素影响，后者可能由于过度监控所致。

(8)我以前没学过汉语,我对汉语一窍不通。

(9)我心灰意冷地看着桌子上乱放的文件,我先忧郁地回忆[起]过去的两年……

上面两例都是平行式话题链,两个小句话题相同,小句间关系紧密,续句话题用零形式即可,所以第二个"我"显得冗余。这种冗余致使句间关系松散,影响了衔接的顺畅性。

5.名词和代词指称选择偏误

在习作中一般表现为代词形式滥用,主要包括以下两种情况:①段首作话题主语的指称误用代词形式,导致主题不明确。在语篇中,话题指称形式的选择要遵循梯度原则,一般"语境依赖度低、回指能力弱的先出现,语境依赖度高、回指能力强的后出现",它们之间遵循以下梯度:名词形式 > 代词形式 > 零形式(">"表示先于)(聂仁发,2009)。其中,名词形式信息量大、语境依赖度低,作话题时有引进句组的主题、划分句组层次的作用;代词形式比名词信息量小,语境依赖度高,除文学化表述的特殊需要外,一般不用来引入句组主题;但代词形式出现在零形式话题后时,也有划分层次的作用。因此一个句组特别是一个自然段的开始部分,若非特殊需要,话题一般不宜采用代词形式,而应采用名词形式。②滥用人称指示代词"它/他/她"等指称不同人物,导致语义层次不清或指称不明。描述叙事场景特别是带对话场景时,情景的发展转换是有层次的,对话角色的交替情况也要交代清楚,如果只用代词"它、他、她"指称不同人物,话题梯度就呈现为"代词 > 代词 > 代词",没有梯度差别,不利于划分语义层次。而且如果转成口头叙述,会导致指称不明。这类偏误主要分布于韩、日学生中。

(10)他讲的[虽然]是日常生活中发生的小事,可是菲佳的关怀温暖了马克思的心……

(11)到了青丘下的破树屋前,它一看就讥笑说[:]"谁会住在这种鬼地方!"那时,他把握紧的双手按在腰上说那个鬼地方[就]是他的家。他说完就阔步走过去。它边跟在他屁股后头走边献媚地夸他的家真是小巧可爱。

例(10)是一个自然段的开头,代词"他"作为引进句组主题的话题不恰当。而且本段话题梯度为"代词形式 > 名词形式",显然背离梯度原则,不符合汉语习惯。应改为"马克思讲的[虽然]是日常生活中发生的小事,可是菲佳的关怀温暖了他的心……"

例(11)是一个自然段的开头及后续句,分别用"它"、"他"指称"驴子"、"史莱克"。段首不应用代词形式"它"来引入句组主题,应改为"驴子"。整个部分的话题梯度呈现为"代词 > 代词 > 代词 > 代词",没有梯度差别,读起来单调缺乏层次,口头朗读时还会导致指称不明。因此第四、六小句的"他"、"它"应分别改为"史莱克"和"驴子"。

6.名词性指称的定语成分缺失或冗余

名词性成分具有指称性质。其指称性质"除了与其表现形式有关以外,还决定于该成分所带定语的性质","一般性定语成分,限定性越强、越具体,该名词性成分的定指性越强"(聂仁发,2009)。在语篇中,表达者通常根据自己的表达意图把名词性成分处理成定指、不定指或无指。定指是表达者、接受者双方都已知道的概念表现形式,不定指是表达者已知而接受者未知的表现形式。定指和不定指都是有指。无指是表达者未知的表现形式。留学生有时对名词性指称成分处理不当,会出现定语成分缺失或冗余的情况,导致指称性质混淆。此偏误分布于日、韩、法、俄、吉尔吉斯斯坦等国学生中。

(12)有一天,李志敏和他的女朋友在公园玩。因为他们见面[是在]期中考试以后,所以比以前玩得更开心。但是突然他们发现了晕倒的老人。……李金声[还有点]神志不清,迷迷糊糊的,所以公园负责人扶着他去了管理处。他们[这]才放心。

(13)……恰巧路过的两个管理员发现了他们……女管理员让另一个男管理员看[看]口袋里有没有药。管理员找到了一张联系卡。

(14)这些房子都是木头盖的,在门的旁边挂着一个牌子,上面写着房子的名字。

例(12)、(13)由前后文语境可知,"见面"、"他们"、"管理员"本应为"这次见面"、"李志敏他们"、"男管理员",是定指的;"晕倒的老人"本应为"一位晕倒的老人",是不定指的。由于缺少定语成分"这次"、"李志敏"、"男"、"一位",使定指的变为不定指的,不定指的变为定指的,导致指称性质混淆,甚至指称不明。

另外,由前文语境可知例(13)中有两位管理员,一男一女;例(14)中有一些房子。"另一个男管理员"本应为其中的"男管理员",是定指的;"一块牌子"本应为每个房子各自的"牌子",是无指的。但由于出现冗余的定语成分"另一个"、"一个",造成指称性质混淆,使定指变成了不定指,无指变成了不定指,使人产生有两个男管理员和很多房子挂一块牌子的误解。

7. 指称错误

我们这里所说的指称错误指选择的指称词语不恰当。习作中这类偏误多为指示指称词语"这/那"、"这么/那么"、"这儿/那儿"、"这时/那时"之间的误用。此类偏误多分布于韩、法、美等国学生中,日、俄、吉也有少量分布。

前例(11)……它(驴子)一看就讥笑说[:]"谁会住在这种鬼地方!"那时,他(史莱克)把握紧的双手按在腰上说那个鬼地方[就]是他的家。

(15)要是你不亲眼看到这个地方,就不[会]相信那样的地方真的存在。

例(14)中"时"指驴子刚说完"谁会住在这种鬼地方"的这个时候而不是别的什么时候,表述者的心理距离应该是比较近的,所以应改为"这时"。

例(15)出自留学生描述家乡某地的语篇。因为人不在当地,所以心理上有一定距离感,所以"那样的地方"更符合作者心境。而"这个地方"说法显然矛盾,应改为"那个地方"。

8. 指称不明

很多情况都会造成指称不明,这里我们专指一种单纯的情况,即指称词语的指称对象不明确,回指困难。此偏误在韩、日、法、吉、俄国学生中有分布,前者数量稍多。

(16)驴子心里别有企图[,]所以对史莱克巴结地说[:"]这儿真好,你真有相当不错的眼光[。"]史莱克没有回应[,看起来]有点生气。可是他毫无惧色地接着说……

(17)我们俩回想起7日早晨的情景,我们做了[一件]不该做的事:他帮我们买票时,我们应该自己买或确认发车日期和时间。

这两例中的"他"都指称不明确。例(16)中的"他"不易找出回指对象,是"史莱克"还是"驴子"？例(17)这段话中没有"他"的回指对象,要到更前面的句组中去找。

9. 缺少指称

这类偏误数量很少,分布情况也不太典型,在美、韩、日、吉、挪威等国学生习作中偶有见到。

(18)在许多[风景]美丽的地方,通常游客很多,但是这儿(我们那儿)并不是这样的地方(这样)。

根据语境,第三小句与前文有比较关系,但由于"许多美丽的地方"缺少比较指称词语"其他",所以未凸显这种比较关系。应改为"在其他许多美丽的地方"。

10. 缺少替代省略和错误替代

替代是为了避免重复而用替代形式替换上下文小句中的某个基本结构成分,它可以是一个名词性成分、动词性成分甚至小句。替代形式必须能够反映前后文中替代对象的概念内涵,否则错误的替代会造成接受者不能顺利地把它跟上下文中的替代对象联系起来,导致衔接不畅。省略指篇章句子或小句中一些基本结构成分的缺省,Halliday将其称作零位替代,其目的也是避免重复。表达者认为所省略的部分在前后语境中已经明了,不必再提出。此偏误主要分布在美、法、韩、日等国学生中。

(19)走那条路就到停车场,坐车需要十分钟。如果你着急的话,我[可以]把你送到停车场。

(20)有的人居然爬到那个雕像上去了！可是[那其实]是一个喷水池,所以石头很滑。我一看他们[,]就觉得他们疯了,[这]是一个多么危险的行为！

(21)看足球比赛时,朋友们可以一起共享[欢乐],但是我害怕很多球迷不能控制他们。

例(19)的第二个"停车场"重复,可以替代,也可以省略,可改为"送到那儿"或"送去"。例(20)中"我一看"的宾语应指第一小句"有的人居然爬到那个雕像上去了",所以替代词"他们"显然涵盖不全,应改为"他们这样"。例(21)中"他们"指称不明,实际上根源是未用替代词"自己",应改为"不能控制自己"或"不能控制他们自己"。

11. 复句误用为单句

除衔接外我们还发现了此类偏误,它与句法选择有关,即超句形式被误用为单句,其实也属于语篇层面的偏误。这种偏误多出现在几个欧美学生的习作中,而且多数涉及"和"的使用,与母语的负迁移有关。

(22)他们常常大声地呐喊和全身穿的[都是自己喜欢的]美国足球队[队服]的颜色。

(23)不知不觉间我学到了尊重个头很小的虫子。

例(22)将两个平行式小句杂糅在一起,这是因为作者误将其母语英语里可作关联词的and与汉语的非关联词"和"混淆造成的。应改为"他们常常大声地呐喊,并且全身穿的[都是自己喜欢的]美国足球队[队服]的颜色"。例(23)说的是作者通过养蚂蚁得到的感悟。根据原文,作者本意为"不知不觉间我学到了对生命的尊重,即使是个头很小的虫子",而实际选择的表达形式却是单句,没有断句和使用关联词语,意思便谬之千里。

(二)偏误数量和比例

表1

类别	偏误	数量	比例	比例合计
逻辑联系语	关联词语缺失	216	42.1%	52.6%
	关联词语误用或冗余	54	10.5%	
指称	话题主语的指称缺失	45	8.8%	40.5%
	话题主语的指称冗余	36	7%	
	名词和代词指称形式选择错误	31	6%	
	名词性指称的定语成分缺失或冗余	48	9.4%	
	指称错误	25	4.9%	
	指称不明	15	2.9%	
	缺少指称	8	1.6%	
省略替代	缺少替代省略和错误替代	21	4.1%	4.1%
句式选择	复句误用为单句	14	2.7%	2.7%
合计	—	513	—	—

根据上表,各类别的比例由高到低依次为:逻辑联系语偏误、指称偏误、省略替代偏误、句式选择偏误。关联词语缺失是数量绝对多的偏误,单此一项就占全部偏误的42.1%。逻辑联系语和指称偏误数量分别是270个和208个,分别占52.6%和40.5%。这两大类共占全部偏误的93.1%,其中逻辑联系语偏误比例大于指称偏误。

根据表中数据,各偏误类型的比例从高到低的排序为:关联词语缺失>关联词语误用或冗余>名词性指称的定语成分缺失或冗余>做话题主语的指称词语缺失>做话题主语的指称词语冗余>名词和代词指称形式选择错误>指称错误>缺少替代省略和错误替代>指称不明>复句误用为单句>缺少指称。

(三)各国学生的偏误数量

表2

偏误	韩国[13人]	日本[12人]	法国[8人]	美国[3人]
关联词语缺失	56 /4.3	39 /3.25	38 /4.75	23 /7.7
关联词语误用或冗余	10 /0.77	14 /1.17	7 /0.88	5 /1.7
话题主语的指称缺失	19 /1.46	4 /0.33	3 /0.38	6 /2

(续表)

话题主语的指称冗余	—	6 /0.5	18 /2.25	10 /3.33
名词和代词指称形式选择错误	15 /1.15	11 /0.92	3 /0.38	—
名词性指称的定语成分缺失或冗余	9 /0.69	14 /1.17	7 /0.88	1 /0.33
指称错误	10 /0.77	2 /0.17	6 /0.75	5 /1.67
指称不明	6 /0.46	3 /0.25	2 /0.25	—
缺少指称	2 /0.15	2 /0.17	—	2 /0.67
缺少替代省略和错误替代	6 /0.46	3 /0.25	5 /0.63	6 /2
复句误用为单句	2 /0.15	3 /0.25	—	5 /1.67

我们的调查涉及15个国家的学生,但只有韩、日、法、美等国人数较多,其余国家人数均在1—2人。因此这里我们只统计了韩、日、法、美四国学生的偏误情况。表2中每一列左边的数字为偏误个数,右边的数字为人均偏误个数。"—"表示没有此类偏误。

表2显示:关联词语缺失、误用和冗余是四国学生普遍存在的偏误。法、美学生的话题主语的指称冗余偏误明显多于韩、日学生,韩、日学生的名词和代词指称形式选择错误明显多于法、美学生。从人均偏误数量分析,在四国学生中,韩国学生的名词和代词指称形式选择错误、指称不明偏误最多;日本学生的名词性指称的定语成分缺失或冗余偏误最多;美国学生的关联词语缺失、关联词语误用和冗余、话题主语的指称缺失、话题主语的指称冗余、指称错误、缺少指称、缺少替代省略和错误替代、复句误用为单句等偏误都是最多的,但这可能与美国学生数量少,偏误集中于个别人有关。所以此统计仅供参考。

四、分析

(一)发生频率较高的偏误类型

我们的统计显示,逻辑联系语和指称偏误共占全部偏误的93.1%,表明这两类偏误是中级阶段书面语篇中的主要表达偏误。

在逻辑联系语偏误中,关联词语缺失占绝对多数,达到此类偏误总数的80%,并占全部偏误的42.1%,且分布于各国学生中,说明此偏误是逻辑联系语及所有偏误中数量最多、最普遍的一种类型。另外关联词语的误用和冗余偏误也有相当数量,共54个,占全部偏误的10.5%,高于任何单项指称偏误,并且也分布于所有学生中,因此它也是一种主要的类型。

在指称偏误中,没有一个在数量上占绝对优势的类型,但有4种类型数量较多:名词性指称的定语成分缺失或冗余、话题主语的指称缺省、话题主语的指称冗余、名词和代词指称形式选择错误。它们之间的数量和比例相差不多,四项共计 160 个,占指称偏误的 76.9%。一个值得注意的情况是,话题主语的指称缺失和冗余两项偏误总计 81 个,总比例占指称偏误的 38.9%,占全部偏误的 15.8%,高于关联词语的误用和冗余偏误数量,并且名词和代词指称形式选择错误中大多数也属于"段首话题主语的指称误用为代词",也是话题主语的指称偏误,说明话题主语的指称偏误是书面语篇表达中很主要的、必须重视的一类偏误。

(二)各国学生的主要偏误类型

这里我们主要讨论韩、日、法、美四国学生的情况。

韩国学生的主要偏误类型为:关联词语缺失、话题主语的指称缺失、名词和代词指称形式选择错误、指称错误、关联词语误用和冗余、名词性指称的定语成分缺失、指称不明、缺少省略替代和错误替代。名词和代词指称形式选择错误是较之其他三国更突出的偏误。

日本学生的主要偏误类型为:关联词语缺失、关联词语误用和冗余、名词性指称的定语成分缺失或冗余、名词和代词指称形式选择错误、话题主语的指称冗余。定语成分缺失或冗余是其较之其他三国更突出的偏误。

法国学生的主要偏误类型为:逻辑联系语缺失、话题主语的指称冗余、逻辑联系语误用和冗余、名词性指称的定语成分缺失、指称错误、缺少省略替代。

美国学生的主要偏误类型为:关联词语缺失、话题主语的指称冗余、话题主语的指称缺失、缺少省略替代、关联词语误用和冗余、指称错误、复句误用为单句、缺少指称。其中复句误用为单句是其比较独特的偏误。

以上分析的每项主要偏误都是人均 0.5 个以上(含)的偏误。

另外,由表 2 还可发现不同地区的偏误特点:法、美学生话题主语的指称冗余偏误比韩、日学生多,韩、日学生名词和代词指称形式选择错误比法、美学生多。

(三)造成偏误的因素

1. 母语因素影响

主要表现在学生根据母语把一个意思直接转换成汉语或根据母语省略一个汉语词语,从而造成偏误。大多数偏误的形成都有这种因素。如①关联词语缺失,例(1):当时虽然很忙,[但]我对自己说,我肯定受得了一边打工一边上学[的压力]。再说,我对修汽车[很]感兴趣。还有呢,我的老朋友[也]在那个公司工作。第五小句中缺省"也"就是因为用英语表达时不需要。②指称错误(韩、法、美学生居多),如例(11):它(驴子)一看就讥笑说[:]"谁会住在这种鬼地方!"那时,他(史莱克)把握紧的双手按在腰上说那个鬼地方[就]是他的家。学生选择"那时"多半是因为不了解汉语的思维习惯而直接把英语的 at that time 转化成汉语"那时"造成的。③缺少指称,如例(18):在[其他]许多[风景]美丽的地方,通常游客很多,但是<u>这儿</u>(我们那儿)并不是<u>这样</u>的地方(这样)。第一小句前缺少指称比较对象的词语"其他",而用英语表达时不需要。④复句误用为单句,主要分布于几个欧美学生,如例(22):他们常常大声地呐喊和全身穿的[都是]美国[各]足球队[队服]的颜色。把 and 翻译成了"和"。

另外,法、美学生话题主语的指称冗余偏误明显多于韩、日学生,韩、日学生的名词和代词指称形式选择错误明显多于法、美学生,这与母语的影响不无关系。

2. 发展因素的影响

主要表现在学生语篇知识缺乏,不能够适时地、正确地使用、添加或省略某个成分。如关联词语缺失,例:当时虽然很忙,[但]我对自己说,我肯定受得了一边打工一边上学[的压力]。再说,我对修汽车[很]感兴趣。还有呢,我的老朋友[也]在那个公司工作。第五小句中缺省"也"一方面是因为母语表达时不需要,另一方面是因为不了解这里用"也"可以加强第五小句与前面各小句间的语义关系。

除母语因素外,以下偏误的另一重要原因也是语篇知识缺乏。①关联词语缺失:对关联词语知识了解少,或不能准确把握汉语的句间关系;②话题主语的指称缺失偏误:不熟悉汉语话题推进的方式,注意不到小句话题的转换,以及做话题的指称词语对引入句组主题的作用(见例 6、7);③话题主语的指称冗余:不了解汉语话题链平行式规律(见例 8、9);④名词和代词指称形式选择错误:不了解话题形式选择的梯度原则及名词、代词划分语义层次的作用(见例10、11);⑤指称错误:不了解汉语关于近指和远指的思维方式(见例 14、15);⑥缺少指称:不了解句间关系(见例 18)。

3. 语内因素的影响

语内因素即目的语知识的影响。如①关联词语误用和冗余,例:那里的景象好像是个失却阳光的世界,有时候让我心情沉重。再说那个地方人们说话又激烈又泼辣,常常让我感到疲惫。"再说"应改为"而且"。二者虽都表示递进关系,但前者多用于议论性语篇,用来阐述理由,一般不用于介绍性叙述和景象描述。此偏误属于规则应用不完全。②名词性指称的定语成分缺失或冗余,如例(13):恰巧路过的两个管理员发现了他们……女管理员让另一个男管理员看[看]口袋里有没有药。定语成分"另一个"冗余可能是由于对"一量名"规则过度使用。③话题主语的指称词语冗余,日本学生此类偏误也有一定数量,与其母语爱省略主语的习惯正相反,可能是过度监控所致。

五、结论

逻辑联系语和指称偏误是中级阶段书面语篇中的主要表达偏误。其中关联词语缺省、关联词语误用或冗余、名词性指称的定语成分缺失或冗余、话题主语的指称缺省、话题主语的指称冗余、名词和代词指称形式选择错误等偏误比较多。这些都是语篇教学中要注意的难点和重点。

各类偏误的主要原因是受母语因素、发展难度因素和语内因素影响。其中发展难度因素的影响应引起我们的高度关注,因为很多类型的偏误都与学生语篇知识的缺乏有关。

在中级阶段的教学中,教师本身需要加强语篇意识,教学内容应逐步从对单句的结构介绍、语义理解和单句输出扩展到对句群的句间关系及衔接手段的介绍、语义理解和语篇输出。在讲解语言知识时应考虑到某些词汇、语法或构式的语篇功能。如"于是""至于""拿……来说"及存现句等。在对学生的语篇表达进行评价和纠偏时应观察发现那些语篇层面的偏误。一些看起来不经意的"小错误"往往暴露出学生语篇知识和技能上的问题。比如少一个"我"或多一个"我",少一个"就"字,错用一个"他"或"还"等。我们要介绍相关语篇知识,引导学生站在语篇的高度了解偏误的深层原因及其对语篇理解和语篇衔接的影响,帮助他们逐步建立汉语的语篇意识和思维。另外,最重要的是应通过设计练习和任务使学生得到体验和实践的机会。

语篇知识的介绍和书面语篇表达训练主要依靠综合课实现,但句间关系及逻辑联系语的教学与指称、省略和替代的教学要分层分步进行。前者可以在语篇表达任务前讲解和训练,在任务后检查和纠正。比如在综合课大纲中结合每课内容加入其所涉及的句间关系和逻辑联系语知识,并进行有序的系统的归纳,让学生接触尽可能多的基本的关系类型和最常用的逻辑联系语,为输出建立基本句子组合框架提供支持。后者则可以在语篇表达任务中或任务后进行。比如布置表达任务后可以发给每个学生一张"自我检查程序表",以问题的形式提示学生:有的句子是否缺少主语、有的句子主语是否多余、有的句子里"他/她/它"是否指示不太明确、句子里有没有不必要的重复等等。在语篇表达任务后评价和纠正偏误时,可以结合具体偏误有针对性地介绍汉语话题推进的方式、话题对引入句组主题的作用、话题形式选择的梯度原则及名词、代词划分语义层次的作用、汉语省略替代的习惯等知识。这样可以使学生在体验、反思中提高语篇表达的质量。

参考文献:

李炜东、胡秀梅(2006)中级汉语学生的语篇衔接偏误分析,《语言文字应用》第2期。
刘辰诞(1999)《教学篇章语言学》,上海:上海外语教育出版社。
刘俊玲(2005)留学生作文中的篇章偏误类型,北京:《语言文字应用》第1期。
鲁忠义、彭聃龄(2003)《语篇理解研究》,北京:北京语言大学出版社。
栾育青(2004)留学生作文中篇章衔接上的偏误,载《北京地区第三届对外汉语教学学术研讨会论文选》,北京:北京大学出版社。
聂仁发(2009)《现代汉语语篇研究》,杭州:浙江大学出版社。
邢福义(2003)《汉语复句研究》,北京:商务印书馆。
赵成新(2005)外国留学生汉语语篇衔接方式偏误分析,浙江临海:《台州学院学报》第2期。
赵成新(2005)留学生汉语语篇衔接偏误目的语因素考察,河南周口:《周口师范学院学报》第4期。

作者简介:

张璟,女,中央民族大学国际教育学院讲师,主要研究方向为对外汉语教学语法、教学法。

电脑网络工具能否替代人工操练
——电脑辅助下个别自助式练习收效初探

〔美国〕张霓

内容提要：本文就电脑辅助方式替代教师进行听说操练的合理性及可行性进行探讨，并报告初步教学尝试的结果。为进一步了解电脑网络方式对辅助词句结构听说练习的有效性，笔者在初级中文班上尝试让部分学生通过笔者设计的 PPT，Flash 动画以及 Quia 网络测试工具进行自助练习，以替代普通的听说练习课。学生反馈及实际表现表明，这样的替代方式在很大程度上可达到一般听说练习课的预期目标，而在某些方面甚至超过一般听说练习课的实际收效。在后测中，选择自助方式的学生在作文质量和某些重点结构的掌握上超过了选择普通听说课的学生。笔者发现多种媒体及多种学练方式有助于目标结构和语言技能的获得，建议对电脑网络辅助的自助学练方式和成效做进一步研究，并对现代技术加以充分利用。

关 键 词：电脑辅助；自助式学习；学习者需求；语言结构习得；听说课设计

Effectiveness of Computer Assisted Language Learning
—Can the Computer Substitute for the Traditional Drillmaster?

(U. S. A) Phyllis Zhang

Abstract: This article discusses the rationale and feasibility for utilizing computer and web-based activities as an alternative for the regular drill class and reports the results of a pilot study. In an attempt to evaluate the effectiveness of CALL in oral production as well as form-focused drills, the author offered the first-year Chinese students alternative drills (Lab) via *PowerPoint (PPT)* slides, *Flash* movies and *Quia* activities. The data from the student feedback and performance indicated that these alternative labs could fulfill the objectives of a regular drill class to a considerable extent, and in some areas could even surpass the outcomes of a regular drill class. The post-tests also showed that Lab participants outperformed their regular drill class counterparts in essay writing and retention of some key structures. The author found that an variety of media-rich activities contributed to the acquisition of targeted structures and language skills. The article concludes with suggestions for further research and pedagogical applications.

Key words：CALL/computer assisted language learning；Autonomous learning；Learner needs；Grammar acquisition；Aural-oral activity design

随着新科技在外语教学上的逐步推广,电脑网络辅助式语言学习方式(CALL)及其价值也越来越得到肯定。在听读活动方面,多媒体功能的优势显而易见。在语法结构教学方面,电脑辅助式教学也成效显著。一些教学实验表明,利用电脑的强化视觉效果提供显式(explicit)语法结构学习可达到与课堂讲授同样甚至更好的效果(Garrett,1987；Nutta,1998；Nagata,1998；Corbeil,2007)。同时,有效的电脑辅助语法练习也有助于提高学生自由表达时的准确性与流利度(Nutta,1998；Nagata,1998；Buscemi,2003)。电脑网络辅助的练习比用书本练习册(workbook)见效更快更好(Nagata,1996),而且,在自由发挥题的测试或在语法结构掌握上,由电脑辅助学习的学生比课堂学习的学生表现更为出色(Nutta,1998；Corbeil,2007)。很多教师和学者认为,电脑网络在外语课堂教学中的一大好处在于能将一些教学活动移到课外进行,使课堂时间更多地用于师生互动和交际性练习。另一个优势则是学习者可自行掌控学习步调和难度,有利于个别化、自助式的学习(Martinez-Lage & Herren,1998,引自 Shrum & Glisan,2010)。

由此可见,电脑虽不能取代教师与学生的随机交流及纠音等功能,但却可分担相当一部分的教学任务,其中包括以语法结构操练为主的听说练习课(drill class,以下简称"练习课")。那么,由电脑网络工具取代传统的课堂操练是否合理、必要、可行？与传统的操练师(drill master)相比,电脑网络工具有哪些优势和局限？学习者又更倾向于哪种方式？本文将针对这几个问题进行探讨,并报告初步教学尝试的结果。

一、电脑辅助练习课的合理性

(一)课堂教学局限

从教师角度来说,教学中常碰到的难题是学生多老师少,无法进行个别化的教学,因此学生缺乏足够的听说练习和个别指导。此外,很多练习课不容易达到预期效果,其主要原因包括：

1. 教师经验：任课教师(如助教或兼职老师),或缺乏训练和经验,或课前没有做充分的准备,不能充分利用有限的课堂时间来进行有效的操练,达到预期的教学目标。
2. 班大人多：练习课人数过多(超过6人),学生除整体机械合唱外,平均开口率极低。
3. 程度差别：学生程度不一,练习步调较难控制；若个别学生未做课前准备,也影响课堂时间的利用和练习效果。

4. 练习重点：学生的需要各异，老师很难满足。如：有的需要纠音，有的则需要听和说；有的想多练习结构和句型，而有的则想自由交谈；有的需要看文字，有的不需要，等等。

因此，在生多师少的情况下，电脑网络可提供个别化、自助性的教学，解决以上问题。

(二) 电脑网络辅助的优势

从学生角度看，电脑辅助的练习可提供以下便利：

1. 视听说并举：在一般口语课上多以听说为主，对某些依赖视觉记忆的学生来说较为困难。而电脑可以同时或分别提供文字、声音及图像，帮助各类学生理解和记忆。学者们发现，强化视觉效应（如利用颜色、加粗、加底线、放大字体等方式）可有效地增强目标语法结构的突显性(saliency)，从而使学习者较易注意到该目标结构，进而促进对目标结构的习得(Sharwood Smith, 1991; Schmidt, 1995, 2001; Jin, 2005)。

2. 反复练习：电脑受到使用者青睐的原因之一在于其不厌其烦的"耐心"程度以及使用者自行掌控的自由度。学生可根据自己的需要调整步调，同时还可有针对性、选择性地进行练习或进行复习，这不但提高练习的效率，同时也给掉队的学生补习赶上的机会。

3. 减低心理障碍：一些学生在课堂上较为拘束腼腆，课堂环境和同学均会造成压力，影响练习效果。而与电脑单独交流则可减轻其紧张度和心理负担(Blake, 1998; Nutta, 1998)。

4. 偏误反馈：在课堂上进行语法操练或听说练习，有经验的老师能够做到及时纠正偏误，而经验缺乏的老师难免顾此失彼。另外，人多的情况下，教师很难兼顾所有人的需要，即使纠偏，学生多半会机械地重复跟练，而并不一定心领神会，其结果是过耳即忘。而电脑辅助的练习可对常见错误做文字的提示和解释，同时提供正确答案甚至错误分析(Nutta, 1998)。这样的学习环境使学生有机会接触多种纠偏的方式，加深印象。对能力稍差的学生来说，反复跟着正确答案练习，也可达到较好的练习目的。

二、可行性初探

笔者在大学一年级的中文教学中做了一个初步的可行性尝试，主要目的之一是想借助电脑辅助来弥补练习课的不足。一方面是因为当时负责练习课的老师基本上为兼职老师或助教，缺乏专业训练，教学经验也不足。另一方面则是练习课学生人数过多，通常为14—16人，因此练习课收效甚微。另外一个目的是想探索电脑辅助学习的范围和潜力，便于今后的教程设计规划。因此，这次教学想尝试了解的是：电脑在何种程度上能替代老师以达到练习课的预期效果？哪类练习任务较为有效？哪种工具的呈现方式较为有效？在语言输出、表达技能的发展方面，电脑辅助教学是否还有更多价值和潜力？针对这些问题，笔者设计了一个五周的教学尝试:每周提供一套30—40分钟的电脑辅助自助式听说练习活动(以下简称"自助练习"),侧重词句练习以及语法结构的操练,以此来替代一节普通的听说练习课。也就是说,每周两次的练习课中,有一次是可以做自助练习。每次自助练习可选择在语音室或在宿舍里完成。完成之后,学生须填写练习报告单,将其练习时间、练习效果及体会及时报告反馈给老师。此外,在此教学尝试开始时对参加的学生做了一般情况问卷调查,其中包括选择自助练习的原因。在五周结束时,也做了总体评估问卷调查,以及延后一个月的后期语言测试。以下简单报告这次教学尝试的部分情况。

(一)学生选择自助练习的原因

由于是初次尝试,我们对自助练习的教学效果并无把握,因此让学生自愿选择。在16人一班的两个班上,约有一半学生选择自助练习,其中包括不同的水平程度。从问卷上可以看出,这些学生选择自助练习有多种原因和不同需要。

表1:选择自助课的原因

选择上自助课的原因	占参加者比例
1.感到练习课节奏太慢、枯燥("吃不饱"者)	50%
2.感到练习课节奏太快(跟不上、"消化不良"者)	16.67%
3.感到在练习课上收效甚微	45.83%
4.需要加强听力练习	66.67%
5.需要加强说话练习	75%
6.需要多次重复	58.33%
7.需要多看汉字	62.50%
8.需要强化式的句型语法练习	54.17%

除以上问卷所列的原因外,某些参加者在"其他原因"栏内也补充了一些具体说明:

9.在练习课上得不到很多个别机会

10.练习课上的活动不够深入,不能有效地巩固所学的知识

11.喜欢较灵活的、可供自己选择的练习方式

12.(部分语法薄弱者)需要慢一点的节奏吸收语法

13.(部分紧张型的人)怕当众说话,一轮到自己说话时便不知所措("freeze up")

(二)自助课活动内容/练习任务

由于当时练习课主要是帮助学生练习基本词语、句构以及简单的日常交际,自助练习也围

绕这些主要任务进行(不包括随机性的日常会话),所选用的工具程序有幻灯式呈现(PPT),网络练习及测试工具(Quia),多媒体动画(Flash),及音频编辑(Audacity)。练习活动主要包括以下几类,以听说为主,大部分以文字及音频提供答案,以便学生及时检查纠正。一般来说,自助课包括以下4至5项内容,其中必须含第一项和最后一项。除自测游戏和报告单外,其他内容与普通课堂练习课相似。

1. 小测验:听写、认读汉字,以检查学生是否在练习前预习了功课
2. 朗读:跟读课文并回答问题
3. 词语操练:词语替换、扩展
4. 句型结构:替换、扩展、改换句式
5. 看图说话:段落输出练习
6. 自测游戏:词卡(flashcards)、配对(matching)、翻译、选择正确词句等
7. 填写报告单:每次完成自助练习后都汇报完成情况,并提供回馈

(三)实施情况

在五周的自助练习中,学生完成情况总体上达到预期结果。大多数学生完成的时间一般在30—40分钟,某些学生则超过一小时。学生报告单的数据显示,除个别情况外,所有学生都能按时完成所布置的自助练习任务。大部分学生基本上都选择性地重复了某些练习,这说明个别练习的益处;只有少数人跳过某些练习不做,这可能与程度较高有关,不愿在某些练习上花费时间。过半的学生在练习中需要查看生词表或课文,这在练习课上不易做到。另外,学生自助练习前的准备情况与自助练习是否记分也直接相关。如第一次的练习中不含记分题(如词语测试或回答问题),近一半的学生练习前未完成课前布置的作业(45%);而得知有测试题之后,大多数人会在练习前完成或预习(80%—88%)。有备而来的直接结果保证了自助课的收效。

表2:五次自助练习完成情况

自助练习完成情况	占参加者比例
1.练习中重复了某些练习	70—95%
2.练习中需要查看生词表或课文	50—75%
3.会选择略过某些练习	0—5%
4.练习时间超过1小时	6—8%

(四)学生对自助练习的反馈

总体上,学生对自助练习方式的满意程度超出预料。在完成了为期五周的教学尝试之后,大多数参加者对此练习方式持肯定态度,并认为自助式的个别练习方式在很大程度上可满足

听说练习目的。上面提到,每次练习的最后一项为练习完成的报告反馈,用 Quia 的问卷工具程序可很容易地统计各项数据。下表中的数据为其中一次练习的报告单问卷结果:

表 3:电脑辅助练习有效程度

电脑辅助练习的有效程度(1 为最低,5 为最高)	1	2	3	4	5
1.本次练习活动的设计(PPT,Quia)对你是否有效?	0%	4%	8%	55%	33%
2.与课堂练习相比,这次练习在何种程度上达到口头练习的目的?	0%	4%	12%	42%	42%

三、教学与习得成效初析

以上的数据为我们提供了学生使用电脑辅助练习的部分体会,使我们初步了解电脑辅助下的自助学习中可能出现的情况。那么电脑辅助式的个别练习收效如何,在何种程度上有助于语言技能的获得?我们还需要从这些学生的实际语言表现上来检验。由于事先也并未对此次尝试做周详的设计或对学生程度做分析筛选,此次尝试的结果并不能作为可靠的数据,但以下两个方面的初步了解可为我们今后的研究提供参考。

(一)写作

在完成了五周的教学单元之后,按正常教学计划,所有学生(无论是上练习课的还是选择自助练习的)都要写一篇作文。作文评估的标准包括以下方面:词汇范围、词语用法、语法结构、表达能力(流利准确度、衔接与连贯)、作文内容及长度。初步评估的结果有以下几方面值得注意。

1.句构及表达准确度:结果显示,在语言能力较强的学生中,选择自助练习者与上练习课者在表达能力和语法掌握上无大差别,说明自助练习在这方面基本达到了预期目标。而在中、低程度的学生中,自助练习者的语法掌握及表达准确度上却有明显提高,相比之下,上练习课的反而偏误较多。这个结果可能与自助练习的视觉强化效应有关,如在 PPT 中利用颜色、加粗、放大等方式强化文字的呈现效果,使目标词语及结构有突显效果(saliency),因此学习者印象较为深刻。这个结果为近年来提倡的注意语言形式结构(noticing, focus on form)有助于语言习得的理论提供正面实例依据。

2.衔接与连贯:许多自助练习者在语流、衔接和连贯性上超过了上练习课的学生,这一点超出预期的结果。一个可能的解释是,自助练习中的文字输入起到辅助强化记忆的作用,同时单独持续的操练使学生不间断地练习,对语流及连贯起到了促进作用。而课堂练习常因照顾全体而缺乏对个别学生持续操练,未能得到足够的流利练习,加之若没有文字的辅助,学生的句、段概念不深。此结果尚待今后进一步考察。

(二)口头测试

在延缓约一月之后,笔者就前面教学单元的语法结构要点对不同水平等级的学生进行了抽样个别检查,目的是了解学生对前段时间所学的知识的掌握、应用能力以及记忆程度。在学生均无准备的情况下,老师用一张学生不熟悉的图片,以看图问答方式针对前一单元所学的主要语法句型来检查学生的口头表达能力。通常方位表达是一年级语法的重点和难点之一,也比较容易用图片展示而避免用其他提示方式,因此这次抽查选择的是方位表达。

图片上展示的是一城市社区,老师先提问城市的景物名称,然后要学生说出方位关系(某景物旁边或前面是什么、什么景物在哪里、A 离 B 有多远等)。结果显示,所有抽查的自助练习者(包括能力高、中、低者)均能及时、自如地回答出每个问题。而上练习课的学生,在某些问题上却有所迟疑。例如,在听到"那个小餐馆离银行远不远"这个问题时,上自助练习的学生基本上能及时听懂并给出正确回答,而上练习课的学生中只有能力强的可以做到,其他人有的要求重复问题,有的将"离"误解为"里"而作出错误反应。这次延后的口试结果与上述写作结果均对自助式学习方式加以肯定。

四、课件制作工具

笔者从这次教学尝试中发现,问题不在于我们是否应该用电脑辅助教学,而在于如何用电脑辅助教学以达到预期的目标。正如 Jones(1986)所说,"工具怎么样并不重要,重要的是你用它做什么"("It's not so much the program, more what you do with it."引自 Corbeil,2007)。在侧重输出的练习上,如何设计和制作有效的练习活动是问题的关键。下面简述各种工具的利弊。

(一)应用程序的利弊

1. PPT 呈现方式:可融音、文、图、影为一体,变化多样,制作修改随意,仍不失为老师们日常课件制作的首选工具。但 PPT 有两大局限:(1)网上练习时动画及播放声音功能不易保留。(2)自助练习时预设的音频和视频的播放不易由学生自由控制(如何时停止、快进或回放等)。另外,设计需要周密筹划,制作较为耗时,加上图片和音频后,档案较大。

2. Quia 网络测试、练习活动:可制作词句测试、段落填空、问卷调查等活动,其操作、检查、统计以及评卷相对容易,而且可复制、修改,检测结果可转为 excel 档案保存,为教师提供统计上的方便,也为评卷节省一些时间。但其局限性在于版面的视觉效果远不如 PPT,颜色、字体大小的调整,以及插入声音及图像的步骤也不够方便快捷。

3. Flash 的多媒体及动画功能:功能较为全面,不仅具有各种多媒体功能,且记忆空间小,很适合网上练习,实为最佳电脑辅助手段。其动画功能更能突破静止画面的局限,有助于设计制作各种语言程度输出技能练习的课件。但其制作上的难度使很多人望而却步,不易普及。

(二)学生对辅助工具及活动设计的反馈

学生对 PPT 的视觉效果表示满意,因此 PPT 制作的练习活动受到学生的普遍欢迎。但 PPT 也有局限性,如:网上使用不便,声音文档播放不易自由控制等。相比之下,Quia 的某些功能在使用时更为灵活方便。问卷数据显示,Quia 在诸多方面有其优势,如下所示:

表4:Quia 练习的优势

与 PPT 相比,Quia 练习在哪些方面有优势?	参加者反馈
1.播放听力材料的自由控制度(Flexibility in playing audio)	55%
2.控制练习节奏(Pace control)	50%
3.提供偏误反馈(Providing feedback for errors)	63%
4.互动性(Interactivity)	46%
5.汉字打/写练习(Reproducing/typing characters)	50%
你认为 Quia 的哪些练习活动对你有帮助?	
词句卡练习(Flashcards activities)	62%
配对练习(Matching games)	48%
填空练习(Cloze—paragraph/dialogue)	81%

五、教学启示

以上教学尝试结果表明,能力中低的学生用电脑自助式方式收益较大,因为自我调控步调、针对性的练习,以及提供正确答案的方式能满足中低程度者在课堂上不能顾及的需要。另外,学习动力及认真程度也与成效直接相关,这从程度较高者的结果中可略见一斑。程度较高者有可能会在自助练习中马虎行事,匆匆而过,因而收益较少。对此类学习者,或许面对面的练习或更有挑战性的自助练习更为合适。

从后期写作与口头测试结果来看,电脑辅助练习所用的多媒体、多感官方式确实有助于学生对难点语法的掌握和记忆。其他语种的研究也得到类似结果,如一项法语语法的实验表明,用多媒体方式的自助式学习者对所测的语法掌握超过了课堂练习者(Corbeil,2007)。这说明,一方面多媒体方式可以显式(explicit)与隐式(implicit)同时并用的方式强化语法教学,有助于学习者对语法结构的注意(noticing)和吸收(intake),有效地促进语法的获得。另一方面,用多媒体多感官的方式设计教学活动可兼顾各类学习者(听觉型、视觉型、分析型、直觉型等),多媒体设计中的各种因素(音频强化、视觉强化、及时反馈、动画、游戏等)都从不同角度或不同程度上起着作用。正因如此,很难分清到底是何种因素起决定性作用(Corbeil,2007)。

总之,正如某学者指出的,学习者要想在电脑辅助式教学中收益须有五个条件(笔者译为"五要"):一要有想学会一门外语的愿望;二要在学习中积极主动;三要善始善终,不做完不收兵;四要定期检测进步情况;五要不断尝试探索,以求最佳学习效果。(Raby,2007,引自Shrum & Glisan,2010)。

六、结语

听说练习课(drill class)在低年级教学中占重要地位,与学生对词句、语法结构的掌握以及听力理解、表达技能的提高直接相关。然而由于多种原因,练习课并不一定能收到预期的效果。从上述的教学尝试上看,利用电脑辅助的方式不但可以解决师资短缺、满足学生不同需要等问题,同时有利于学生对语法的理解以及训练说写上的准确流利度。换句话说,电脑替代老师的操练方式潜力很大,有待进一步挖掘尝试。特别是随着新的网络多媒体互动工具(如Conversations,Flickr,Pacasa,Voice Thread等)的出现和推广,可利用的工具更多。教师们可用对话、看图会话、图片集锦、图片电影叙述等活动方式来辅助和强化听说练习,使练习不仅形式多样、内容丰富,而且互动性、趣味性更强、技能挑战性也更大。

同时,尽管电脑辅助教学有诸多优势,在现阶段甚至很长时间内尚不能取代老师,其主要原因在于随机的语言表达交流、个人化的真实信息传递是语言学习的主要目标,而在这方面电脑无法与人相比。多数参加自助练习的学生也都表示,最理想的方式是每周自助练习和课堂练习课各一次,以便能在语言准备之后与老师和其他同学做自由交际、发挥的"实战"练习。随着电脑网络以及移动工具的普及,一些新教程已经将书本练习册(workbook)转为线上练习。因此,今后的教程设计应将自助式练习规划在内,以满足学习者的不同需要。希望本文中探讨的问题对教程设计者有所启发。

(注:此文章部分内容基于笔者在2006年美国南加州大学召开的第四届国际电脑与汉语教学研讨会(TCLT4)上所做的报告,资料与信息做了重新整理修改与更新。)

参考文献:

Bush, Michael D. (1997) Implementing Technology in Language Learning. In M. Bush & R. Terry(eds.), *Technology-enhanced Language Learning*. Lincolnwood, IL: National Textbook Company, 287—349.

Corbeil, G. (2007) Using the French Tutor Multimedia Package or a Textbook to Teach Two French Past Tense Verbs: Which Approach is More Effective? *CALICO Journal*, 24(2), 313—330.

Corbeil, G. (2007) Can PowerPoint Presentations Effectively Replace Textbooks and Blackboards for Teaching Grammar? *CALICO Journal*, 24(3), 631—656.

Garrett, N. (1987) *A Psycholinguistic Perspective on Grammar and CALL*. In W. Flint Smith(ed.), *Modern Media in Foreign Language Education: Theory and Implementation*. Lincolnwood, IL: National Textbook Co, 169—196.

Garrett, N. (1991)Technology in the Service of Language Learning: Trends and Issues. *Modern Language Journal*, 75, 74—101.

Jin, H. (2005)Form-focused Instruction and Second Language Learning: Some Pedagogical Considerations and Teaching Techniques. *Journal of Chinese Language Teachers Association*, Volume 40:2, pp.31—54.

Nagata, N. (1996)Computer vs. Workbook Instruction in Second Language Acquisition. *CALICO Journal*, 14(1), 53—75.

Nagata, N. (1998)Input vs. Output Practice in Educational Software for Second Language Acquisition. *Language Learning & Technology*, 1(2), 23—40.

Nutta, J. (1998)Is Computer-based Grammar Instruction as Effective as Teacher-directed Grammar Instruction for Teaching L2 Structures? *CALICO Journal*, 16(1), 49—62.

Schmidt, R. (1995)Consciousness and Foreign Language Learning: A tutorial on the Role of Attention and Awareness in Learning. In R. Schmidt(Ed.), *Attention and Awareness in Foreign Language Learning*. Honolulu, HI: University of Hawaii Press, 1—63.

Schmidt, R. (2001)Attention. In P. Robinson(Ed.), *Cognition and Second Language Instruction*. New York: Cambridge University Press, 3—32.

Sharwood Smith, M. (1991)Speaking to Many Minds: On the Relevance of Different Types of Language Information for the L2 Learner. *Second Language Research*, 7(2), 118—32.

Shrum, J. L. & Glisan, E. W. (2010) *Teacher's Handbook: Contextualized Language Instruction* (4th ed.). Boston: Heinle, Cengage.

作者简介：
张霓,女,美国乔治华盛顿大学东亚语文系中文部主任,教授。

网络资源在海外汉语教学中的应用

许 丹

内容提要:针对海外汉语教学资源匮乏、本土教师水平良莠不齐的问题,本文认为海外汉语教师可以在课前准备、课堂教学、测试以及课外辅导四个阶段利用互联网充实教学资源,弥补教学水平的不足。在利用网络资源时,汉语教师也应该考虑到网络资源的复杂性、技术性和现实性等问题。

关 键 词:海外汉语教学;网络资源

Network Resources in Teaching Chinese Overseas

Xu Dan

Abstract: Upon the lack of resources in Teaching Chinese Overseas and the competence differences among local Chinese teachers, this paper proposes that teachers may use network resources in four stages of instruction, which are pre-class preparation, in-classroom instruction, testing, and after class tutoring. It also holds that Chinese language teachers should consider the complexity, technology, and applicability of network resources.

Key words: Teaching Chinese Overseas; Network resources

近年来,全球汉语学习者人数正在不断增加。针对这一变化,国家汉语国际推广领导小组办公室提出了实施对外汉语教学的六大转变,其中包括将工作重心从将外国人"请进来"学汉语向汉语加快"走出去"。随之而来的是众多汉语教师和志愿者走出国门,在海外从事汉语教学。大量母语非汉语的教师也正在融入国际汉语教师队伍。这种变化带来了两个问题。一是海外汉语教学资源相对匮乏。与在本土的汉语教学相比,海外教学缺少语言环境,教师需要为学生营造一定的汉语言环境。二是本土教师中的大多数缺少汉语教学经验,汉语水平与以汉语为母语的教师有差距,教学情况良莠不齐。借助多种网络资源进行海外汉语教学,可以在一定程度上解决这些问题。

一、海外汉语教师可在四个阶段利用各类网络资源为教学服务

（一）课前准备阶段

汉语教师在教学中需要准备大量的教具、图片、卡片等。汉语教师无论身处国内还是国外，都很容易通过网络收集图片、音频、视频、真实的文章等材料，为授课做充分的准备。

近年来，与汉语教学相关的网站不断增多，为汉语教师提供了方便。据笔者统计，截至2010年6月，北京地区较大规模的汉语教学网站就有20个，其中包括网络孔子学院、汉语网、eChinese中文网等。全球有关汉语教学与学习的网站综合起来主要有三类。一是专门提供汉语教学辅助工具的网站，如网上中文工具、中文字典网、汉典等。二是网上教学网站，如中文教育网、汉语网、美国的chinalink网站等。此类网站不仅提供汉语学习的课件，还介绍关于中国地理、气候、风景、美食等情况。三是综合类网站，如汉办网、中国华文教育基金会等，提供各类汉语教学的最新信息。除了这些官方和机构的网站，还有一些个人网站也很有特色。这类网站往往是由汉语教师、对外汉语专业的学生或学习汉语的学生创建，上面有教学经历、经验总结、学习体会等内容，很实用。

（二）课堂教学阶段

针对听说读写等不同技能，海外汉语教师可以利用网络资源安排不同的任务。

在听说训练上，教师除了在课堂讲解过程中引入网络下载的视频、音频、图片等素材，在作业环节可以充分利用网络的优势。以往的听说课教师很难布置作业，因为不可能发给每个学生听力材料，也无法占用课堂时间检查所有学生的口语作业。而互联网的出现，帮助听说课老师实现了这种可能。教师利用网络将自己录制或搜集的听力材料和试题作为学生的课后作业，放在班级的公共网页上。教师也可以使用voicethread这类提供语音图像的专业网站，指导学生单独或分小组在网络上录制语音作业，如让学生介绍自己的家乡或一个熟悉的人物。学生配合图片、视频进行个性化地讲解，教师可以随时上网检查。这种口语作业的优势在于，其他学生在网上也可以看到同班同学的作业，相互学习，取长补短。更重要的是，教师可以反复观看，对学生的表现进行更具客观性地评判，并把作业收集起来作为科研的依据。

在写作训练中，教师可运用gmail、hotmail中的document指导学生集体完成写作任务。教师把全班分成几个小组，分配相同或不同主题的写作任务。各组学生在一个事先约定好的时间进入gmail或hotmail，讨论作业内容，共同完成任务。小组的每个人都参加讨论，贡献自己的才智，指出他人的错误。在第二天的教学开始阶段，教师指导学生进行作业展示。这是一种互助合作的学习方式。教师也可以帮助学生建立班级博客。学生就各种问题用汉语发表自

己的见解,彼此进行讨论,并对其他同学的文章进行评价。教师以此作为写作课过程性评价的依据。

对于在海外非汉语环境下的学习者来说,通过互联网结交笔友,是提高汉语写作能力的一种重要途径。现有的笔友网站鱼龙混杂,教师需要进行甄别。电子笔友网(www.epals.com)是一个比较理想的语言学习网站。这是一个以班级为单位进行交流的专业网站。教师注册后,网站会有自动生成35个学生账号。教师只需要发布相关信息,说明学习何种语言,学生的年龄、所在地区、交流的主题等。对此感兴趣的班级会主动进行联系。目前网站已有十万余个注册班级,涉及200个国家和地区。2005年10月,该网站建立了一个"汉语语言交流及学习区",有很多英语国家的教师在寻找班级进行交流。以下就是纽约一所高中的汉语老师发布的信息:

I am looking for Chinese students in China to connect with my group of 30 students, aged between 14—16. They have been learning Mandarin Chinese for the past year and would like to find out how life is like in China. I think they will learn so much from this experience. If you are interested, please email me and we can get started right away.(Diana Lim, Tech Valley High School, New York, 2010/2/26)

网络资源在阅读训练中也具有优势。教师可以精选博客内容,作为学生的阅读材料。根据《第24次中国互联网络发展状况统计报告》公布的统计数据,截至2009年6月底,中国拥有个人博客的网民用户规模已经达到1.82亿人。截至2010年7月,维基上有316 343篇中文条目。如此大量的文章,以日更新的形式为汉语阅读提供了鲜活的语言素材和信息。博客内容大多按主题分类,便于教师选择与课文内容相关或学生感兴趣的热点问题。教师还可以指导学生在课余时间就某些问题搜集信息,并展开阅读讨论。学生既培养了阅读兴趣,增长了知识,又扩大了词汇量。当然,在文章的选取上,教师需要下一番工夫。首先是文章的主题,注意不能涉及政治、外交、民族等敏感问题,避免不必要的麻烦。其次是文章的语言。不要有过多的网络新词。因为有些网络新词生命力有限,不能生存下来。学生投入过多的精力没有意义。另外,涉及新词过多,喧宾夺主。汉语教学毕竟应该以掌握基本的汉语表达法为根本。网络新词只是一种点缀,帮助学生了解中国社会,激发学生的学习热情。选取合适的博文后,教师还需要进行适当的改写,根据国家汉办颁布的《汉语词汇等级大纲》替换与学生水平相当的词汇后,才能把博文用于阅读课的教学。

(三)测试阶段

在测试环节,教师可利用网络制作各类试题。网上免费的Hot potatoes软件就是一套制作交互式练习题的工具软件。它可以方便快捷地生成填充题、配对题、单项和多项选择题、简答题等多种题型,也可以自由组合各类练习题,生成完整的测试单元。试题制作完成后,教师只要上传至平台,学生上网并依据教师先前所输入的线索,在任何地方都能够自主完成测试。

教师也可以利用它作为学生课后作业和复习工具。学生通过上网就能对当天的学习内容进行检测,教师也能及时了解学生的学习情况,以便在第二天的课堂上查缺补漏。这种软件也可以作为教师进行相关的教学调查的工具。系统可以根据学生的答案自动生成数据统计图表,进行考试情况总结,教师一目了然。

(四)课外辅导阶段

语言学习只依靠课堂是不完善的,因为课堂的时间毕竟有限,学生需要大量时间进行语言实践。因此每个学生都希望老师有课下单独辅导的时间。网络提供了这一便利。目前,在国外的很多大学都设有这种语言自主学习中心,学生在学习中心通过网络提供的各种语言学习软件进行自学或在线学习。国内有条件的学校可以建立这种汉语自主学习中心。除了课堂学习,要求学生课后在学习中心上机学习,上机时间与学习总成绩挂钩。这种方式弥补了课堂训练时间的不足,学生也可以有针对性地进行练习。这种学习方式正在受到学生的普遍欢迎。

网络汉语游戏也是一种课外汉语学习的有效途径。e时代成长起来的一代更乐于通过这种娱乐的方式来学习语言。虽然现在较为成熟的汉语网络游戏并不多见,但可以预见这种新型的学习趋势具有巨大的潜力。网络虚拟游戏通过模拟现实世界的方方面面以及交互式的方式来实现语言学习的真实性。目前由美国 Linden 实验室开发研制的"第二人生"(Second Life)和国家汉办与美国密歇根州立大学合作开发的基于网络的多人游戏学习平台《新乘风汉语》(Zon: New Chengo Chinese)是较为成功的汉语网络游戏。"第二人生"从 2007 年开始在外语教学中使用,至今已有 800 多万个用户。当然,从技术的角度这些游戏还有待完善,但网络虚拟游戏正在为汉语学习开拓一片新的天地。

二、网络资源的局限性

丰富多彩的网络资源给海外汉语教学带来了许多新的变化。汉语教师借此不但可以高效地完成各项教学科研任务,也能调动学生的学习热情和自主性。它的优势已经被越来越多的教师所认识。但网络资源也存在局限性。

首先,资源泛滥给教师带来了一些难题。教师要从庞大的网络资源中选择最适当的材料非常耗时耗力。在讲授中秋节时,如果教师在网络上查找中秋节,可以找到八百多万篇与之相关的文章。网络资源不仅庞大,而且良莠不齐。教师既要把握知识、语言的准确性,还要考虑材料中的有关政治、文化、习俗、民族、国家安全、知识产权等诸多因素。教师常常抱怨搜索网络信息费时费力,而且有风险性。因此,我们需要尽快建立国际汉语教学专业数据库和国际汉语教学专业网站,帮助教师整合多如牛毛的网络资源。

其次,网络资源的利用需要技术支持。教师在制作教学课件时,需要掌握一定的电脑技能和网络知识。现代科学技术日新月异,因此教师需要对自己的知识进行不断地更新,才能适应这种飞速的变化。这对教师的发展提出了一个新的挑战。一方面我们应该开展对教师的网络技术培训。另一方面,因为汉语教师毕竟不是专业的电脑技术人员,我们非常需要大力加强专业的技术人员与教师双方面的合作,协调力量,制作高质量的汉语教学课件、网络教材等。

　　网络教学的现实性也是教师需要注意的问题。在设计利用网络资源时,应考虑到操作性的问题。e时代成长起来的一代人已经把网络作为生活的不部分,但一些老年学生却不一定适应这种方式。另外,学生的上网设备也存在差异。教师需注意在教学时实现公平的原则,兼顾到所有的学生。教师在使用网络资源时不是为使用而使用,要有合理性。本可以使用传统教学方式就达到教学目的的时候,不必强行使用新的技术,否则只能给自己和学生带来不必要的麻烦。

参考文献:

刘　丽(2008)Internet上免费的对外汉语教学资源,《科技资讯》第5期。
许　琳(2007)汉语国际推广的形势和任务,《世界汉语教学》第2期。
"中国语言生活状况报告"课题组(2008)《中国语言生活状况报告》,北京:商务印书馆。
郑通涛(2006)对外汉语网络教学平台的技术与应用,《海外华文教育》第1期。

作者简介:

许丹,女,中央民族大学国际教育学院讲师,语言学及应用语言学汉语国际传播研究方向在读博士。

中央民族大学率先建设"国际汉语教学"学科

吴应辉

"国际汉语教学"这一学科名称及其内涵,充分体现了汉语国际推广形势下汉语教学学科发展的新趋势和用国际化眼光谋划汉语教学学科的超前理念。"国际汉语教学"作为一个学科进行建设,在国内外均属首例,不仅体现了中央民族大学国际教育学院的学术敏锐性和敢为天下先的勇气,也充分体现了学校领导在学科建设方面抢占先机的超前眼光。

过去四年中,中央民族大学国际教育学院站在汉语国际传播的高度,审视全球"汉语热"的现实,在"国际汉语教学"学科建设方面做出了诸多努力:

第一,确立了"全球化眼光、国际化思维、创新性行动"的学院发展理念;

第二,明确了"有所为有所不为、集中力量、凝炼特色、超前行动"的学院发展思路;

第三,锁定了学院学科建设的目标:我们要建设的学科是超越"对外汉语教学"的"国际汉语教学",我们的视野不再局限于中国环境下的"对外汉语教学",而是扩展到非目的语环境下即在世界各国汉语学习者母语环境下的汉语教学;

第四,凝炼出"汉语国际传播理论与实践"、"国际汉语教学理论与方法"和"国际汉语师资培养理论与实践"三个学科方向;

第五,围绕上述三个主攻方向,组建了由"学术带头人+青年教师+博士生+硕士生"组成的三个学术团队,学院的每一位教师和研究生都根据自己的兴趣和工作需要,加入到一个团队中,以一个方向为主开展研究,同时允许兼顾其他两个方向。

经过全院教职员工的努力,学院的学科建设工作已经取得了阶段性成果:

1. 课题立项:承担20余项纵向和横向研究课题,在研经费总额118.3万元,其中国家社科基金课题2项;教育部人文社会科学课题1项;教育部新世纪优秀人才支持计划1项;学校自主科研项目新兴交叉学科重点资助项目1项,自由探索项目1项,青年项目2项;横向课题10余项。

2. 学术成果:发表论文110篇,其中CSSCI来源期刊40余篇,出版专著12部,编写教材20部/册。我院推出的"国际汉语教学"学科建设学术成果三个系列出版物"汉语国际传播与国际汉语教学研究丛书"、"国际汉语教学研究生系列教材"和《汉语国际传播研究》学刊已经开始出版。学院科研成果影响力快速提升,仅2010年一年被引用次数就达65次。

3. 人才培养特色鲜明：学院"汉语国际传播研究"特色在国际汉语教学界已有较高的知名度和认可度，在此方向上攻读博士学位的学生达20人，其中外国留学生14人，分别来自泰国、缅甸、马来西亚、越南、美国、韩国等六个国家。汉语国际教育硕士在读中外学生达136多人，其中外国学生近60人。为汉语国际教育硕士中国学生量身定制的"2+1+1"培养模式既充分体现了国际化、应用型、复合型、高层次等特点，又始终贯穿以学生为中心的理念。

4. 条件建设步伐加快：学院高度重视学科建设中的条件建设，在学校大力支持下，学院"国际汉语教学远程视频教室"和"国际汉语教学数据库"两项条件建设项目已经启动。这些基础条件为"国际汉语教学"学科的后续建设工作奠定了坚实的基础。"国际汉语教学数据库"旨在为学院师生及国际汉语教学相关领域的广大教学及科研人员提供一个以国际汉语教学为特色的专题性的研究支撑和教学参考数据中心，本数据库分学术资源、教学资源和信息资源3个总库，分别按5级目录进行展示，孔子学院数据库、国际汉语教学学术论文库等多个子库正在建设中。

纵向比，我们取得了一定成绩；横向比，我们的差距依然很大。中央民族大学国际教育学院这支年轻而充满活力的团队将加倍努力，做出特色，为"国际汉语教学"学科建设做出更大的贡献。

清风扑面,快乐随行
——评《汉语阅读课本——中国那些事儿》

陆 瑜

对于教材,我的印象是,为凸显其专业性,有些威严的部头往往板着脸摆出居高临下的姿态,即便是面对小读者,也不过稍微缓和了一下表情,像不苟言笑的大叔生硬地咧开嘴,表皮下面的严肃却是浓得化不开。

《中国那些事儿》也是一本教材,面向初级水平的汉语学习者,既适用于各类中文班的阅读教学,也适用于外国人自学使用和课外阅读。但都是教材,给人的感受却是天差地别。读罢全书,感觉如同随着一个善解人意的向导进行了一场美妙的游历。在这本"初级"读物中,处处体现出著者浓浓的服务意识。这实在值得推崇!全书分"阅读中国""留学记事""轻松阅读"和"实用阅读"四部分。语言是文化的载体,学习语言如果脱离了文化背景,那就永远只是在皮毛上徜徉。"阅读中国"是中国社会文化国情的介绍,多方位、多角度展现传统与时尚并存的当代中国的魅力,题材广泛、引人入胜。可以说,这部分给了读者以文化浸润。

"有朋自远方来,不亦乐乎?"学习之路有人同行是一件幸福的事。"留学记事"记录了外国人对中国的感受和体验,读来亲切、自然,或令人耳目一新,或使人产生共鸣,这如同给了读者一个伙伴陪同。

学习需要调剂,以保持持久的动力。乐趣是兴趣的前导,兴趣是最好的老师,"轻松阅读"既有因语言、文化理解不同而引发的笑话,也有风趣幽默的漫画,轻松有趣、寓教于乐,像是给学习添加开心的快乐使者。

"生活即教育",教育与生活的水乳交融能让学习效果最大化。"实用阅读"的内容来源于生活又能应用于生活,真正做到学以致用,让学习有了生活指引。

学习效果需要联系来加深巩固,《中国那些事儿》的练习设计也颇具特色。其设计的针对性强,环环相扣,并且给使用者留有充分的创作空间。如"说一说""写一写"等环节,学习者可以在课文的启发下,根据感受和经历,记录下自己的所思所想。可以想见,一本书学下来,读者会发现,在参与互动的过程中,自己的汉语水平提高了,更重要的是,对自我、对中国的了解也会进一步加深。

纵观全书,其特色鲜明:内容生动、诙谐,形式清新、活泼,融实用性、趣味性、知识性为一体；使学习者轻松提高汉语水平，真实感受中国魅力，充分享受学习汉语的乐趣；融入文化元素，拓宽读者视野，帮助学习者减少文化误读，使学生能够在了解知识的同时，自然而然地习得地道、得体的汉语。需要强调的是，《中国那些事儿》之所以能够给人清风扑面、快乐随行的阅读感，是因为著作者从使用者的角度设计编写，真正实践了满足使用者需求的编写理念。教材是为学习服务的，服务意识应该成为教材编写者创作时的主导意识。

《汉语国际传播研究》稿约

《汉语国际传播研究》(Chinese Language Globalization Studies)是由中央民族大学国际教育学院主办的以汉语国际传播相关研究成果为主要内容的学刊，每年出版2期，由商务印书馆出版。本刊主要包括以下栏目：(一)汉语国际传播方略研究；(二)汉语国际传播体制、机制与科学发展研究；(三)汉语国际传播国别问题研究；(四)汉语国际传播与经济社会发展研究；(五)汉语国际传播典型个案研究；(六)汉语国际传播标准研究；(七)汉语国际传播项目研究；(八)汉语国际传播史研究；(九)国际汉语教学理论与实践研究；(十)国际汉语师资研究；(十一)本土化教材开发研究；(十二)汉语国际传播中的文化问题研究；(十三)现代教育技术与汉语国际传播研究。《汉语国际传播研究》欢迎海内外专家、学者赐稿，来稿注意事项如下：

1. 请按本学刊体例要求提交电子文稿，来稿请勿一稿两投。

2. 本学刊采用网络投稿方式，来稿请一律通过中央民族大学国际汉语教学数据库(http://tpi.cie.muc.edu.cn)"刊物投稿"入口先注册作者信息，再按程序投稿。

3. 本学刊实行匿名审稿，稿件审读时间一般为2个月，2个月内如未接到退改信或备用通知，可自行处理。

4. 限于人力、财力，所投稿件一律不退，请作者自留底稿。

5. 来稿一经采用，编辑部将及时寄送两册样刊，并给特邀来稿的作者支付一定稿酬。

6. 本学刊全文收入中国期刊全文数据库CNKI，作者如不同意作品被CNKI收录，请在来稿时声明。

以上事项，务请参照执行。

投稿网址：http://tpi.cie.muc.edu.cn
电子邮箱：hygjcbyj@126.com
联系方式：中国北京市海淀区中关村南大街27号中央民族大学国际教育学院《汉语国际传播研究》编辑部
邮政编码：100081　咨询电话：(010)68933628

图书在版编目(CIP)数据

汉语国际传播研究.第1辑/吴应辉主编.—北京:商务印书馆,2011
ISBN 978-7-100-08351-5

Ⅰ.①汉… Ⅱ.①吴… Ⅲ.①对外汉语教学—教学研究—文集 Ⅳ.①H195-53

中国版本图书馆CIP数据核字(2011)第088577号

所有权利保留。
未经许可,不得以任何方式使用。

HÀNYǓ GUÓJÌ CHUÁNBŌ YÁNJIŪ
汉语国际传播研究
第1辑
吴应辉 主编

商 务 印 书 馆 出 版
(北京王府井大街36号 邮政编码100710)
商 务 印 书 馆 发 行
北京市白帆印务有限公司印刷
ISBN 978-7-100-08351-5

2011年7月第1版 开本787×1092 1/16
2011年7月北京第1次印刷 印张17¾
定价:32.00元